U0656942

河北省社会科学基金项目

孟利民 刘 锐 王揆鹏 ◎ 著

机动车事故受害人救济机制研究

JIDONGCHE SHIGU SHOUHAIREN

知识产权出版社

内容提要

　　本书通过考察现行中国机动车事故受害人救济机制存在的问题,比较借鉴世界其他国家和地区机动车事故受害人救济机制,结合中国国情,提出完善中国机动车事故受害人救济机制的具体建议。

　　本书适合机动车侵权、强制保险等领域研究人员、决策人员使用。

责任编辑:宋　云

图书在版编目(CIP)数据

　　机动车事故受害人救济机制研究/孟利民,刘锐,王揆鹏著.—北京:知识产权出版社,2009.2
　　ISBN 978-7-80247-441-3

　　Ⅰ.机… Ⅱ.①孟… ②刘… ③王… Ⅲ.公路运输—交通运输事故—赔偿—研究—中国 Ⅳ.D 922.144

　　中国版本图书馆 CIP 数据核字(2009)第 021757 号

机动车事故受害人救济机制研究

孟利民　刘　锐　王揆鹏　著

出版发行:知识产权出版社			
社　址:北京市海淀区马甸南村1号		邮　编:100088	
网　址:http://www.cnipr.com		邮　箱:bjb@cnipr.com	
发行电话:010-82000893　82000860 转 8101		传　真:010-82000893 转 8325	
责编电话:010-82000860 转 8324		责编邮箱:hnsongyun@163.com	
印　刷:知识产权出版社电子制印中心		经　销:新华书店及相关销售网点	
开　本:880mm×1230mm　1/32		印　张:8.375	
版　次:2009 年 3 月第 1 版		印　次:2009 年 3 月第 1 次印刷	
字　数:225 千字		定　价:25.00 元	

ISBN 978-7-80247-441-3/D·773

版权所有　侵权必究

如有印装质量问题,本社负责调换。

前 言

　　我国每年机动车的死伤人数分别为 10 万、40 万人左右,基本相当于每年发生一次汶川"5·12"大地震。然而,与汶川"5·12"大地震的受害人得到了非常及时有效的救济不同的是,机动车事故受害人的救济始终是一个未被有效解决的难题。

　　2004 年,由中央司法警官学院孟利民教授和国家行政学院刘锐副教授等人组成的课题组,以《河北省机动车事故救济机制研究》为题,申请河北省社会科学基金项目并得到资助。在调查研究过程中,课题组发现机动车事故受害人的救济问题主要是国家层面上的制度建设问题,河北省的作为空间并不大。于是,课题组适时地向主管机构提出了扩大研究领域至全国的申请并获批准。课题的研究主题最终确定为《机动车事故受害人救济机制研究》。

　　课题从立项到最终完成,整个研究过程持续了四年之久。导致这项研究持续如此长的时间的原因主要有三:首先,这四年正好是我国机动车事故相关立法急剧变革的四年。从 2004 年 5 月 1 日《中华人民共和国道路交通安全法》(以下简称《道路交通安全法》)实施,2006 年 7 月 1 日《机动车交通事故责任强制保险条例》(以下简称《交强险条例》)实施,"机动车交通事故责任强制保险"(以下简称为交强险)施行,到 2007 年《道路交通安全法》修正及交强险调整赔偿限额和费率,机动车事故受害人的主要救济机制——侵权赔偿和强制保险赔偿机制——始终处于不断调整的不稳定状态,这种状况一直持续到 2008 年年初。其次,任何一项制度的变革,其效果的真正显现及问题的充分暴露都需要时日,机动车事故受害人救济机制的变革也概莫能外。无论是侵权赔偿机制,还是强制保险机制,其问题一般只有在一定数量的纠纷进入司法领域之后方具有研究的价值和研究的可行性。最后,机动车事故受害人救济机制涉及侵权赔偿、强制保险、医疗保险、医疗救助、商业保险、纠纷解决等众多机制的完善及协同作用,这需要充分有效的调查和全面深入的研究。

在四年的研究过程中,课题组先后通过现场调研、个别访谈、委托调查以及文献调查等方法认真地开展了大量调查研究工作,掌握了宝贵的第一手资料,并多次主持召开或参加相关的专家研讨会,对机动车事故受害人救济机制有了全面的把握。课题最终成果共分八章。第一章、第二章分别介绍了世界其他国家(地区)和我国机动车事故受害人救济机制的主要演变过程及基本内容。在第一章、第二章的基础上,第三章探讨了我国机动车救济机制存在的主要问题。第四章至第七章分别阐述了我国机动车侵权赔偿机制、强制保险机制、交通事故特殊救助机制、社会保障及纠纷解决机制的重新构造。第八章是对目前河北省机动车事故受害人救济机制的检讨和对策性建议。

一、关于我国机动车事故受害人问题的现状

我国的机动车事故受害人问题很严重,主要表现为:

第一,伤亡人数巨大。权威机关公布的我国机动车事故伤亡人数分别为每年 10 万和 40 万人左右。然而,由于统计标准限制、实际统计过程不严等原因,这一数据并不十分准确。我国机动车事故的伤亡,尤其是受伤人数被严重低估。"我国汽车保有量只有世界的 2%,道路交通事故中的死亡人数却占全世界的 15% 左右。"❶

第二,在伤亡人员中,约 80% 为农民(包括农民工)、学生、退休人员等低收入或无收入人员,且男性明显多于女性,青壮年劳动力占相当大的比例。

第三,绝大多数伤亡人员没有养老、医疗等社会保险和商业保险

---

❶ 王金涛,苏海萍. 连续 3 年我国每天有 300 人命丧车轮下[N]. 新华每日电讯,2004 - 04 - 27(2).

的保障。这里讲的没有社会保险保障不仅指根本没有任何形式的社会保险(如城市无职业群体),同时还包括虽然有基本医疗保险、新型合作医疗保险等保障,但这些医疗保险不保障交通事故医疗费用。

第四,受害人很难通过其他途径获得赔偿或补偿,抢救医疗费用没有保障。交强险投保率低、责任限额低、保障范围窄、保险公司抗辩事由多、赔偿程序复杂、索赔成本高;道路交通事故社会救助基金至今未建立;绝大多数肇事车车主赔偿能力有限,未投保任意责任险或其他商业保险;通过诉讼获得赔偿的比例并不高。

二、关于我国现行机动车事故受害人救济机制存在的问题

第一,侵权赔偿机制思路不清、逻辑混乱、规范不周、保障不力。思路不清的表现是:强制责任保险不规定侵权责任基础;根据撞的对象不同(机动车或非机动车、行人)而异其归责基础;财产损失与人身损害适用同一归责基础;赔偿标准过高且不合理。逻辑混乱的表现是:混淆无过失补偿保险与无过失侵权责任;混淆过错推定与无过错责任。规范不周的表现是:没有规定责任主体;强制保险责任限额内的赔偿主体仅规定保险公司不周延;未规定强制责任保险责任限额内及单方事故情形的侵权责任。保障不力的表现是:诉讼过程漫长,自动履行率和执行率极低;胜诉判决往往是"法律白条"。

第二,强制保险机制设计混乱、功能不清、定位不准、保障有限。设计混乱的表现是:《道路交通安全法》第76条与第17条不一致;《交强险条例》与《道路交通安全法》第76条不一致;有责责任限额与无责责任限额的划分与《道路交通安全法》第76条不一致;《交强险条例》与强制责任保险基本原理不符。功能不清的表现是:究竟是为了保障人身还是财产;究竟是为了保障人身还是为了提高交通效率;究竟是为了保障受害人还是为了保障保险公司。定位不准的表现是:将财产损失纳入了强制保险保障范围;将车上人员排除这一范围之外;医疗责任限额不足以给受害人的抢救、医疗提供基本保障;没有赋予受害人对于保险公司的直接赔偿请求权。保障有限的表现是:单方事故的车上人员等没有纳入保障范围;死亡、重伤,尤其

是群死群伤的受害人保障十分有限;受害人获得赔偿很难。

第三,道路交通事故社会救助基金定位不准、资金缺乏、长期缺位。定位不准的主要表现是:救助基金仅仅承担垫付抢救等费用的责任而不是承担补偿责任;救助基金应当是强制保险的补充而非兜底。资金缺乏的主要表现是目前规定的资金来源无法保证救助基金的正常运转。长期缺位的表现是救助基金作为《道路交通安全法》的赔偿制度,在《道路交通安全法》实施4年之后仍然没有建立。

第四,社会保障制度覆盖率低、保障水平低、分配不公、"社会性"差、管理不规范、制度建设滞后、未保障交通事故受害人。覆盖率低的主要表现是:城镇非职工医疗保险等社会保险覆盖低;农民养老保险和最低生活保障基本未覆盖;城镇职工的社会保险覆盖率还有待提高。保障水平低表现在:基本医疗保险和农村新型合作医疗保障水平很低;企业养老保险支付标准不高;低保保障线极低。分配不公的表现是:推进过程不公平——由高收入群体向低收入、无收入群体推进;保障负担不公平——各类群体的社保自负额不同;保障结果不公平——收入越高保障越充分,低收入或无收入人员没有保障或保障十分有限。"社会性"差表现在强制性不足与"杀富济贫"功能不明显。管理不规范表现为缺乏统一有效的管理制度和监管机制。制度建设滞后表现为本应由立法规范的社会保险目前仍主要通过行政法规,甚至政府规章乃至基层政府的规范性文件推行。未保障交通事故受害人主要表现为目前的医疗保障基本未将交通事故受害人纳入保障范围。

第五,各种机制之间不协调。机制之间的不协调不仅有社会保障之间的不协调,也包括社会保障机制与民事侵权赔偿机制、强制保险机制等之间缺乏有效衔接和协调。机制不协调导致救济不足与救济过度的不正常现象并存。

第六,商业保险市场不成熟,责任保险、人身保险等商业保险对于受害人救济的作用有限。

第七,交通事故纠纷急剧上升,快速、有效、多元的纠纷解决机制至今未建立。

三、关于完善我国机动车事故受害人救济机制的主要建议

第一，修改《道路交通安全法》和《交强险条例》等法律、法规，建立符合我国国情的、平衡加害人与受害人以及保险公司利益的机动车侵权损害赔偿机制、机动车强制保险机制和交通事故受害人特殊救助机制。

第二，提升城镇基本医疗保险的规范层次，将一定限额内肇事逃逸或责任人无赔偿能力的受害人交通事故医疗费用纳入社会保障的范围。

第三，尽快制定科学有效的机动车交通事故社会救助基金制度，强化医疗救助制度，保障机动车交通事故受害人的抢救、基本医疗需要。

第四，完善现行责任保险、人身保险制度，提高投保率，增强商业保险在救济事故受害人中的作用。

第五，确立医疗保险、交通事故救助基金、医疗救助等社会保障与侵权赔偿、交强险赔偿、商业保险之间的合理关系。在救济原则上，以损失补偿为原则，禁止双重或多重救济。在救济顺位上，抢救医疗费用应当首先由交强险、工伤保险、交通事故救助基金予以支付，对于交强险、工伤保险、交通事故救助基金未覆盖且没有责任方提前垫付或支付的受害人，由医疗保险、医疗救助等予以保障；对于应由第三方承担责任的，应由责任方承担终局责任，赋予交强险、交通事故救助基金、工伤保险、医疗保险、医疗救助等机构追偿权。

第六，借鉴其他国家和地区小额诉讼、简易诉讼的快速处理机制的经验，总结我国各地建设交通事故法庭、速裁机制等成功做法，建立机动车事故侵权赔偿纠纷、交强险赔偿纠纷的快速处理机制。例如，可以尝试建立机动车侵权赔偿纠纷和交强险赔偿纠纷的简易仲裁机制。

本书是河北省社会科学基金项目的最终成果。在课题的研究过程中，得到了中国人民保险集团公司法律与合规部总经理李祝用、中

国再保险(集团)股份有限公司法律处高级经理曹顺明博士、最高人民法院王毓莹法官、公安部交通管理局刘雪梅、云南省高级人民法院龚睿、河南省高级人民法院刘万喜、河北省邯郸市中级人民法院院长赵增国、浙江省金华市中级人民法院钱建军、上海市第一中级人民法院武之歌、中国人民保险股份有限公司张海波处长、太平洋保险集团公司秦国辉博士、中央财经大学陈飞博士、河北省任丘市交警支队政委冯建民、甘肃省定西市安定区凤翔镇刘福、甘肃省定西市人民医院王建军,以及中央司法警官学院法律系 2004 级、2005 级、2006 级 800 多名同学的热情帮助,在此表示诚挚的谢意!

全书由刘锐、孟利民总体设计并统稿定稿。各章的具体分工如下:

第一章:刘锐

第二章:刘锐、孟利民

第三章:刘锐、孟利民

第四章:刘锐

第五章:刘锐、孟利民

第六章:刘锐、王揆鹏(中央司法警官学院)

第七章:刘锐、孟利民

第八章:孟利民

本书的出版得到了中央司法警官学院和知识产权出版社的大力支持,课题组表示衷心地感谢!

由于水平所限,错误和不当之处在所难免,恳请读者朋友批评指正!

课题组
2008 年圣诞之夜于北京

目　录

第一章 机动车事故受害人
救济机制的演变

第一节 机动车事故受害人保护问题

一、机动车的产生与普及

世界上第一辆汽车是卡尔·本茨（Karl Benz，1844～1929年）于1885年建造的三轮汽油驱动车辆，而四轮汽车是由德国工程师、发明家和现代汽车工业的先驱者之一戈特利布·戴姆勒（Gottlieb Daimler，1834～1900年）于1886年制造的。因此，以汽车为主体的机动车❶的历史不过百余年。然而，就在这百年历史中，汽车完成了从大规模生产到普及的过程（参见表1–1）。❷ 由下表可以看出，美国1930年的汽车保有量相当于我国2002年的汽车保有量。发达国家于20世纪中期陆续进入了汽车时代，❸ 发展中国家也于

❶ 机动车自然有别于汽车，但由于汽车是机动车的主体，因此，在非严格的意义上二者往往被交替使用。本书为了叙述的方便，除特殊情形外，使用机动车这一概念。

❷ 20世纪初，汽车进入大量生产阶段，尤其是1908年美国的福特T型汽车在市场上出现后。

❸ 20世纪70年代初，德国、英国、法国、日本等发达国家的机动车保有量突破千万辆大关，美国的机动车保有量突破亿辆。

20 世纪末基本进入汽车时代。

表 1-1　世界各主要国家四轮车保有量发展变化　（单位：万辆）❶

国家 年份	美国	加拿大	德国	法国	英国	中国	日本
1930	2675	122	66	154	153		9
1940	3245	149			199		16
1950	4916	256	96	252	336	51❷	23
1955	6269	391	258	370	485	51	47
1960	7386	522	563	703	718	110❸	135
1970	10842	834	1560	1439	1357	200❹	1758
1980	15589	1321	2485	2172	1735	703❺	3786
1990	18866	1655	3268	2846	2641	584	5770
2000	22148	1757	4731	3381	3142	1609	7265
2001	22345	1778	4798	3460	3212	1845	7341
2002	22962	1827	4822	3514	3292	2042	7399
2003	23139	1850	4856	3563	3359	2421	7421
2004		1867	4892	3604	3409	3588	7466

---

❶　日本自动车工业会. 世界自动车统计年报（第 1 集）［M］. 东京：日本自动车工业会，2002：94；日本自动车工业会. 世界自动车统计年报（第 5 集）［M］. 东京：日本自动车工业会，2006：90-99；中国汽车技术研究中心，中国汽车工业协会. 中国汽车工业年鉴（2003）［M］. 天津：《中国汽车工业年鉴》编辑部，2003：26. 中国数据仅指民用汽车的保有量。

❷　为 1953～1957 年期间的保有量。

❸　为 1958～1960 年期间的保有量。

❹　为 1966～1970 年期间的保有量。

❺　为 1976～1980 年期间的保有量。

二、机动车事故受害人保护问题

机动车的产生和普及在给人类带来前所未有的便利的同时，也带来了始料未及的灾难。如英国 1926 年的死亡总数达到了 4886 人，重伤 13 万多人，而当时路上的车辆只有 170 多万辆。[1] 在 20 世纪 20 年代，当英国的机动车事故死亡人数达到 5000 人左右之时，美国机动车事故死亡人数已经超过了 33000 人。值得一提的是，美国 1987 年机动车的死亡人数不过 48400 人，1999 年更是降到了 41611 人。据统计，美国自 1901 年以来的百年间，因为车祸死亡的人数在 250 万人以上，比美国独立战争以来所参加的 7 次战争中战死人数（约 65 万人）的 3 倍还多。[2] 而据世界卫生组织不

表1-2　世界各主要国家机动车事故统计表[3]

国别	美国	日本	德国	法国	中国	韩国	加拿大
年份	2003	2003	2003	2002	2003	2003	2001
事故起数（件）	1963000	947993	354534	105470	667753	240832	154268
死亡（人）	42643	8877	6613	7655	104372	7212	2778
受伤（人）	2888601	1181431	462170	137839	494174	376503	221158

---

[1] ROBERT Merkin, JEREMY Stuart – Smith. The law of motor insurance [M]. London：Sweet&Maxwell, 2004：6.

[2] 王之卓. 强制汽车责任保险的立法模式 [J]. 上海市政府管理干部学院学报，2000（6）：37.

[3] 江朝国. 强制汽车责任保险法 [M]. 台北：元照出版有限公司，2006：6-11（注：各国的统计标准并非一致，因此，简单的比较往往并不可靠。如法国以肇事后 6 天内死亡为计算标准，中国、意大利以肇事后 7 天内死亡为计算标准，日本以 24 小时内死亡为计算标准，其他国家地区以肇事后 30 天内死亡为计算标准）。

完全统计，2002 年全球交通事故造成约 2000 万～5000 万人受到伤害，约 500 万人残疾，118 万人死亡（关于世界各主要国家机动车事故情况，参见表 1－2）。[❶] 毋庸置疑，机动车事故受害人救济是世界性的课题。

第二节　机动车事故受害人救济机制的演变

保护受害人的方法，不应是、事实上也不是一种。我国台湾地区著名法学家王泽鉴教授在谈到台湾地区受害人保护时，认为"为保护被害人，为因应社会经济发展，在台湾地区逐渐创设了无过失补偿制度，并健全社会安全保障，形成了三个阶层的赔偿或补偿体系。最基层系社会安全保障，如全民健康保险；在其上者为无过失补偿制度，如劳工职业灾害保险、预防接种、药害的受害救济、强制汽车责任保险、犯罪被害人保护等；居于顶层的则是侵权行为法。"[❷] "关于人身意外损害赔偿，各国依其社会经济发展所创设形成的补偿体系，基本上由倒金字塔型转为平方型（平衡型），并渐次移向金字塔型，台湾地区正处于第一个阶段。"[❸] 在主要发达国家，社会保障对于受害人保障扮演着基础性作用，相应地，强制保险以及侵权责任机制对于受害人保障的紧迫性及作用大大降低；相反，在发展中国家，由于社会保障机制脆弱，受害人保障对于强制保险机制及侵权赔偿机制的依赖性很高。但不管发展程度如

---

❶　曾利明. 去年十万人死于车祸［N/OL］. 深圳商报，2004－04－07.［2008－12－15］http：//www. stc. gov. cn/News/InfoDetail. asp? id＝13766.

❷　王泽鉴. 侵权行为法（第 1 册）［M］. 北京：中国政法大学出版社，2001：24.

❸　王泽鉴. 侵权行为法（第 1 册）［M］. 北京：中国政法大学出版社，2001：36.

何，对于一国受害人保护制度的考察，必须兼顾上述三者。

在现代社会，机动车事故受害人保护问题无疑是各种类型受害人保护问题中最为突出的一类。比较各国、各地区机动车事故受害人保护的主要内容，可以概括出机动车事故受害人保护的主要机制包括侵权赔偿机制、强制保险机制、任意保险机制以及社会保障机制。此外，纠纷解决机制虽然不是受害人获得赔偿或补偿的直接来源，但纠纷解决机制对于受害人能否获得赔偿，以及获得赔偿的成本和速度的影响不可低估。基于此，本节主要讨论世界其他国家和地区机动车事故受害人救济的侵权赔偿机制、强制保险机制、任意保险机制、社会保障机制以及纠纷解决机制。

一、侵权赔偿机制

由于汽车真正进入生活并给社会造成影响是在 20 世纪初期，因此，19 世纪几部有影响的民法典，如 1804 年《法国民法典》、1896 年《德国民法典》和 1898 年《日本民法典》都没有对机动车侵权进行特殊规范。机动车侵权在这些国家适用一般的过错责任归责。然而，进入 20 世纪后，随着机动车逐渐进入社会生活，为了应对日益严重的机动车事故受害人保护问题，各国先后通过判例或立法改革其机动车侵权制度。改革的主要内容是侵权归责基础的严格化。❶ 例如，德国于 1909 年公布实施《汽车交通法》，对机动车事故实行过错推定责任，该法规定汽车占有人于营运过程中致人死

---

❶ "在大陆法国家，多以制定特别法的方式，确立无过失责任原则。这些国家有：奥地利（1908 年）、德国（1909 年）、意大利（1912 年）、瑞典（1916 年）、荷兰（1925 年）、芬兰（1925 年）、挪威（1926 年）、丹麦（1927 年）、瑞士（1932 年）等。"加藤一郎．侵权行为法研究 [M]．1983：71－72．转引自李薇．日本机动车事故损害赔偿法律制度研究 [M]．北京：法律出版社，1997：5.

亡或者身体、健康损害的，应当承担损害赔偿责任，但能证明损害由于不可避免的事故发生的除外。1952 年，德国全面修订《汽车交通法》，改名为《道路交通法》，后来《道路交通法》也经过了几次修正，尤其是 2002 年德国《损害赔偿法》的修正，更加严格化了交通事故侵权责任。法国在 20 世纪初的 20 年里，法院的判决还仍然坚持在汽车事故责任中采用过错原则。❶ 1920 年以后，为应对急剧增加的汽车等交通事故，开始改变以前的做法，法国法院尝试在处理交通事故时采用无生物责任法则。❷ 1930 年，法国最高法院就 Jand'heur v. Les Galeries Belfortaises 一案的判决，成为法国贯彻严格责任于交通事故损害的里程碑。❸ 1985 年，法国通过了《1985 年 7 月 5 日第 851677 号法律——以改善交通事故被害人地位以及加速损害赔偿程序为目的》（以下简称《1985 年 7 月 5 日第 851677 号法律》），规定机动车驾驶人或保有人就"道路事故

---

❶ 吴兆祥．侵权法上的严格责任研究［D］．北京：中国人民大学，2001.

❷ 此前，法国最高法院对交通事故案件也尝试过采用严格责任，如 Besseeres v. companie des voitures labeille（cour de cassation chamber civile，29 July 1924，D. 1925 1. 5，S. 1924 1. 321），Jand'hure v. les glaeries befortaises（cour de cassation chamber civile，21 February 1927，D. 1927 1. 97，S. 1927 1. 137）（See：von Mehren，IBID，p. 390，p. 392）（吴兆祥．侵权法上的严格责任研究［D］．北京：中国人民大学法学院，2001，10 第 2 章）。

❸ 该案的案情为：被告的雇员在开公司所有的货车执行工作任务时将原告未成年子女撞伤，原告即以代理人身份向法院起诉要求赔偿。一审法院采纳最高法院的判决意旨，依第 1384 条第 1 款最后一段规定，采用无生物法则判决原告胜诉，被告承担赔偿责任。里昂高等法院二审时则继续坚持过错原则，判决原告败诉。最高法院三审时重申其采严格责任立场，撤销二审法院判决。二审法院仍坚持其观点，于本案中坚持过错原则。最高法院组织"Chambers reunites"（大联合法庭）进行第二次三审，最终废弃里昂高等法院的判决（吴兆祥．侵权法上的严格责任研究［D］．北京：中国人民大学法学院，2001，10 第 2 章）。

中遭受的与机动车牵连的损害"承担非常严格的责任，即只要是受害人与"机动车牵连的损害"，加害人都要承担严格责任，而对于其中的人身损害，更是规定不可抗力也不免责，除非受害人的过错是损害发生的唯一原因。日本机动车的普及与事故受害人保护问题的真正出现是在 20 世纪 50 年代，1955 年日本颁布《机动车损害赔偿保障法》，规定机动车侵权实行过错推定责任。但在司法实务中，自其《机动车损害赔偿保障法》施行以来，没有一例判定机动车保有人无过失而不负责任的判决。● 以色列1975 年道路事故受害人赔偿法之前，机动车事故损害赔偿适用过失责任。而 1975 年道路事故受害人赔偿法对体伤规定了极其严格的责任，即对死亡或身体伤害（也扩展到因此而造成的经济损失和非经济损失）的赔偿，不仅排除了不可抗力（volenti non fit injuria）的抗辩，而且完全排除了与有过失的抗辩。而在越南、蒙古和俄罗斯，机动车运行均作为高度危险活动而适用严格责任的规定，可能的免责事由包括受害人故意、不可抗力等。

与上述大陆法系国家明显不同的是，英国、美国等英美法系国家机动车事故到目前依然实行的是过错责任。不过，"过失在这里发挥的作用实际上要比其他地区严格得多，以至于在很多情形下继续再把它称做过失责任已过于做作了"●。

二、强制保险机制

（一）责任保险的强制化

机动车事故责任的严格化固然是保护受害人的良方，但如果不能保证事故责任人的赔偿资力，严格责任在事故责任人无赔偿

● 于敏. 海峡两岸强制汽车责任保险法律制度比较研究［J］. 中国法学，2007（5）：109.

● ［德］克雷斯蒂安·冯·巴尔. 欧洲比较侵权行为法（下）［M］. 焦美华，译. 北京：法律出版社，2001：483.

能力的情形仍然只是一张空头支票而已。基于真正保护事故受害人的目的，各国被迫设立了相应的确保赔偿资历的制度，如挪威于 1912 年实行缴付保证金以换取驾驶执照的制度，而美国马萨诸塞州于 1927 年采用强制汽车责任保险制度，以保障机动车事故受害人。此后，机动车强制责任保险逐渐被各国采用，如 1930 年《英国道路交通法》规定实行强制汽车第三者责任保险，德国、法国等欧洲各主要国家和亚洲的日本、新加坡等国家于 20 世纪中期前后相继规定了机动车强制责任保险制度。截至目前，世界上大多数国家及我国香港、澳门、台湾地区实行了机动车强制责任保险制度。此外，欧盟在机动车强制保险方面的协调也取得了一定的成果，其关于机动车强制保险的 5 个指令（前 3 个是在欧共体阶段制定的，后两个是在欧盟阶段制定的，为了叙述方便，均称为欧盟指令），清晰地反映了机动车强制保险的发展历程，即在 1972 年《第一汽车责任保险指令》❶ 责成各成员国必须对人身伤害规定强制的汽车第三者责任保险的基础上，又通过 1983 年《第二汽车责任保险指令》、❷ 1990 年《第三汽车责任保险指令》、❸ 2000 年《第四汽车责任保险指令》❹ 和 2005 年《第五

---

❶ 其全称是 1972 年 4 月 24 日《关于成员国在机动车使用方面与民事责任保险有关的法律协调，以及履行对此等责任进行保险义务的（第 1 号）指令》（第 72/166/EEC 号指令）。

❷ 其全称是 1983 年 12 月 30 日《理事会关于成员国有关机动车使用的法律协调的（第 2 号）指令》（第 84/5/EEC 号指令）。

❸ 其全称是 1990 年 5 月 14 日《关于成员国就使用机动车之民事责任保险的法律协调的第三号理事会指令》（第 90/232/EEC 号指令）。

❹ 其全称是 2000 年 5 月 16 日欧洲议会和理事会（European Parliament and Council）《关于成员国就使用机动车之民事责任保险的法律协调修正理事会 73/239/EEC 和 88/357/EEC 指令的指令》（第 2000/26/EC 号指令）。

汽车责任保险指令》❶，逐步将财产损害、乘客等纳入强制责任保险的范围，同时提高保险金额、限制保险人的抗辩权、协调成员国之间事故的保险赔偿及赋予受害人对于保险人的直接赔偿请求权，从而实现了对于受害人的较为完善的保障。

机动车强制责任保险是指以被保险人对机动车道路交通事故中的第三者所遭受的损失依法应当承担的赔偿责任为保险标的的法定保险，又称为机动车责任法定保险。它是一国或地区基于公共政策的需要，为了维护社会大众利益，以法律、法规的形式强制推行的保险，其主要目的在于保障车祸受害人能够获得基本的保障。与一般自愿责任保险严格贯彻契约自由及所谓"分离原则"❷不同，机动车强制责任保险的立法目的即在于给受害人提供快速、基本保障。为了实现这一目的，各国、各地区强制汽车责任保险法都在责任保险合同缔结、解除、终止、保险公司抗辩权等方面作出了与一般责任保险不同的制度设计，如在强制缔约方面，不仅强制投保人投保，而且强制保险公司承保（一般规定除非投保人违反保费方面的义务或者重要事项的告知义务外，不得拒绝承保）。同时，规定保险人接到要保书后，应于一定期限内为承保或拒保的意思表示，若逾期未表示，则视为同意承保；严格限制合同双方解除、终止强制保险合同的权利，即除非存在投保人不缴纳保险费、违反如实告知义务等情形，否则保险公司不得终止强制保险合同。而对于投保人而言，除非发生重复保险、被保险汽车报废、牌照缴销等情形，否则也不得终止强制保险合同。除此之外，强制责任保险的最大特点是通过对责任保险中分离原则的突破，赋予第三人（受害

---

❶ 其全称是 2005 年 5 月 11 日欧盟议会和理事会《修正理事会 72/166/EEC、84/5/EEC、88/357/EEC、90/232/EEC 指令及 2000/26/EC 指令关于使用机动车民事责任保险的指令》（第 2005/14/EC 号指令）。

❷ 江朝国．强制汽车责任保险法［M］．台北：智胜文化事业有限公司，1999：10.

人）对保险公司的直接赔偿请求权及限制保险公司对于受害人请求权的抗辩权利。而且，在受害人向保险公司请求保险赔偿时，保险公司可以主张的抗辩权利十分有限。

（二）无过失保险制度的创立

在实行机动车侵权严格责任的立法中，赋予受害人对于保险人直接赔偿请求权的强制责任保险制度的推行固然可以在一定程度上达到快速救济受害人的立法目的，然而，强制责任保险仍存在一些问题。首先，强制责任保险并未脱离责任保险范畴，即仍是一种与侵权责任相结合的制度设计。在该制度框架下，虽然可以将车外人员、车上乘客等交通事故侵权损害赔偿的请求权人纳入强制责任保险的保障范围，但是，驾驶人等交通事故的受害人是无法纳入强制责任保险保障的。其次，强制责任保险制度中保险人、被保险人和受害人之间的三方复杂关系可能会导致赔偿成本的提高，产生更多的纠纷，从而造成诉讼资源的浪费。例如，美国等一些国家的大量研究报告认为，以过错为归责基础的机动车事故侵权损害赔偿机制不仅没有阻止过失驾驶行为，而且以昂贵的成本，提供了过分少的、过分迟的、不公正的分配，而且这种手段增加了对法律的不信任和不诚实。❶ 正是由于强制责任保险机制存在上述问题，同时受已经成功推行的工伤保险赔偿制度的影响，美国、加拿大及澳大利亚的部分州、省、地区自 20 世纪中期以来逐步推行了独立于传统侵权机制或者干脆局部或彻底废除侵权赔偿机制的各种类型的无过失保险机制。

无过失保险的先驱是加拿大的萨斯喀彻温省。该省于 1946 年颁布了机动车保险法案（Automobile Insurance Act，1946），采取劳保式无过失保险制度。而美国最早实行无过失保险的是马萨诸塞

---

❶ JOHN E. Rolph with JAMES K. Houchens，SANDRA S. Polin. Automobile accident compensation Volume1：Who pays how much how soon? Santa Monica，CA：The Rand Corporation，1985：1.

州，1970 年该州通过了《强制汽车人身伤害保护法》（Act for Compulsory Personal Injury Protection for all Registered Moter Vehicles；简称 PIP 法案），该法案隔年生效实施。截至 1975 年，美国 20 个左右的州采用了不同形式的无过失机制。但是，自 1976 年以来很少再有采用无过失机制的州。内华达、佐治亚和康涅狄格废除了交通事故处理的无过失机制，新泽西、宾夕法尼亚和哥伦比亚特区不再强制实行交通事故处理的无过失机制。除了美国部分州外，澳大利亚于 1974 年在维多利亚州及塔斯梅尼亚州施行局部性的无过失化；瑞典亦于 1976 年跟着芬兰及挪威施行无过失化；加拿大魁北克则于 1978 年颁布《机动车保险法》，实行彻底的无过失保险，废除了机动车事故领域人身损害的侵权责任；新西兰 1973 年事故补偿法将包括交通事故在内的所有意外事故实行全面性的无过失化。

　　无过失保险是损失保险的一种，该保险要求被保险人为自己购买机动车事故损失赔偿保险，而且对因交通事故所致损害的补偿或恢复，不论加害人有无过失，保险人均予以补偿。例如，美国马萨诸塞州等实行的无过失保险是以第一人保险契约为基础建立的强制保险制度，其不仅对第一人（被保险人）责任提供保障，对第二人责任（乘客）与第三人责任（行人）也提供保障，在被保险人驾驶被保险汽车发生交通事故时，不论被保险人有无过失，保险人对其造成的上述三种损害均予以赔偿。❶ 无过失保险包括不同种类，其差别比较大。若依有无限制受害人依侵权责任对加害人提出请求，可分为附加型及替代型。在附加型，无过失保险并不影响受害人提起侵权诉讼的权利；而在替代型，无过失保险将在一定范围内或者完全替代侵权机制。替代型无过失保险机制根据限制受害人对加害人侵权诉讼的程度不同，又可分为门槛式和纯粹（完全）

---

　　❶ 江朝国. 强制汽车责任保险法［M］. 台北：智胜文化事业有限公司，1999：23 - 24.

无过失保险机制。门槛式无过失保险又分为医疗金额型（金钱门槛标准）（monetary threshold）与损害事件型（语言门槛标准）（verbal threshold）。在医疗金额型，受害人须证明其所支出的医疗费用已超过法定限额，方得对加害人再依侵权行为规定请求赔偿，美国绝大部分州规定一定的数额标准。在损害事件型，一般而言，须受害人在死亡或永久性的容貌毁损、身体功能有严重损害等重伤（serious injury）情形始得再向加害人提起侵权诉讼。纯粹的无过失机制彻底废除了侵权责任，交通事故的受害者或家人只能通过无过失保险保障取得赔偿。例如，加拿大魁北克省《机动车保险法》第 2 编专编规定了对于人身损害的赔偿，根据该编规定，机动车事故人身损害的赔偿实行纯粹无过失保险，彻底废除侵权责任机制在该领域的作用。该法第 5 条和第 6 条规定，凡是在机动车事故中遭受人身伤害的任何人都是机动车事故的受害人。而且，除非另有规定，凡是因交通事故造成死亡而有权获得死亡补偿的人也被认为是受害人。对于受害人人身损害的补偿由魁北克机动车保险公司提供，不考虑事故当事人是否存在过失，从而奠定了无过失保险的基本格局。该法第 83 条之五十七进一步规定："本编规定的补偿指人身损害后可以得到的所有权利和救济，有关人身伤害的任何诉讼法院都不应受理"。而纯粹无过失机制对受害人人身损害的补偿包括收入及相关损失补偿、死亡补偿、非经济损失补偿、家庭护理等特定费用及康复费用的补偿等。

无过失保险基于无过失补偿的思想。"无过失补偿（No‐Fault Compensation），是对一定范围之人因其意外事故而生的损害予以补偿，而不以具备侵权行为的成立要件为必要，为避免与无过失侵权责任混淆，又称之为'非侵权行为补偿'（Non‐Tort Compensation）。" ❶ 至于无过失补偿与侵权行为损害赔偿的区别，王泽鉴教

---

❶ 王泽鉴. 侵权行为法（第 1 册）[M]. 北京：中国政法大学出版社，2001：25‐26.

授认为主要区别在于：（1）基本思想不同。侵权损害赔偿以分配正义为其指导思想，旨在填补损害，使受害人能够回复到损害发生之前的原状；无过失补偿以社会安全为基本思想，意在维护受害人的基本生存权利。（2）成立要件不同。侵权损害赔偿一般以加害人具有故意或过失为要件，受害人如有过失往往可以减免加害人的赔偿责任；无过失补偿并不考虑当事人（包括受害人）的故意或过失。（3）给付内容不同。侵权损害赔偿的基本思想是填补被害人的损害，以全部赔偿为原则，不仅包括人身损害赔偿，而且包括财产损害赔偿；不仅包括所失损害和所失利益，而且包括精神损害。而无过失补偿仅限于人身损害，且给付金额也有限制。❶

（三）第三条道路

各国为了实现机动车事故受害人保护这一目标，虽然大体上遵循了侵权责任严格化和保险强制化这一基本思路，但在具体的实现途径和制度设计上又相去甚远。这种不同不仅表现在侵权责任制度的差异，而且突出地表现在强制保险的模式选择以及与侵权责任制度的复杂关系上。例如，有完全坚持侵权责任与强制保险制度密切结合的德国、日本模式；有在人身损害领域完全废除侵权责任，实行强制纯粹无过失保险机制的加拿大魁北克模式以及将机动车事故受害人保护作为事故赔偿计划一环的新西兰无过失保险模式。而在德日模式和魁北克模式之间，又存在着大量的形态各异的侵权责任和强制保险结合模式，这里不仅有美国的附加式和修正式无过失模式，还有法国和我国台湾地区借鉴了无过失保险思想的强制责任保险模式。当然，就目前世界各国、各地区的立法而言，在机动车事故领域完全废除侵权赔偿机制的立法和实践似乎尚不存在。因为即使在加拿大魁北克和新西兰，其对侵权责任机制的废除也仅仅限制

---

❶ 王泽鉴．侵权行为法（第1册）[M]．北京：中国政法大学出版社，2001：26-27．

在受害人人身损害领域（新西兰并未彻底废除），财产损害依然有侵权责任赔偿机制的适用。可以说，目前世界各国、各地区关于机动车事故受害人保护的立法和实践表现出了相当程度的多样性和复杂性，将其简单地归结为强制责任保险模式和无过失保险模式是不准确的。因此，我们有必要探讨强制责任保险与无过失保险的混合模式，即第三条道路。

机动车强制责任保险与无过失保险，作为两种截然不同的保险模式，在同一法域内并非没有并存的余地。例如，加拿大魁北克在人身损害赔偿领域的纯粹无过失保险与财产损害领域的强制责任保险并存；美国一些州的无过失保险与强制责任保险并存；瑞典1975年12月15日法律基本上采取以责任保险方式赔偿被害人损害的模式，辅以汽车驾驶人直接保险制度，使汽车驾驶人自己的损害也能获得填补。❶ 不过，由于上述各国、各地区并存的两种不同保险模式依然依据各自的原理运行，很少发生冲突，因此并无研讨的必要。本节要研究的问题是：在机动车强制责任保险和无过失保险之间，是否存在第三条道路？或者无过失保险和强制责任保险是否可以有机地结合起来？

理论上讲，强制责任保险和无过失保险的理论基础、性质、运行机制等都不同，自然没有结合的可能。就各国、各地区的机动车强制保险实践来看，要么明确规定实行强制责任保险，要么采纳无过失保险，并无明确宣称将二者结合起来的例子。❷ 然而，考察世界各国、各地区的机动车强制保险制度，我们就会发现，至少法国和我国台湾地区的机动车强制责任保险制度结合了无过失保险的

---

❶ 陈忠五．法国交通事故损害赔偿法的发展趋势——以1985年7月5日法律的改革为中心［J］．台大法学论丛，2005，341：100.

❷ 此处所讨论的结合并不是在一个国家或地区同时实行无过失保险和强制责任保险两种模式，如美国部分州同时强制责任保险和无过失保险。而是指在一种机制内融合强制责任保险和无过失保险两种机制。

因素。

1. 法国模式

法国学者中，无论是赞成或反对《1985 年 7 月 5 日第 851677 号法律》的制定过程，大抵上均认同，由于该法律文字规定上的模糊不清，使得该法律在立法技术上具有一项严重的瑕疵：试图将两个本质上相互矛盾的体系混杂在一起，其中一个是"民事责任体系"，另一个是"自动的、当然的损害填补体系"❶。部分法国学者甚至认为，《1985 年 7 月 5 日第 851677 号法律》，不是一种"民事责任的法律"，而是一种"损害填补的法律"❷。但基本的观点认为，《1985 年 7 月 5 日第 851677 号法律》，基本上仍是维持与民事责任法挂钩的法制结构。❸ 它采取的保险制度当然是以责任保险制度为主，但是它混合了直接保险制度。换句话说，新的法律不想放弃单车事故的驾驶人，还是想将其纳入保障的范围。所以这部新的法律，原则上虽然采取责任保险，但在很多地方，因交通事故受有损害的驾驶人，即使在没有所谓应负责任者的时候，只要因交通事故而受有损害时，保险制度照样加以理赔。❹ 因此，这是以责任保险为主，兼具直接保险特色的混合保险制度。❺ 其中直接保险制度的影子有：规定被害人对责任保险人有直接请求损害赔偿的权利；规定责任保险人有义务在事故发生后一定期限内主动向被害人提出

❶ 陈忠五. 法国交通事故损害赔偿法的发展趋势——以 1985 年 7 月 5 日法律的改革为中心 [J]. 台大法学论丛, 2005, 341: 122.

❷ 陈忠五. 法国交通事故损害赔偿法的发展趋势——以 1985 年 7 月 5 日法律的改革为中心 [J]. 台大法学论丛, 2005, 341: 123.

❸ 陈忠五. 法国交通事故损害赔偿法的发展趋势——以 1985 年 7 月 5 日法律的改革为中心 [J]. 台大法学论丛, 2005, 341: 125.

❹ 陈忠五等. 法国交通事故损害赔偿法的发展趋势——民法研究会第三十五次学术研讨会 [J]. 法学丛刊, 2004 (196): 135.

❺ 陈忠五. 法国交通事故损害赔偿法的发展趋势——以 1985 年 7 月 5 日法律的改革为中心 [J]. 台大法学论丛, 2005, 341: 132.

赔偿要约；规定赔偿要约数额必须充分到足以包括各种应予赔偿的损害项目；规定责任保险人对被害人有告知说明或提供相关资讯的义务；责任保险人无须经由被保险人，得迳行与被害人洽谈商议订立赔偿和解契约；被害人得在赔偿和解契约订立后一定期限内通知责任保险人任意解除该契约；规定赔偿金必须在和解契约订立或法院判决后一定期限内支付给被害人；将该法律许多规定界定为是"强行规定"在该法律规定允许范围之外，限制责任保险人对被害人援用其与被保险人间责任保险契约上的抗辩事由等。❶

立法者作出如此选择的理由是："继续在既有的、稳定的责任保险制度的基础上从事改革。尽量减少责任保险制度运作上的缺失，他方面吸取直接保险制度的部分优点，共同形塑出一套'以责任保险为主、兼具有直接保险特色的混合保险制度'。"❷

事实上，在新的法律架构下，虽然与民事责任挂钩，但民事责任不重要，它在这个新的法律底下一直都只是扮演一个开启保险制度运作的角色而已，真正出面解决问题的人是保险人，面对被害人的是保险人，实际支付赔偿金的都是保险人。❸ 而且，由于独立性原则的绝对贯彻，将使得《1985 年 7 月 5 日第 851677 号法律》，与过去的民事责任普通法彻底脱离，从一种"民事损害赔偿责任机制"的性质，转化为一种"自动当然的损害填补机制"的性质。同样，与其相互搭配的保险制度，也将远离"责任保险制度"的色彩，而朝向"直接保险制度"的方向靠拢。❹

---

❶ 陈忠五．法国交通事故损害赔偿法的发展趋势——以 1985 年 7 月 5 日法律的改革为中心 [J]．台大法学论丛，2005，341：132.

❷ 陈忠五．法国交通事故损害赔偿法的发展趋势——以 1985 年 7 月 5 日法律的改革为中心 [J]．台大法学论丛，2005，341：132.

❸ 陈忠五等．法国交通事故损害赔偿法的发展趋势——民法研究会第三十五次学术研讨会 [J]．法学丛刊，2004（196）：135.

❹ 陈忠五．法国交通事故损害赔偿法的发展趋势——以 1985 年 7 月 5 日法律的改革为中心 [J]．台大法学论丛，2005，341：148.

2. 我国台湾地区模式

我国台湾地区 1998 年实施"强制汽车责任保险法"，其第 5 条规定："因汽车交通事故致受害人体伤、残废或死亡者，加害人不论有无过失，在相当于本法规定之保险金额范围内，受害人均得请求保险赔偿给付。"关于该条"加害人不论有无过失"等文字究竟应如何理解？"立法"说明中称"明订汽车交通事故加害人侵权行为，保险人对受害人给付保险赔偿，采限额无过失主义，即一定保险金额以下，采无过失主义赔偿处理，以免除受害人举证困难致无法获得赔偿，并使受害人能迅速获得基本保障"❶。虽然该"法"的名称为"强制汽车责任保险法"，"立法"说明也称"明订汽车交通事故加害人侵权行为"，但事实上"强制汽车责任保险法"除了第 5 条外，并无其他关于侵权归责的条文。那么，第 5 条规定的"加害人不论有无过失"究竟是无过失侵权的无过失，还是无过失保险补偿的无过失，这在"强制汽车责任保险法"实施后一直处于争论状态，这一争论进而演变为"强制汽车责任保险法"规定的保险模式究竟是无过失保险补偿机制抑或是责任保险赔偿机制的争论。之所以出现两种模式的混淆状态，有学者指出其原因是"此乃本'法'制定当时，保险实务包括主管机关，仍有将本保险属责任保险及政策性保险之性质，与伤害保险及一般属社会福利性质之社会保险相比拟，以致产生诸多混淆基本法律性质、曲解法令解释之情形之所由也"❷。

2005 年台湾地区修正其"强制汽车责任保险法"，除维持"强制汽车责任保险"的名称外，"更数次于相关条文之修正理由重申本保险之责任保险性质，例如新法第 11 条规定，将旧法中具有浓

---

❶　江朝国．强制汽车责任保险法［M］．台北：元照出版有限公司，2006：118.

❷　江朝国．强制汽车责任保险法［M］．台北：元照出版有限公司，2006：123.

厚人身保险色彩之'受益人'修正为'请求权人',其修正理由明白表示：本法为'责任保险',属财产保险,为避免使用受益人一词将造成概念上之混淆,且为明确界定请求权人之范围,爰将序文受益人修正为请求权人……；又新法第13条关于汽车交通事故的定义,将旧法第12条之'受害人'修正为'乘客或车外第三人',其修正理由表示是为了'避免本保险适用范围及于第一人保险之疑义'。此一修正,确认单一事故之驾驶人并非本保险之保障对象,盖因自己并无法对自己享有损害赔偿请求权,遂再次确认本保险不再具有伤害保险性质。另新法第36条之修正理由亦表示：'为突显责任保险理赔之性质,爰修正第1项第1款各被保险汽车之保险人为各应付给付义务之保险人',上开如此之修正,均在明确表示本法单纯乃采责任保险制,并非具伤害保险性质之无过失保险,立法者于修法后,乃更明显采取'责任保险制'之基本认知。"❶

然而,2005年修正后"强制汽车责任保险法"第7条❷除将"体伤"修正为"伤害"、"受害人"修正为"请求权人"、"保险赔偿给付"修正为"保险给付"等文字用语修正外,增加规定了请求权人向特别补偿基金的请求权。不论新"法"条文的"不论加害人有无过失"或旧"法"的"加害人不论有无过失",在文义上均极易使人误会"强制汽车责任保险法"是采"无过失保险制",或为一不具有任何免责事由的归责基础规定。❸且究其真意,"本条仅系赋予请求权人'请求权'之成立要件规定（请求权基

❶ 江朝国.强制汽车责任保险法［M］.台北：元照出版有限公司,2006：137－138.

❷ 其规定内容是"因汽车交通事故致受害人伤害或死亡者,不论加害人有无过失,请求权人得依本法规定向保险人请求保险给付或向财团法人汽车交通事故特别补偿基金请求补偿"。

❸ 江朝国.强制汽车责任保险法［M］.台北：元照出版有限公司,2006：146.

础），而非发生汽车交通事故时，加害人于侵权责任上采绝对无过失责任之归责基础规范"❶。

　　我国台湾地区著名法学家王泽鉴教授也认为，"强制汽车责任保险法所规定的，究系无过失侵权行为责任的强制保险，抑为所谓的无过失补偿责任制度？尚有疑问"。但他同时认为："在无过失侵权责任的强制保险与无过失补偿强制保险两种制度中，其保险给付均不以加害人具有故意或过失为要件，具有迅速保障受害人的功用。就规范机能言，究采何种模式，因各国法律传统风格及立法政策而异，但就节省诉讼成本费用及逐渐扩大建立社会安全制度的长期观点而言，采无过失补偿制度，具有积极的意义。准此以言，强制汽车责任保险法应解释为系采无过失补偿制度，而非无过失责任的强制保险。"❷

　　总之，我国台湾地区强制汽车责任保险的结构特色在于"侵权责任"与"责任保险"两个制度的"脱钩"，其所保险者，非为加害人的侵权责任，即不以交通事故具备民法或特别法所定侵权行为发生损害赔偿责任为前提。❸不过，与纯粹无过失保险完全否定侵权责任基础不同的是，在台湾地区，交通事故保险给付与侵权责任仍具有如下密切关系：（1）构成侵权行为时，被害人有选择权；（2）被保险人已为一部给付者，保险人在保险金额扣除已给付赔偿金额之余额范围内给付，请求权人与被保险人约定不得扣除的按约定；（3）保险人所为之保险给付，视为被保险人损害赔偿金额之一部分；被保险人为赔偿请求时，得扣除之；（4）被保险人因

---

　　❶ 江朝国．强制汽车责任保险法［M］．台北：元照出版有限公司，2006：148－149.

　　❷ 王泽鉴．侵权行为法（第1册）［M］．北京：中国政法大学出版社，2001：29.

　　❸ 王泽鉴．特殊侵权行为（8）——动力车辆驾驶人责任与强制汽车责任保险制度［J］．台湾本土法学，2005（73）：34.

故意、从事犯罪行为、饮酒超标等而发生事故，保险人给付受害人后有代位求偿权（主要指侵权行为损害赔偿请求权）。●

　　这样一种制度安排虽然在理论上和司法实务上造成一定程度的混乱在所难免，但不可否认的是，总体来讲，其实践效果堪称良好。首先，"社会一般反应固然满意度极高……"● 根据我国台湾地区《现代保险》杂志于 2001 年 7 月所做的调查统计显示，1998年强制汽车保险、1999 年强制机车保险当时有高达 87% 的受访民众对于该制度的实施状况表示满意。● 2004 年《现代保险》杂志社进行的强制车险实施 6 年满意度调查表明，9 成车主肯定强制汽车责任保险制度。● 其次，实现了高投保率。"产险业者所公布的投保率为汽车接近 100%，机车为 97%（扣除 2 年以上逾期未换发行照的车辆数为基础）；而本刊这次（指现代保险 2004 年的调查）调查全体受访者的投保率为 92.2%。其中汽车投保率为 95.6%，机车投保率为 91.6%。"● 再次，实现了低保费、高保额，保费负担呈现逐年下降趋势。1998 年"强制汽车责任保险法"实施之初，汽车的平均保费负担约为 700 元人民币，自用小客车的平均保费负担约为 300 元人民币，但死残给付最高限额达 120 万新台币（约30 万元人民币）。2000 年 8 月 10 日首度将死残给付由 120 万新台币提高至 140 万新台币，其后又分别在 2001 年 7 月、2003 年 1 月

　　● 王泽鉴. 特殊侵权行为（8）——动力车辆驾驶人责任与强制汽车责任保险制度［J］. 台湾本土法学，2005（73）：35.

　　● 林动发. 强制汽车责任保险法主要争议与修正条文评述［J］. 台湾本土法学，2005 特刊：56.

　　● 吴秋蓉. 满意度高达 87%，强制车险还可以更好？［J］. 现代保险，2004（183）：90.

　　● 现代保险编辑部. 9 成车主肯定强制汽车责任险制度［J］. 现代保险，2004（187）：86.

　　● 现代保险编辑部. 强制有效！5 成汽车车主从中领悟责任险真义［J］. 现代保险，2004（187）：74 - 75.

及 2004 年 1 月 3 次调降费率，累计降幅约 20%。[1] 最后，该制度运行 7 年后，2005 年年初修改"强制汽车责任保险法"时，未触动这一机制本身，即表明该制度运行良好。

三、交通事故救助机制

机动车强制保险制度可以给道路交通事故受害人提供基本保障和救济，但是该制度仍然存在一些不足。特别是在一些情形下，道路交通事故的受害人可能无法及时获得救助。例如，道路交通事故发生后驾驶人逃逸而无法追查肇事车辆，肇事车辆没有投保机动车强制保险或者虽然已经投保但保单到期后没有续保，肇事车辆的保险人失去支付能力等。在这些情况下，单纯依靠机动车强制保险制度无法为道路交通事故受害人提供必要的救助，在机动车强制保险制度之外建立道路交通事故社会救助基金以弥补机动车强制保险的不足，就非常具有现实意义。正因为如此，世界其他国家和地区一般在实行机动车强制保险制度的同时，设立交通事故受害人救助基金制度，以补充强制保险机制之不足。

（一）加拿大和美国未获判决补偿基金

1946 年加拿大首创了未获判决补偿基金（Unsatisfied judgment funds），其后美国密歇根州、北达科他州、纽约州、新泽西州也设立了此项补偿基金。在道路交通事故发生后，如果受害人提出损害赔偿请求，虽然获得胜诉判决，仍不能获得应有的赔偿，或者是因为有过失的驾驶人失去清偿能力，或者是因为没有参加汽车责任保险，或者是因为违反规定而使保单失效，或者是因为保险公司丧失清偿能力，就可以从该基金中获得补偿。受害人如果向未获判决补偿基金请求救助，必须以获得胜诉判决为前提。

---

[1] 黄秀玲．强制车险修法后你不能不知道的［J］．现代保险，2005（194）：43.

（二）德国机动车事故损害赔偿基金

在德国，为了弥补机动车强制责任保险制度的不足，《机动车保有人强制保险法》建立了机动车事故损害赔偿基金，由政府成立公法团体办理该项事务。❶ 在下述情形，机动车事故损害赔偿基金对机动车事故的损害赔偿请求权人给予赔偿：（1）肇事机动车无法查明的；（2）机动车未投保机动车强制责任保险的；（3）由于赔偿责任人故意并且非法导致了其因对于权利人负有责任的事实的产生，因此，强制责任保险对此损害不予赔偿或者将不予赔偿的；（4）保险监督机关对于负有给付义务的保险人的财产提出启动破产程序的提案的，或者，如果保险人的所在地位于欧盟其他成员国之内或者欧洲经济区域协定的缔约国之内，而主管监督机关采取相对应措施的。机动车事故损害赔偿基金在对损害赔偿请求权人赔偿后，在其赔偿的范围内代位取得对损害赔偿义务人的代位求偿权。为了便于损害赔偿基金的运作，《机动车保有人强制保险法》以立法授权的方式，授权其他法人办理损害赔偿基金事务。❷ 此外，为了解决损害赔偿请求权人与损害赔偿基金之间的纠纷，《机动车保有人强制保险法》还专门建立了损害赔偿基金的仲裁机构，致力于友好调解损害赔偿请求权人与损害赔偿基金之间的争议，在

---

❶ 《德国机动车保有人强制保险法》第 13 条第 1 款规定："为履行损害赔偿基金的义务，应建立一具有权利能力的公法团体，此团体于本法生效时视为成立。此团体的机关由董事会及管理委员会组成。此团体受联邦司法部的监督。联邦政府通过无须联邦议会同意的法规订立该团体的细则。"

❷ 《德国机动车保有人强制保险法》第 13 条第 2 款规定："联邦司法部有权会同联邦交通部、联邦经济劳动部和联邦财政部协议，通过无须经联邦议会同意的法规而将损害赔偿基金的职务指派于愿意承担损害赔偿基金的任务且对于履行损害赔偿请求权人的请求权提供了充分保证的其他法人。联邦司法部得以法规保留对于该法人章程的批准，并规定对该法人的监督。"在实践中，系由承担强制汽车责任保险业务的保险人所组成的"交通事故受害人援助协会"承办该项事务。

必要时给予当事人合理的仲裁判断。

（三）法国机动车担保救助基金

法国早在实施机动车强制保险制度之前的 1950 年，即通过立法设立担保基金制度，主要目的是填补任意性责任保险制度下所发生的漏洞，救济驾驶人不明、驾驶人或其保险人无赔付能力等情形的被害人。基金的来源包括所有保险人、所有被保险车辆车主按照规定份额的支付及所有未投保驾驶人对事故应当承担的责任。

法国《1985 年 7 月 5 日第 851677 号法律》第 2 节是关于保险或担保基金的规定，其第 9 条规定："在不知谁是应负责任者或应负责任者未保险的情形，除非应负责任者依法免负保险义务，或在保险人全部或部分无支付能力的情形，应设立担保基金，负责补偿因陆上动力车辆及其拖挂车辆或半拖挂车辆的行使而牵连其中所引起的事故，对被害人人身所造成的损害，但依其固有轨道行驶的火车或电车，所引起的事故，不包括在内。""补偿金额，应基于具有执行力的司法裁判，或已获担保基金同意的和解契约。"❶ 该法第 10 条规定："担保基金与被害人所为的和解，得对抗加害人，但加害人有权向法院起诉争执基于此项和解契约其所主张的赔偿数额，此项争执，不影响已经支付给被害人或其继受人的数额。"❷

（四）日本机动车损害赔偿保障事业

在日本，为了填补机动车责任强制保险对保护受害人不足的漏洞，《机动车损害赔偿保障法》第 71 条规定："政府应依本法之规定，办理机动车损害赔偿保障事业。"根据法律，日本政府建立了

---

❶ 法国 1985 年 7 月 5 日第 851677 号法律——以改善交通事故被害人地位以及加速损害赔偿程序为目的．陈忠五，译．台大法学论丛，2005，341：162．

❷ 法国 1985 年 7 月 5 日第 851677 号法律——以改善交通事故被害人地位以及加速损害赔偿程序为目的．陈忠五，译．台大法学论丛，2005，341：162．

"机动车损害赔偿保障事业",其主要保障范围是:(1)受害人遭不明汽车所致的伤害,无法获得赔偿者;(2)受害人遭未受保险汽车所致的伤害,无法获得赔偿者;(3)因汽车保有人或驾驶人故意行为所致的伤害,为保险合同的除外责任者,保险人可于赔付后向政府求偿;(4)保险人支付受害人临时性赔款后,如汽车保有人或驾驶人无须承担赔偿责任,保险人可向政府求偿。不过,尽管兴办机动车损害赔偿保障事业是政府的责任,与德国的做法一样,《机动车损害赔偿保障法》仍以立法授权的方式,利用民间资源由其他民间机构办理。❶

(五)我国台湾地区汽车交通事故特别补偿基金

在我国台湾地区,为补充强制汽车责任保险的不足,基于社会政策的考量,"强制汽车责任保险法"建立了汽车交通事故特别补偿基金。依据"强制汽车责任保险法"的规定,特别补偿基金为独立于政府机构之外的财团法人。特别补偿基金的来源包括强制汽车责任保险之保险费所含特别补偿基金分担额、特别补偿基金代位求偿之所得、基金之孳息、特别补偿基金依"强制汽车责任保险法"第11条第3款规定之所得、其他收入。特别补偿基金的补偿范围适用从属性原则,即特别补偿基金的补偿义务及范围,以汽车交通事故赔偿义务人之责任范围为限。在汽车交通事故发生时,汽车交通事故请求权人因下列情形之一,未能向保险人请求保险给付时,特别补偿基金可以对请求权人给予补偿:(1)事故汽车无法查究;(2)事故汽车为未保险汽车;(3)事故汽车系未经被保险人同意使用或管理之被保险汽车;(4)事故汽车全部或部分为无须订立强制汽车责任保险契约之汽车。特别补偿基金在给付补偿金额后,可以代位行使汽车交通事故请求权人对于损害赔偿义务人的

---

❶ 《机动车损害赔偿保障法》第77条规定:"政府得依政令所定,将第72条第1款规定之业务之一部分,委托给保险公司或合作社。"

请求权。

四、任意保险机制

如前所述，各国、各地区实行的强制保险制度差别很大，这种差别不仅表现在强制责任保险与强制无过失保险的基本原理及运行模式的不同，而且救济的机动车事故受害人的范围和程度不同，如无过失保险将单方事故的驾驶人也纳入保障范围，这在以侵权责任为基础的强制责任保险是不可能的。即使在同一种强制保险模式内部，也存在强制保险保障程度的不同。例如，在保障范围方面，同属强制责任保险的法域，就存在所谓"大三者"与"小三者"的区别。前者指强制责任保险保障范围包括车外第三人和车上人员（驾驶人除外），而后者仅仅指车外第三人。在保障程度方面，从历史发展来看，各国的强制保险基本经历了随着经济社会的发展而逐步提高保障程度的历程。就当今世界各国、各地区的立法来看，同属强制责任保险的法域，发达国家一般规定了很高的赔偿限额，有些国家的赔偿限额高到几乎可以充分保障事故受害人的程度，因此，称其为限额似乎有点名不副实（如德国等西欧国家）。而在发展中国家和地区，强制责任保险仅仅为受害人提供医疗、收入损失、伤残补助等基本保障。在实行无过失保险的法域，不同的无过失机制自然保障程度不同。美国各州的附加式无过失和修正式无过失虽然规定了不同的限额，但均十分有限。相比之下，加拿大魁北克的纯粹无过失保险机制为受害人的人身损害提供了相对充分的补偿。

事实上，强制保险保障的受害人范围的广狭和为受害人提供的保障程度的高低直接影响到强制保险之外的任意保险的生存空间。也就意味着在不同国家和地区，机动车事故受害人任意保险机制的需求程度及作用空间取决于其强制保险的制度设计。例如，在加拿大魁北克的纯粹无过失机制下，机动车事故受害人的人身伤害损失基本没有任意保险存在的必要，美国各州的无过失机制，任意保险对机动车事故受害人的救济价值不可低估。在实行强制责任保险的国家和地区，由于强制责任保险保障的受害人范围的限制，总的来说对于任意保险的需求程度高，但保障程度的不同又使得这种需要程度相去甚远。

总的来看，由于世界多数国家和地区实行了机动车强制保险制度，强制保险制度的推行使得任意保险成为强制保险的补充。不过，在不同国家和地区，强制保险的作用领域不同，因此，需要任意保险给予填补的范围也不同。概括地讲，在强制责任保险法中，首先需要任意责任保险补充分散强制责任保险限额之外的损失，同时需要任意人身保险涵盖强制责任保险无法保险的损失；除了加拿大魁北克废除了侵权责任机制的纯粹无过失保险不需要任意保险予以补充外（未实行无过失保险的财产损失另当别论），美国各州的各种类型的无过失保险，均给任意保险留足了发展空间。

五、社会保障机制

西方的社会保障制度从早期工业化国家的济贫法开始，经过几百年的发展已经形成了包括养老、医疗、失业等保障在内的较完整的体系。从社会保障各个细目看，英国、瑞典、德国和美国采取的制度类型有相当大的区别（参见表1-3）。

表1-3 社会保障各细目的制度类型比较[1]

细目	英国	瑞典	德国	美国
老年、残疾、死亡	社会保险和社会救助双重制度	普遍待遇和社会保险双重制度	社会保险	社会保险

[1] 和春雷. 社会保障制度的国际比较 [M]. 北京：法律出版社，2001：163.

续表

细目	英国	瑞典	德国	美国
医疗	普遍医疗	普遍医疗	社会保险	社会保险
工伤	社会保险	强制向公营保险公司投保	强制向半私营性质的保险公司投保	强制向公营或私营保险公司投保
失业	强制性保险	补贴性自愿保险和政府现金补助	强制性保险	强制性保险
家属津贴	普遍福利	普遍福利	普遍福利	贫困救助

　　对于机动车事故受害人来讲，与其关系最为密切的社会保障是医疗保障。从现代各国的医疗保障制度来看，虽然各国在福利方面的价值观念有很大差别，但都十分关注医疗保障体制。不过，各国的制度类型差异很大，如德国和美国采取医疗社会保险制度，人们只有在履行缴费义务后，才有权利享受第三方支付的医疗服务。而英国和瑞典采取普遍医疗服务制度，不管个人的缴费情况如何，都有权利享受几乎是免费的医疗。❶除了医疗保障的主体制度外，还有一些起补充作用的制度，这在各国也存在着很大的差异。例如，英国在20世纪80年代推行私有化政策期间，政府极力主张发展私人医疗服务，出现了一些私人病床，其收费水平大大高于政府医疗，但这种私人病床数量很有限，仅起微弱的补充作用。德国的医疗社会保险为受保人及其家属提供了基本的医疗，但也给商业保险以一定的空间，以满足一些人的特殊需要。美国则不同，虽然其医

❶　和春雷．社会保障制度的国际比较［M］．北京：法律出版社，2001：164.

疗保障主体是社会保险，但商业保险的作用很大，其份额甚至比社会保险还大。❶ 此外，不同国家的医疗支出结构方面的差异也比较大。英国及斯堪的纳维亚国家的医疗支出中，公共支出（社会保险由于是国家强制性的，由非营利机构管理，因此，被列入公共支出范畴）占据绝大比重，个人承担的费用以及商业医疗保险的作用很小。而其他大多数国家大致显现出公共部门（包含政府用于医疗的投入）占 7 成、私人部门（包括个人购买和商业保险购买）占 3 成的部门结构。美国的医疗结构最为特殊，公共部门与私人部门为 4∶6，私人部门起着主导作用，与其他国家完全相反。❷

六、各种赔偿、补偿机制的协调

从赔偿或补偿源来看，机动车事故受害人的救济可能包括侵权损害赔偿、强制保险赔偿、任意保险赔偿、社会保险补偿等。在这些赔偿或补偿的彼此关系上，侵权损害赔偿与强制保险赔偿一般法律会有明确规定，发生冲突的可能性比较小。任意保险属于市场购买行为，自然以保险合同的约定为准。即使发生超额赔偿问题，这在人身保险也是允许的。真正会发生疑问的是社会保障与强制保险赔偿、侵权损害赔偿之间的关系。就这一点而言，各国规定并不一致，少数国家实行所谓并行来源规则，即各种救济来源之间若出现重复给付时，则互不影响；多数国家依然坚持各种来源之间互相排斥的原则。

《加拿大魁北克机动车保险法》第 83 条之二规定："符合实际情况及规则所规定的条件的，受害人有权就社会保障机制未纳入的因事故产生的下列费用获得补偿：（一）医疗及辅助医疗费用；

---

❶ 和春雷．社会保障制度的国际比较［M］．北京：法律出版社，2001：164－165．

❷ 和春雷．社会保障制度的国际比较［M］．北京：法律出版社，2001：150．

（二）因接受医疗及辅助医疗而产生的交通费及住宿费；（三）购买填补或整形设备的费用；（四）洗涤、修补、替换损坏的身穿衣物的费用……"第83条之四规定："社会保障计划应当将受害人自己发生的费用或其他人为受害人支付的费用纳入保障范围。"该法第83条之二十八规定："魁北克机动车保险公司在劳动和社会保障部长要求时，应当从根据本法支付给权利人的补偿中扣除根据收入支持、劳动补助及社会互助法第一百零二条应支付的数额（第3款）。魁北克机动车保险公司应当将扣除的数额交给劳动和社会保障部长（第4款）。在魁北克年金管理局要求时，魁北克机动车保险公司还应当从根据本法支付给权利人的补偿中扣除根据魁北克养老金计划法已经支付给同一人的残疾金或退休养老金，该养老金的支付根据前述法律第一百零五条之一或者第一百零六条之三是本不应支付的。魁北克机动车保险公司应当将扣除的金额交给魁北克年金管理局（第5款）。"

法国《1985年7月5日第851677号法律》第39条、第40条、第41条、第42条等也对交通事故侵权损害赔偿、强制保险赔偿与社会保险补偿之间的协调做了程序上的规定，即交通事故诉讼的利害关系人或其继受人指出受害人的社会安全保险相关信息，以便法院作出共同判决宣告，否则，有关部分无效。如该法第39条规定："社会安全法典第 L.376-1 条❶最后一项开头，修正如下：'在诉讼程序进行中任何阶段，利害关系人或其继受人必须指出事故被害人具有社会保险被保险人的资格，以及被害人现在或过去就各种危险事故所参加的社会安全保险出纳处。利害关系人或其继受人必须对该出纳处为宣示共同判决的通知。其中某项义务未履行者，判决实体部分无效……"我国台湾地区"强制汽车责任保险法"第37条也规定："请求权人依本法规定请求保险给付者，保险

---

❶ 本条原文是"社会安全法典第 L.397 条"，现已改为"社会安全法典第 L.376-1 条"。

人不得以其有本保险以外之其他种类保险而拒绝或减少给付。"

七、纠纷解决机制

与机动车事故有关的纠纷主要是侵权赔偿纠纷和保险赔偿纠纷，这两类纠纷的特点有两个：其一是数量巨大，例如美国大多数州，2/3 左右的民事诉讼涉及机动车事故；❶ 其二是绝大多数事故的诉讼争议额不大，案情相对简单。为了快速有效地解决道路交通事故纠纷，世界许多国家和地区一般都有快速处理交通事故纠纷的诉讼机制和其他制度安排。

在诉讼方面，为了节约诉讼成本、提高审判效率，在国外许多国家都设有简易法院和小额法庭，一些国家对简易法院内审理的案件又细分为简易事件和小额事件，分别适用不同的程序。例如，法国的民事案件的初审主要是在大审法院与小审法院之间分配的。大审法院管辖法律没有规定由其他法院管辖的所有民事案件，小审法院则只受理 3 万法郎以下的民事案件。而且小审法院适用的程序比大审法院的要简化许多，其理念就是简易、迅速、低费用。日本在第一审民事诉讼中，诉讼标的额在 90 万日元以下的请求属于简易法院管辖，超过 90 万日元的事件则由地方法院管辖。简易法院适用的诉讼程序在许多方面都比地方法院适用的诉讼程序要简单，如起诉的简易化、判决书的简易化等。我国台湾地区并没有专门的简易法院，而是在地方法院内设普通庭和简易庭，由简易庭来审理民事简易案件。我国香港地区则在不同区域内设立各类专业审裁处，如劳资审裁处、土地审裁处、遗产承办处，各自专司本区域内的劳资纠纷、土地纠纷、遗产纠纷等。特别是"小额钱债审裁处"，专

---

❶ JOHN E. Rolph with JAMES K. Houchens, SANDRA S. Polin. Automobile accident compensation Volume1 : Who pays how much how soon? Santa Monica, CA：The Rand Corporation，1985：foreword.

门审裁金额在 5 万港币以下的申索钱债案件，方法特别灵活。[1]

在强制保险纠纷的解决方面，日本及韩国都有特殊的制度安排。如《日本汽车损害赔偿保障法》第 23 条之五（纠纷处理机关的指定等）规定："（一）交通运输大臣及内阁总理大臣，认为本着公正且适当解决相关保险金或互助金等支付纠纷、保护被害人目的而依民法第三十四条规定设立的法人，就次条第（一）款规定的业务（以下称为'纠纷处理业务'）符合下述规定的基准者，得依其申请指定为从事纠纷处理业务者……"第 23 条之六（业务）进一步规定指定纠纷处理机关主要从事的业务有"（一）依保险金或互助金等支付相关的纠纷当事人的保险公司、合作社、被保险人、被互助人或受害人的申请，进行该纠纷的调解（以下称为'纠纷处理'）；（二）前项规定业务附带的业务。"此外，该法还对纠纷处理委员、管理人员等的选任及解任、纠纷处理业务规则、纠纷处理程序以及有关主管机关对纠纷处理机关的监督、处罚等做了明确规定。而《韩国汽车损害赔偿保障法》在借鉴日本立法的基础上，也规定了类似的纠纷处理机制。该法第 14 条规定："保险事业者等与医疗机关，为了防止及迅速解决有关汽车保险诊疗费的纠纷，进行下列各项业务，应协商组成汽车保险诊疗费纠纷审议会：（一）有关汽车保险诊疗费纠纷的审查、调解；（二）有关调整汽车保险诊疗费标准的建议；（三）有关第一项及第二项业务的调查、研究。"该条还规定审议会包括委员长在内，由 18 名委员组成。委员由建设交通部长官任命，在保险事业者等团体推荐的人中任命 6 名，在医疗事业者团体推荐的人中任命 6 名，在符合总统令规定条件的人中任命 6 名。委员长在委员中互选。委员的任期为2 年，可以连任，但补任委员的任期为前任的剩余期间。此外，该

[1] 韩经荣，李东忠．关于建立民商事简易案件速裁制度的审判实践与立法完善 [EB/OL] ．2004 - 06 - 15 [2008 - 12 - 01] http：//gzfy．chinacourt．org/public/detail．php？id = 211．

法还对审议会的运营费用，❶ 汽车保险诊疗费的审查请求，❷ 审查、决定程序，❸ 审查、决定的效力，❹ 审议会的权限❺等事项进行了具体规范。

---

❶ 第14条。

❷ 第15条。

❸ 第16条。

❹ 第17条。

❺ 第18条。

第二章　我国机动车事故受害人救济机制的演变

第一节　我国机动车事故受害人保护问题

一、我国机动车的普及

我国最早的汽车是 20 世纪初（1901 年左右）从美国运输到上海的两辆汽车。旧中国一直未能建立自己的汽车工业，新中国成立后，于第一个五年计划的第一年（1953 年）即开始创建长春第一汽车制造厂，3 年后具备了年产 3 万辆汽车的能力，从此结束了我国不能制造汽车的历史。[●] 官方权威机构公布的统计资料显示，1950 年我国机动车保有量为 5.43 万辆，经过 25 年的缓慢增长，到 1975 年达到 91.71 万辆，且这一时间统计资料显示的机动车数量就是汽车保有量。从 1976 年开始，在机动车构成中，汽车之外的其他机动车开始发展（主要是摩托车）。1984 非汽车机动车占机动车的比重首次超过汽车，并于该年开始，我国的机动车真正进入快速增长阶段，即首次以年增长超过百万辆的速度增长。从 1999 年开始，年增长速度更是达到千万辆左右，2007 年比 2006 年增长了约 1500 万辆。截至 2007 年年底，全国机动车保有量接近 16000 万辆，其中，汽车 5697 万辆，摩托车 8710 万辆，上道路行驶的拖拉机 1482 万辆（关于我国

[●]　谷志杰等．交通事故处理及其预防 ［M］．北京：中国人民公安大学出版社，2002：2.

汽车和机动车保有量的演变情况参见表2-1)。

表2-1　全国历年机动车保有量统计表❶

年份	机动车（万辆）		年份	机动车（万辆）	
		汽车			汽车
1950	5.43	5.43	1996	3609.65	1100.07
1955	10.14	10.14	1997	4209.32	1219.09
1960	22.38	22.38	1998	4507.70	1334.18
1965	29.95	29.95	1999	5404.73	1473.72
1970	42.41	42.41	2000	6000.49	1609.80
1975	91.71	91.71	2001	6851.88	1844.55
1976	124.13	106.70	2002	7975.68	2141.73
1980	208.84	178.29	2003	9649.96	2421.16
1983	283.88	232.63	2004	10783.44	3588.36
1984	587.37	260.41	2005	13029.45	4328.69
1985	655.65	321.12	2006❷	14522.90	4984.78
1990	1476.26	551.36	2007❸	15977.76	5696.78
1995	3179.78	1040.00	2008.6❹	16571.33	6122.18

2004年《道路交通安全法》实施后，机动车的管理体制有所

---

❶ 公安部交通管理局. 中华人民共和国道路交通事故统计年报（2005年版）［G］，2006：71.1950~1970年的统计中汽车的数量即为机动车的数量，其他车辆未纳入统计。

❷ 中国道路交通安全协会秘书处. 中国道路交通安全协会2006年工作回顾. ［EB/OL］. 2007-06-01［2008-12-15］http：//www.rtsac.org/xhdt/xx.aspx? bh=00000005.

❸ 2007年全国机动车和驾驶人统计汽车驾驶人超一亿［EB/OL］. 2008-02-21［2008-12-20］http：//www.mps.gov.cn/n16/n1282/n3553/143940.html.

❹ 公安部交通管理局. 2008年上半年全国机动车和驾驶人统计［EB/OL］. 2008-07-02［2008-12-20］http：//www.mps.gov.cn/n16/n1237/n1342/n803715/1290412.html.

调整，即将农机部门管理的农用车划归公安部门管理，而公安部门管理的拖拉机划归农机部门管理。因此，2004 年以后的汽车保有量中已经有农用车的成分。但由于各地档案移交的进度不同，导致无法估计汽车中农用车的具体比例。

对于上述官方机构公布的统计数据，需要进一步说明的是：首先，上述统计数据并不十分准确，尤其是其中关于摩托车和拖拉机的统计数据。以江苏省为例，虽然全省有 150 万台拖拉机，但经常在道路上行驶、接受农机监理部门实行牌证管理的只有 10 万辆，而实行牌证管理的变拖却有 20 万辆，是管理的上道路拖拉机的 2 倍。❶ 有报道称，截至 2005 年年底，公安机关和农机部门管理的三轮汽车、低速载货汽车、❷ 拖拉机近 4000 万辆。另据保守估计，农村公路上还至少有 1000 万辆无牌无证车辆。❸ 实际上，我国摩托车、农用车的保有量比上述报道的还要多。据测算，截至 2002 年年底，未纳入官方统计数据的摩托车至少 3000 万辆以上，而农用车和拖拉机也至少 3000 万辆。❹ 考虑到近年来我国机动车监管体制、行政执法及统计制度等未有根本改变的现实，目前我国机动车总量至少应在 25000 万辆以上。其次，在我国机动车的构成中，主体是摩托车，约占 50%，汽车约占 20%，农用车和拖拉机约占 30%。

---

❶ 张冬林．变型拖拉机使用现状及存在问题原因分析 [J/OL]．中国农机监理，2008 (10) [2008 – 12 – 10] http：//www. camn. agri. gov. cn/html/2008 – 11 – 21/2 – 1853 – 2008 – 11 – 21 – 6620. html.

❷ 2004 年强制性国家标准《机动车运行安全技术条件》将三轮农用车改称"三轮汽车"，四轮农用车改称"低速货车"，二者合称"低速汽车"。

❸ 刘国卿．汽车进入农村市场面临的 4 大问题 [J/OL]．商用汽车，2006 (9) [2008 – 12 – 10] http：//www. ce. cn/cysc/agriculture/gdxw/200609/22/t20060922 – 8681264. html.

❹ 刘锐．机动车交通事故侵权责任与强制保险 [M]．北京：人民法院出版社，2006：224.

二、我国机动车事故受害人保护问题

我国机动车事故受害人保护问题的真正出现是在改革开放以后，尤其是在 20 世纪 80 年代中期。一方面机动车以及由此导致的机动车事故大幅度增加；另一方面，随着改革的深入，计划经济的高福利和独特的社会保障、救助制度逐渐瓦解。目前，我国机动车事故受害人保护问题的严重性主要表现为伤亡数量巨大、伤亡人员的主体为收入低或无收入人员且无必要的社会保障、受害人获得交强险赔偿或加害人侵权损害赔偿的概率低、受害人基本没有商业保险保障。

（一）机动车事故伤亡数量巨大

改革开放 20 多年，机动车在给我国经济带来高速发展的同时，也使得机动车事故受害人的保护问题日益严重。据公安部交通管理局的统计（参见表 2 - 2），1970 年我国机动车事故死亡人数还不到 1 万人，而在 10 年之后的 1980 年，这一数字已经超过了 2 万，增加了 1 倍多；尤其是在 1985 年，这一数字又增加了近 1 倍，达到了 4 万多，比 1984 年的 2.5 万人增加了 1.5 万多人；1990 年至 2000 年的 10 年间，机动车事故的死亡人数再次增加了 1 倍，即从 1990 年的近 5 万人，猛增到 2000 年的 10 万以上，2002 年达到高峰，该年共发生交通事故 773137 起，造成 109381 人死亡，562074 人受伤。从 2002 年开始，交通事故伤亡人数开始下降，2004 年死亡人数首次降到 10 万以内，2007 年，全国共发生交通事故 327209 起，造成 81649 人死亡，380442 人受伤。

表2－2　新中国成立以来我国机动车及机动车事故演变统计表❶

项目 年份	事故起数（件）	死亡（人）	受伤（人）
1951	5922	852	5159
1960	33634	5762	18637
1970	55437	9654	37128
1980	116692	21818	80824
1984	118886	25251	79865
1985	202394	40906	136829
1990	250297	49271	155072
2000	616971	93853	418721
2001	754919	105930	546485
2002	773137	109381	562074
2003	667507	104372	494174
2004	517889	107077	480864
2005	450254	98738	469911
2006❷	378781	89455	431139
2007❸	327209	81649	380442

❶　公安部交通管理局．中华人民共和国道路交通事故统计年报（2005年版）［G］，2006：5－6.

❷　中国道路交通安全协会秘书处．中国道路交通安全协会2006年工作回顾［EB/OL］2007－06－01［2008－12－15］http：//www.rtsac.org/xhdt/xx.aspx？bh＝00000005.

❸　2007年全国道路交通事故统计数据情况［EB/OL］.2008－02－21［2008－12－20］http：//www.mps.gov.cn/n16/n1282/n3553/143942.html.

对于上述官方公布的统计数据，需要进一步说明的是：首先，上述统计数据仅仅包括一般以上的交通事故，❶ 不仅一次造成 1～2人轻伤或者直接经济损失一定数量以下的大量的轻微事故未纳入统计范围，而且即使是致人重伤、死亡的严重事故，也不能保证全部纳入统计。如按照公安部的统计数据，2001 年至 2003 年期间，我国每年共发生交通事故约 70 万起，造成约 10 万人死亡，约 50 万人受伤。但是，世界卫生组织估计，全世界每年有接近 120 万人因交通意外而死亡，其中以我国的情况最为严重，估计平均每日导致680 人死亡，每年高达 25 万人死亡，当中大部分为行人，是全球交通意外死亡人数最多的国家。❷ 此外，统计资料显示，2002 年北京市共发生交通事故 23 万余起，其中快速处理 21 万余起，约占事

---

❶　无论是农机事故统计还是公安部门对道路交通事故的统计，都将事故分为轻微事故、一般事故、重大事故和特大事故，而且都未将轻微事故统计在内。按照 1998 年 1 月 5 日农业部《农用拖拉机及驾驶员安全监理规定》第 49 条规定，轻微事故是指轻伤 1～2 人或直接经济损失在 500 元以下；一般事故是指重伤 1～2 人，或轻伤 3～10 人，或直接经济损失在 500 元以上5000 元以下；重大事故是指死亡 1～2 人，或重伤 3～10 人，或轻伤 10 人以上，或直接经济损失在 5000 元以上 20000 元以下；特大事故是指死亡 3 人以上，或重伤 10 人以上，或直接经济损失在 20000 万元以上。而公安部门对道路交通事故的统计中，轻微事故是指一次造成轻伤 1～2 人，或者财产损失机动车事故不足 1000 元，非机动车事故不足 200 元的事故；一般事故是指一次造成重伤 1～2 人，或者轻伤 3 人以上，或者财产损失不足 3 万元的事故；重大事故是指一次造成死亡 1～2 人，或者重伤 3 人以上 10 人以下，或者财产损失 3 万元以上不足 6 万元的事故；特大事故是指一次造成死亡 3 人以上，或者重伤 11 人以上，或者死亡 1 人，同时重伤 8 人以上，或者死亡 2 人，同时重伤 5 人以上，或者财产损失 6 万元以上的事故。

❷　马长征. 中国每天 680 人死于车祸［N/OL］. 联合晚报，2004－10－12［2005－02－28］http：//www. gchd315. com/xxlr1. asp？ID＝9984.

故总数的 93% 。● 而根据保险公司的统计，北京市每年发生的交通事故总量是交管部门处理事故数量的 3～4 倍。● 也就是说，有很多交通事故当事人没有经过交管部门，而是自行解决，并向保险公司理赔。由此可见，仅北京市每年发生的道路交通事故就在 70 万～80 万起，与统计显示的 2002 年全国的道路交通事故总量相当。而广东省公安厅负责人介绍说广东省 1 年的交通事故有 30 多万宗，其中造成人员伤亡的交通事故有 65000 多宗，2002 年造成交通事故死亡的人数是 16035 人，受伤 74590 人，而轻微交通事故，有 24 万宗，占了事故总量的 4/5。● 2004 年 4 月 26 日交通部公路司司长张剑飞在全国公路安全保障座谈会上说："我国汽车保有量只有世界的 2%，道路交通事故中的死亡人数却占全世界的 15% 左右。"● 由此可见，机动车事故以及由此所导致的受害人赔偿问题在我国相当严重。

（二）伤亡人员的收入低且无必要的社会保障

机动车事故伤亡人员主要具有以下三个特点：

第一，机动车事故的主要受害者是流动性强且无必要安全意识的进城务工人员、中小学生以及身体状况不好的高龄人员。例如，2002 年我国机动车事故受伤 56 万人，死亡近 11 万。在伤亡人员中，农林牧渔业、农工、个体、流动人口、各类学生、待业人员、

● 北京市公安局公安交通管理局. 本市范围内 29 种交通事故驾驶员可自行快速解决［EB/OL］. 2003 - 04 - 14［2004 - 04 - 20］http：//www. bjjtgl. gov. cn/Article - Detail. asp? Article - ID = 645.

● 牛爱民，李煦. 北京 29 种交通事故"私了"解读［EB/OL］. 2003 - 04 - 15［2004 - 04 - 20］http：//www. bj. xinhuanet. com/jdwt/jiaotong/.

● 郑少东副厅长做客南方网访谈实录［EB/OL］. 2003 - 10 - 20［2004 - 03 - 05］http：//www. gdga. gov. cn/jywh/jmxlx/zxdt/t20031022 - 4228. html.

● 王金涛，苏海萍. 连续 3 年我国每天有 300 人命丧车轮下［N］. 新华每日电讯，2004 - 04 - 27（2）.

离休、退休、家务、其他不在业人员死亡约占总数的 80% ，受伤约占总数的 75% 。这些人员的一个总体特点是收入低或无收入。统计资料显示，一方面，我国国民的总体收入水平不高。2001 年全国 200 个县农民人均纯收入在 1000 元以下，860 个县的农民人均纯收入在 1500 元以下，1403 个县的农民人均纯收入在 2500 元以下，而 2500 元以上的县只有 670 个，其中 4000 元以上的县只有 112 个。❶ 2004 年这一情况有所改变，但仍有 274 个县的农民人均纯收入在 1500 元以下，近 1000 个县的农民人均纯收入在 2500 元以下。❷ 从绝对数来看，按照我国现行标准，2006 年年末，农村人均年收入低于 693 元的绝对贫困人口还有 2148 万；年收入在 694 ~ 958 元之间的农村低收入人口有 3550 万。如果按照世界银行每人每天消费 1 美元的标准，我国贫困人口还有上亿人。另一方面，医疗费用上涨过快。1995 ~ 2000 年综合医院每诊疗一人次的费用从 39.9 元上升到 85.8 元（按当年价计），净增 1.15 倍，每一出院者费用从 1668 元增至 3084 元，净增 85% ；而同期农民的净收入从 1578 元增至 2210 元，净增长只有 40% 。一个农民 1 年的净收入在 1995 年差不多可以支付一次住院费用，但到 2000 年则只够支付住院费的 72% 。近年我国整个医疗费用上涨的趋势并未得到有效遏制，这对收入较低的农民来说，无疑是个巨大的压力。❸ 收入低、医疗费用高，这一低一高导致受害人自己或家庭在遭遇交通事故后，基本没有能力自救。

第二，机动车事故受害人主要是中青年男性劳动力。根据公安

❶ 国家统计局农村社会经济调查总队．中国县市社会经济统计年鉴 2002 ［M］．北京：中国统计出版社，2002：559.

❷ 李晓超，中华人民共和国国家统计局．中国统计年鉴 2007 ［M］．北京：中国统计出版社，2007：452.

❸ 赵志全．解决农民看病难、看病贵问题政府需要承担更多责任 ［EB/OL］．2006 - 03 - 02 ［2008 - 12 - 11］http：//health. sohu. com/20060302/n242105304. html.

部交通管理局公布的数据计算，2002 年交通事故死亡人员中，男性占总数约 76%；受伤人员中，男性占总数约 75%。而在所有死亡人员中，26～55 岁约占 59%，受伤约占 64%。[1] 第四军医大学附属唐都医院 1990～1992 年间收治交通事故伤员 1028 例，其中男932 例，女 96 例，中青年 945 例。[2]

第三，我国目前社会保障最为匮乏的领域是对进城务工人员、城市无职业人员和广大农民的保障。城市无职业人员基本没有医疗保险，农民的新型合作医疗虽然近年来普及很快，但保障水平低且基本不给交通事故受害人提供医疗费用保障。

（三）受害人很难获得赔偿

受害人很难获得赔偿主要表现在以下三个方面：

首先，受害人很难获得交强险赔偿。交强险实行两年多来，投保率一直很低，总体来讲还不到 50%。未投保交强险的车辆肇事受害人自然无法得到交强险赔偿。由于交通事故社会救助基金的缺位，未投保车辆肇事的，受害人也得不到救助基金的保障。不仅如此，交强险不保障驾驶人等被保险人，也不保障车上人员，因此，单方事故的车上人员不受交强险保障。即使纳入交强险保障的受害人，其保障程度十分低，尤其表现在医疗费用保障低、群死群伤事故保障低以及所谓投保机动车无责时的保障低。当然，由于受害人没有向保险公司的直接赔偿请求权，复杂、烦琐的索赔程序等也直接影响了纳入保障范围的受害人最终获得交强险赔偿。

其次，受害人很难获得加害人的侵权损害赔偿。主要表现在机动车车主赔偿能力有限和胜诉判决执行不到位两个方面。如前所

---

[1] 根据 2003 年公安部交通管理局《中华人民共和国道路交通事故统计》推算。

[2] 陈习进，刘喜文，王茂，等. 道路交通事故伤 1028 例分析 [J]. 中华创伤杂志，1994，102：77.

述，我国机动车的主体不是汽车，而是摩托车、农用车和拖拉机，这些车辆约占机动车的 80%。摩托车、农用车和拖拉机主要为农民保有，且主要在农村地区活动。2007 年《中国统计年鉴》的统计数据显示，2006 年全国各地区农村居民家庭平均每百户拥有摩托车 44.59 辆，[1] 而我国农村户约为 23700 万户，因此，我国农村居民保有摩托车约 1 亿辆。而且必须指出的是，虽然总体来讲，我国东部发达地区农村居民保有摩托车的数量高于西部落后地区，但西部地区农村居民摩托车的保有量也并不低。如 2007 年《中国统计年鉴》的统计数据显示，2006 年年底我国东部、中部、东北和西部地区农村居民家庭平均每百户拥有摩托车分别为 68.43 辆、43.04 辆、45.03 辆、37.14 辆。[2] 如前所述，我国国民人均收入目前并不高，农民的收入水平更低。发生交通事故造成他人伤亡的同时也往往会引起自身的伤亡，自己的保障有限，何谈对他人进行赔偿。不仅如此，受害人很难通过诉讼途径获得赔偿。一方面，诉讼漫长、成本高；另一方面，即使获得胜诉判决，自动履行率极低，强制执行率也不高。如某区法院的道路交通事故案件审结后，有近 40% 的案件因赔偿责任人未及时自动履行而申请法院强制执行。在申请法院执行的案件中，有 15% 的案件因为被执行人生活极为困难，丧失执行能力，法院不得不终结执行。[3] 深圳市 2006 年全市法院一审民商事案件判决结案 32591 件，而权利人申请强制执行的高达 30948 件，在裁判文书确定的履行期限内自动履行的仅有 5%。[4]

---

[1] 李晓超，中华人民共和国国家统计局. 中国统计年鉴 2007 [M]. 北京：中国统计出版社，2007：378 - 379.

[2] 李晓超，中华人民共和国国家统计局. 中国统计年鉴 2007 [M]. 北京：中国统计出版社，2007：376.

[3] 胡世明，严克新，蔡文刚. 道路交通事故赔偿纠纷案件的特点及对策分析 [EB/OL]. [2008 - 10 - 22] http://www.zjcourt.cn/portal/html/2006 0320000039/20060809000060.html.

[4] 李汝健. 深圳立法破解执行难 [N]. 人民法院报，2007 - 05 - 22 (1).

最后，受害人很难获得商业保险赔偿。我国商业保险的类型主要是人寿保险，且主要覆盖人群是高收入者。而责任保险等覆盖率很低。因此，发生交通事故后，受害人很少有从自己投保的保险公司或责任人投保的保险公司获得保险赔偿的。

第二节　机动车事故受害人救济机制的演变

一、机动车侵权赔偿机制的演变

（一）《民法通则》

新中国成立以来，我国虽然在 20 世纪 50 年代、60 年代和 70 年代后期有过起草民法典的努力，但最终只在 1986 年出台了《中华人民共和国民法通则》（以下简称《民法通则》）。在《民法通则》之前，我国往往以行政手段解决交通事故的损害赔偿问题，公安机关就损害赔偿所作出的处理决定实际上具有终局的效力，当事人即使向法院起诉，人民法院也往往以法律没有规定为由而不予受理。❶ 当然这种做法在机动车事故并不严重的 20 世纪 80 年代中期之前没有引起严重的社会问题。可是，在《民法通则》制定颁布的时期，我国的机动车事故受害人保护问题已经相当严重，因此，依然沿用行政途径解决道路交通事故问题显然非常不利于受害人的保护。因此，《民法通则》第 123 条规定："从事高空、高压、易燃、易爆、剧毒、放射性、高速运输工具等对周围环境有高度危险的作业造成他人损害的，应当承担民事责任；如果能够证明损害

---

❶ 梁慧星. 关于中国道路交通事故赔偿的法律制度［J］. 安徽大学学报哲学社会科学版，1995（6）：40－45.

是由受害人故意造成的，不承担民事责任。"❶ 按照该条规定，机动车事故责任应当是严格责任，而且只有受害人故意这一免责事由。但是，必须指出的是，该条规定中的"高速运输工具"是否包括机动车，亦即机动车交通事故是否适用该条，在法学界有两种截然相反的观点。梁慧星教授等大多数法学家和实务界专家肯定机动车属于"高速运输工具"的范畴，因而机动车侵权属于该条调整的范围;❷ 而王利明教授认为"将汽车与火车、飞机等并列为高速运输工具并适用第123条，是值得研究的"。其理由主要是汽车的危险性比火车、飞机低，因此，"同等地看待汽车与其他高度危险作业是不适当的"❸。

（二）《道路交通事故处理办法》

《民法通则》只有第156条，规定了民事基本原则和基本制度，没有规定侵权责任的具体制度。交通事故损害赔偿的责任主体、损害赔偿的范围等都没有法律规定。在这种情况下，国务院于1991年制定了《中华人民共和国道路交通事故处理办法》（以下简称《道路交通事故处理办法》）。《道路交通事故处理办法》全面规范了交通事故损害赔偿的归责原则、责任主体、赔偿项目、赔偿标准、抢救费用的保障等，是一部全面规范交通事故处理的行政法规。核心内容有：（1）归责原则。《道路交通事故处理办法》对于

---

❶ 梁慧星教授认为：《民法通则》是参考1964年前苏联民法典制定的，其与前苏联民法典第454条的差别在于：前苏联民法典规定了两项免责事由，即不可抗力和受害人故意，而《民法通则》仅仅规定受害人故意为唯一免责事由（梁慧星．关于中国道路交通事故赔偿的法律制度［J］．安徽大学学报：哲学社会科学版，1995（6）：41）。

❷ 梁慧星．论制定道路交通事故赔偿法［G］//梁慧星．民法学说判例与立法研究．北京：中国政法大学出版社，1993：98．

❸ 王利明．民法·侵权行为法［M］．北京：中国人民大学出版社，1993：513－514．

道路交通事故的责任认定作出了与《民法通则》截然不同的规定。❶ 虽然该法第44条规定了机动车与非机动车、行人发生交通事故造成对方人员死亡或者重伤，即使机动车一方无过错，也应当分担对方10%的经济损失的不同于过错责任的规定，但不可否认的是，《道路交通事故处理办法》的规定主要坚持了过错责任原则。❷ 同样不可否认的是，《道路交通事故处理办法》实施后，该办法主导了我国道路交通事故的处理。（2）赔偿责任主体。《道路交通事故处理办法》规定的交通事故责任主体主要是机动车驾驶员，但在驾驶员执行职务中发生交通事故的情形，由驾驶员所在单位或者机动车的所有人承担赔偿责任，驾驶员所在单位或者机动车的所有人在赔偿损失后，可以向驾驶员追偿部分或者全部费用。除此之外，《道路交通事故处理办法》还规定了机动车驾驶员暂时无力赔偿情形，驾驶员所在单位或者机动车的所有人的垫付责任。（3）赔偿项目。损害赔偿的项目主要包括医疗费、误工费、住院伙食补助费、护理费、残疾者生活补助费、残疾用具费、丧葬费、死亡补偿费、被扶养人生活费、交通费、住宿费和财产直接损

---

❶ 其实，《道路交通事故处理办法》的起草者或许并不认为《道路交通事故处理办法》与《民法通则》在侵权归责方面不同。因为他们认为："按照《民法通则》和本办法的精神，交通事故损害赔偿应该实行过失责任原则，即由过失方赔偿，无过失方不赔偿。"（国务院法制局政法司，公安部交通管理局．道路交通事故处理办法释义［M］，北京：中国政法大学出版社，1991：54）于敏先生也指出："可以认为《道路交通事故处理办法》中关于损害赔偿的规定并未违反民法通则的有关规定，而且是将民法通则的规定具体化了……因此可以说，我国的机动车道路交通事故损害赔偿实务中的基本做法实际上与其他大陆法系国家的做法基本上是一致的。"（于敏．机动车交通事故损害赔偿责任若干问题研究［G］//梁慧星．民商法论丛．北京：法律出版社，1998（11）：157）

❷ 杨立新教授认为《道路交通事故处理办法》规定的责任形式是过错推定责任。

失。（4）赔偿标准。《道路交通事故处理办法》具体规定了上述赔偿项目的赔偿标准。值得一提的有残废者生活补助费、死亡补偿费及被扶养人生活费的计算。残废者生活补助费根据伤残等级，按照交通事故发生地平均生活费（家庭人均生活费支出额）计算，自定残之月起，赔偿20年。但50周岁以上的，年龄每增加1岁减少1年，最低不少于10年；70周岁以上的按5年计算。死亡补偿费按照交通事故发生地平均生活费计算，补偿10年。对不满16周岁的，年龄每小1岁减少1年；对70周岁以上的，年龄每增加1岁减少1年，最低不少于5年。被扶养人生活费：以死者生前或者残者丧失劳动能力前实际扶养的、没有其他生活来源的人为限，按照交通事故发生地居民生活困难补助标准计算。（5）抢救费用的保障。抢救治疗费用首先由交通事故的当事人及其所在单位或者机动车的所有人预付，也可以由公安机关指定的一方预付，结案后按照交通事故责任承担。交通事故责任者拒绝预付或者暂时无法预付的，公安机关可以暂时扣留交通事故车辆。其次，在实行机动车第三者责任法定保险的行政区域发生机动车交通事故逃逸案件的，由当地中国人民保险公司预付伤者抢救期间的医疗费、死者的丧葬费。中国人民保险公司有权向抓获的逃逸者及其所在单位或者机动车的所有人，追偿其预付的所有款项。（6）与其他赔偿或补偿机制的协调。《道路交通事故处理办法》第43条规定："职工因交通事故死亡或者残疾丧失劳动能力的，按照本办法的规定处理后，职工所在单位还应当按照有关部门的规定给予抚恤、劳动保险待遇。"

　　《道路交通事故处理办法》于1992年正式实施。虽然这部行政法规在实施后也遭到了一些质疑，比如行政法规不应规范本应由基本法律规范的侵权责任和损害赔偿问题，以及该法规规定的过错责任原则与《民法通则》规定的严格责任不一致等。但从实施效果来看，不仅比较好地解决了交通事故的处理及受害人的抢救问题，而且在一定程度上填补了人身损害赔偿基本规范缺位的问题。

（三）《合同法》和沈阳等地方立法

在 20 世纪末，有两个法律事件值得一提，一个是 1998 年《中华人民共和国合同法》（以下简称《合同法》）的颁布；另一个是始于 1999 年沈阳的"撞了白撞"地方立法。❶《合同法》中与交通事故受害人救济有关的规定主要是客运和货运两类合同，以及违约责任与侵权责任竞合时如何处理的规定。对于客运合同中旅客的伤亡，《合同法》规定了严格责任，即客运合同履行中造成旅客人身伤亡的，除非伤亡是旅客自身健康原因造成的或者承运人证明伤亡是旅客故意、重大过失造成的，否则承运人应当对运输过程中旅客的伤亡承担损害赔偿责任；而对于货运合同中货物毁损、灭失的赔偿责任，合同法在规定严格责任的同时，也赋予了承运人较多的抗辩事由。❷ 但对于旅客随身携带的物品和托运的物品规定了不同的责任，前者为过错责任，后者则适用货运合同的规定。❸ 此外，由于《合同法》规定了权利人在责任竞合时的赔偿选择权，而且受害人根据《合同法》或《道路交通事故处理办法》请求赔偿时无论在举证负担方面，还是在赔偿范围方面都有很大的不同，因此，同一案件往往因为诉讼技巧的不同导致结果相去甚远。不过，总的

---

❶ 除了沈阳外，上海、济南、武汉等城市也颁布了"行人违章撞了白撞"的地方性法规。

❷ 这也反映了《合同法》对人身损害和财产损害区别对待的思想。

❸ 《合同法》第 302 条规定："承运人应当对运输过程中旅客的伤亡承担损害赔偿责任，但伤亡是旅客自身健康原因造成的或者承运人证明伤亡是旅客故意、重大过失造成的除外。前款规定适用于按照规定免票、持优待票或者经承运人许可搭乘的无票旅客。"第 303 条规定："在运输过程中旅客自带物品毁损、灭失，承运人有过错的，应当承担损害赔偿责任。旅客托运的行李毁损、灭失的，适用货物运输的有关规定。"第 311 条规定："承运人对运输过程中货物的毁损、灭失承担损害赔偿责任，但承运人证明货物的毁损、灭失是因不可抗力、货物本身的自然性质或者合理损耗以及托运人、收货人的过错造成的，不承担损害赔偿责任。"

来说，《合同法》的颁布实施对于《道路交通事故处理办法》的影响并不大。然而，与此不同的是，1999年沈阳"撞了白撞"办法的推出却在全国引起了激烈争论。所谓沈阳"撞了白撞"规定，是指沈阳市人民政府于1999年颁布的《沈阳市行人与机动车道路交通事故处理办法》，该办法第8条、第9条、第11条、第12条及第13条分别规定了行人违反交通规章，而机动车方无违章行为时行人应当负全部责任。❶对此，法学家梁慧星等人认为，"制定所谓'行人违章撞了白撞'的地方性规章，是违反宪法的。"❷但经济学家张维迎等人却坚决支持沈阳规定，认为这一规定是符合效率原则的。❸

---

❶ 第8条 行人通过有人行信号控制或没有人行信号控制，但有路口交通信号控制的人行横道时，须遵守信号的规定，因行人违反信号规定与机动车发生交通事故，机动车方无违章行为的，行人负全部责任。

第9条 在设有交通隔离设施和施划人行横道线的路段上，行人因跨越隔离设施或不走人行横道，与机动车发生交通事故而机动车无违章行为的，行人负全部责任。

第11条 行人走路须在人行道内行走，没有人行道的须靠路边行走。行人在机动车道内行走，与机动车发生交通事故，机动车方无违章行为的，行人负全部责任。

第12条 在封闭式机动车专用道或专供机动车通行的立交桥、高架桥、平台桥等道路上，行人与机动车发生交通事故，机动车方无违章行为的，行人负全部责任。着标志服装的道路维护和清扫人员在正常作业时，发生交通事故的除外。

第13条 行人在机动车道内有招停出租车、逗留等妨碍机动车通行的行为，发生交通事故，机动车方无违章行为的，行人负全部责任。

❷ 梁慧星．"行人违章撞了白撞"是违法的［N］．人民法院报，2001－03－29．

❸ 对这一问题的争论也因为我国著名经济学家张维迎先生及著名法学家梁慧星先生的参与而格外引人瞩目。张维迎先生从法律经济学的角度认为在交通事故领域贯彻过错责任原则是符合效率原则和安全原则的，而且（转下页）

（四）《道路交通安全法》

考察沈阳办法的制定背景，主要的原因还是为了解决城市道路交通拥堵问题。这是因为随着我国城市机动车的快速增加，一些大中城市出现了非常严重的道路拥堵问题，城市道路拥堵的一个原因就是城市行人不遵守交通法规和秩序。而《道路交通事故处理办法》的过错责任原则显然不利于解决行为违章问题。其实，就在《合同法》出台和沈阳等地颁布"撞了白撞"规定的同时，《道路交通安全法》开始起草。起初的草案依然延续了《道路交通事故处理办法》的过错责任原则，只不过对于一定限额内的人身损害规定由保险公司在机动车第三者责任强制保险投保金额的范围内予以赔偿。但是在审议过程中立法委员反对道路交通事故实行过错责任原则，主张应当坚持《民法通则》的严格责任规定。由于在《道路交通安全法》立法的关键阶段，正是全社会"以人为本"观

（接上页）本质上也是公平的。相反无过失责任却由于对行人的激励不足不仅没有效率，而且会导致更多的事故，因而也是不公平的。与此相反，无过失责任原则的倡导者梁慧星先生则认为，在交通事故领域实行无过失责任是对交通事故受害人这一弱势群体的保护，因而这是法律公平原则的要求。其实，我们无法否认学者们在面对第一杀手的交通事故时的严肃认真的态度、对生命的尊重以及提出来的精深的理论观点。但是如果按照不同学者的理论推演，似乎对交通事故实行严格责任或过错责任会导致灾难性的后果。其实不然，对于交通事故，世界各国并没有采取清一色的过错责任或严格责任，而且即使是实行不同责任的国家，就具体案件的处理而言，同类案件的处理结果基本相似，其差距并没有我们想象得那么大。当然，交通事故的处理不仅仅是一个纯粹的侵权法问题，它与责任保险的关系在不同法域的制度安排并不相同。然而之所以出现实行不同责任基础的国家对具体案件的处理结果基本相似的状况，一个主要的原因是过错责任与严格责任并不存在明确的界限，以高度注意义务为标准判断过错与否的过错责任，与存在许多抗辩事由的严格责任的距离并没有我们想象得那么大。可以说，张维迎先生与梁慧星先生对于过错责任与严格责任的理解并不相同，因而有些争论本来是可以避免的。

念占主导地位的时期。最终 2003 年 10 月 28 日通过的《道路交通安全法》否定了"撞了白撞",基本承继了《民法通则》的严格责任原则,引进了强制责任保险制度。其第 76 条规定"机动车发生交通事故造成人身伤亡、财产损失的,由保险公司在机动车第三者责任强制保险责任限额范围内予以赔偿。超过责任限额的部分,按照下列方式承担赔偿责任:(一)机动车之间发生交通事故的,由有过错的一方承担责任;双方都有过错的,按照各自过错的比例分担责任。(二)机动车与非机动车驾驶人、行人之间发生交通事故的,由机动车一方承担责任;但是,有证据证明非机动车驾驶人、行人违反道路交通安全法律、法规,且机动车驾驶人已经采取必要处置措施的,减轻机动车一方的责任(第 1 款)。交通事故的损失是由非机动车驾驶人、行人故意造成的,机动车一方不承担责任。(第 2 款)"第 76 条的基本结构是:首先将交通事故的损害分为两部分,即强制责任保险限额内和限额外。强制责任保险限额内的第三者损害由保险公司承担。而超过责任限额的部分,机动车之间实行严格责任,机动车与非机动车驾驶人、行人之间的交通事故实行严格责任。这一严格责任的规定在起初被新闻媒体称为"以人为本"、"人性关怀"的典范,并被概括为"撞了不白撞"。此外,《道路交通事故处理办法》规定公安机关将调解作为诉讼的前置程序,只有经调解未达成协议或者调解书生效后任何一方不履行的,当事人方可向人民法院提起民事诉讼。而《道路交通安全法》不再将公安机关的调解作为诉讼的必经程序。《道路交通事故处理办法》规定交通事故责任者拒绝预付或者暂时无法预付受害人抢救治疗费的,公安机关可以暂时扣留交通事故车辆。而《道路交通安全法》只是规定"因收集证据的需要,可以扣留事故车辆",不能因为不预付抢救费用而扣留事故车辆。

(五)《人身损害赔偿司法解释》

就在《道路交通安全法》实施之前,2003 年 12 月 26 日最高人民法院发布了最高人民法院《关于审理人身损害赔偿案件适用法律若干问题的解释》（以下简称《人身损害赔偿司法解释》），该解释针对人身损害赔偿领域立法滞后、不完善、赔偿标准低等问题，对人身损害赔偿问题进行了全面规范。与《道路交通事故处理办法》相比，主要的变化有：（1）在赔偿项目上，增加了必要的营养费和精神损害赔偿。精神损害在《民法通则》仅仅规定公民的姓名权、肖像权、名誉权、荣誉权受到侵害的，有权要求赔偿。2001年最高人民法院《关于确定民事侵权精神损害赔偿责任若干问题的解释》（以下简称《精神损害赔偿司法解释》）扩大了精神损害赔偿的范围，生命权、健康权和身体权等遭受侵犯的，也可以请求精神损害赔偿。不过，《精神损害赔偿司法解释》明确规定死亡赔偿金、残疾赔偿金就是精神损害赔偿。而《人身损害赔偿司法解释》将死亡赔偿金、残疾赔偿金界定为受害人劳动能力损失的赔偿，受害人可以在死亡赔偿金、残疾赔偿金之外请求精神损害赔偿。（2）在赔偿标准上，主要的变化是关于死亡赔偿金、残疾赔偿金和被扶养人生活补偿金的调整。在赔偿年限上，主要是调整了死亡赔偿金和残疾赔偿金的年限。将死亡赔偿的年限从10年提高为20年，并取消了"不满16周岁的，年龄每小一岁减少一年"的规定，将"70周岁以上的，年龄每增加一岁减少一年"的标准降低为"60周岁以上的，年龄每增加一岁减少一年"。残疾赔偿金的年限虽然没有改变，但将"50周岁以上的，年龄每增加一岁减少一年，最低不少于10年；60周岁以上的，年龄每增加一岁减少一年"修改为"60周岁以上的，年龄每增加一岁减少一年；75周岁以上的，按五年计算"。在赔偿的计算标准上，《道路交通事故处理办法》规定的死亡赔偿金和残疾赔偿金均以"平均生活费"为计算标准，而《人身损害赔偿司法解释》规定的残疾赔偿金和死亡赔偿金的计算标准是"城镇居民人均可支配收入或者农村居民人均纯收入"，《道路交通事故处理办法》规定的被扶养人生活费标准是"交通事故发生地居民生活困难补助标准"，而《人身损害赔偿司法解释》规定的是"受诉法院所在地上一年度城镇居民人均消费性支出和农村居民人均年生活消费支出标准"。此外，《人身损害赔偿司法解释》更加具体地规定了被扶养人生活费的计算标准，即被扶养人生活费根据扶养人丧失劳动能力程度来计算。被扶养人为未成年人的，计算至18周岁；被扶养人无劳动能力又无其他生活来源的，计算20年。但60周岁以上的，年龄每增加1岁减少1年；75周岁以上的，按5年计算。可以说，《人身损害赔偿司法解释》关于损害赔偿的调整是巨大的，加害人的赔偿负担基本体现出了成倍增长的态势，"城乡二元"标准也引发了"同命不同价"的争论。

（六）《道路交通安全法》修正

2004年5月1日，《道路交通安全法》和《人身损害赔偿司法解释》同日正式生效实施，但是《道路交通安全法》的配套制度《交强险条例》并未出台，这就意味着在机动车事故侵权责任严格化和赔偿标准大幅提高的情况下，加害人的高额赔偿负担却不能通过有效的责任保险机制予以分散，交通事故受害人的抢救医疗及赔偿等没有保障。一方面，机动车车主虽然在多数地方依然被强制投保第三者责任险，但这并不是《道路交通安全法》规定意义上的交强险，除了强制投保外，完全按照市场运作，无法保障投保人的权益；另一方面，由于交强险和道路交通事故社会救助基金未实施，受害人的抢救医疗费用无人垫付，公安机关不能再强制肇事车辆责任人垫付，更无权扣留肇事车辆督促其垫付抢救医疗费。这一问题在《道路交通安全法》实施不久便暴露了出来。《道路交通安全法》实施不到10天，北京发生了奥拓车二环主路撞死行人的"道交法第一案"❶。

---

❶ 该案是2004年5月1日《道路交通安全法》实施以来，因行人违章被撞致死而引发的交通事故赔偿的第一案，也被称为北京首例"撞了不白撞"案，引起了新闻媒体及各界人士的极大关注。在由法制日报社（转下页）

(接上页) 与中华律师协会共同主办，由清华大学法学院、北京大学法学院、中国政法大学法学院、中央财经大学法学院等单位协办的"2005 年中国十大影响性诉讼评选活动"中，该案与佘祥林案，中国民间对日索赔案，马德、韩桂芝、田凤山腐败窝案，顾雏军案，黄静案，杜宝良巨额罚单案等案一道被评为 2005 年中国十大影响性诉讼。基本案情是：2004 年 5 月 9 日晚 8 时 55 分左右，也就是《道路交通安全法》实施的第 9 天，四川来京打工人员吴军发和其妻子曹志秀由北向南横穿二环主路，曹志秀被刘寰驾驶的由西向东行驶的奥拓车撞倒，当场死亡。同时，刘寰的小客车也有一定程度的损坏。2004 年 5 月 11 日，北京京安机动车检测场对刘寰驾驶的小客车进行了检测，发现小客车存在整车制动力总和不够等缺陷。2004 年 5 月 21 日，北京市公安局公安交通管理局宣武交通支队出具责任认定书认为：行人曹志秀违法横穿机动车道，奥拓车驾驶员刘寰违反分道行驶规定，以及刘寰发现情况后未及时采取必要的安全措施，均是事故发生的直接原因，双方在这起事故中作用相当。根据交通法等相关法律、法规规定，当事人双方负同等责任。对于交管部门的上述责任认定，双方都不同意。奥拓车司机刘寰认为事故主要是因为死者违法，横穿封闭的二环路。刘寰说："我觉得我是无责的，我有什么责任呀。"但是死者家属却认为，事故调查显示，司机刘寰在 100 米远就看到了死者，是应该有机会避免灾难发生的，并且事后检测奥拓车的刹车存在问题，因此，应该承担主要责任的是刘寰。曹志秀的丈夫吴军发说："车速太快，他也没采取必要的措施，必要的措施根本没有，他也没有鸣笛，没有紧急刹车。"事故发生后，尽管双方进行过多次协商，但是事故双方始终无法就事故责任与赔偿金额达成一致。奥拓车车主刘寰表示，他只愿意承担 30% 的赔偿责任，大概是 7 万多元。而受害者家属却坚决要求他承担 80% 的责任，大概是 20 多万元。2004 年 7 月，曹志秀的母亲、丈夫和两个儿子将刘寰起诉到宣武法院，要求赔偿各项损失 27 万余元。刘寰同意按 30% 承担责任，并提出反诉，要求对方支付他于交通事故发生后支出的急救费、修车费等 1750 元。2004 年 9 月 29 日，在事故发生四个多月以后，北京市宣武区人民法院作出了一审判决。一审法院认为，曹志秀的行为违反了我国道路交通安全法中"行人应当在人行道内行走，没有人行道的靠路边行走"的规定，是引发此次交通事故的直接原因。刘寰驾车发现行人曹志秀时，尚与曹志秀之间隔有一段距离。但是，刘寰没有立即采取有效的措施，迅速处理前方出现的紧急情况，而是在鸣笛后轻踩刹车，以为曹志秀可在车辆到达前走出机动车道。(转下页)

（接上页）刘寰的行为属于未全面、合理地履行避让义务，也未做到安全驾驶。同时，经检测，刘寰驾驶的机动车制动力总和亦不合格。故刘寰对于交通事故的发生亦负有一定责任。根据曹志秀、刘寰在交通事故中的过错，其二人应负事故同等责任，各自承担相应的民事赔偿义务。并根据《民法通则》第117条第2款、第119条、第131条和《道路交通安全法》第22条第1款、第47条第2款、第61条的规定，判决刘寰赔偿受害者家属各项损失费共计15.69万余元，其中包括死亡赔偿金6万余元、精神抚慰金6万元、家属生活费4.4余元。同时，受害人家属赔偿刘寰修车费664元。2004年10月，双方对判决结果均不服，分别上诉至北京市第一中级人民法院。原告要求刘寰按80%的事故责任赔偿其经济损失和精神损害抚慰金23.9万余元。而刘寰则要求查明事实，改判承担30%的交通事故带来的损失，同时驳回曹志秀的家属提出的赔偿精神损害抚慰金的诉讼请求。2005年12月5日，北京市第一中级人民法院作出终审判决。法院认为，曹志秀穿行二环机动车主路的行为违反了《道路交通安全法》第61条"行人应当在人行道内行走，没有人行道的靠路边行走"、《道路交通安全法》第62条"行人通过路口或者横过道路，应当走人行横道或者过街设施；……通过没有交通信号灯、人行横道的路口，或者在没有过街设施的路段横过道路，应当在确认安全后通过"的规定，将其自身和他人的生命健康置于极其危险的境地，是事故发生的直接原因。其次，刘寰在紧急状态下采取了一系列应变措施，刹车、鸣笛、避让，基本达到了作为机动车驾驶员在遇紧急状况时所应作出的必然反应，但刘寰发现行人时与行人相距约100米，采取的措施是鸣笛、轻踩刹车而未及时踩死刹车，避让行人时与行人所行方向一致，且在采取措施过程中轻信行人可以快速前行避开其车辆，确有不当之处。曹志秀行为违法以及刘寰采取的应变措施，共同构成减轻刘寰应负赔偿责任的条件，应以减轻刘寰对曹志秀之死之损害后果承担赔偿责任50%的责任比例为宜。同时，法院认为，鉴于刘寰与华泰财产保险股份有限公司之间存有保险合同关系，华泰财产保险股份有限公司承担的保险责任限额5万元应由刘寰先行负担为宜，刘寰可于事后向华泰财产保险股份有限公司进行追偿。最后，法院判决奥拓车司机刘寰于判决生效后1个月内先行给付吴军发等死者家属保险金5万元，分两年赔偿吴军发等急救费、运尸费、丧葬费、死亡赔偿金、交通费、住宿费、被扶养人生活费、精神损害抚慰金共计10.08万元。这一判决结果比一审15.69万元的赔偿金减少了6000元。刘寰反诉请求死者家属赔偿其修车费得到法院支持，刘寰终审获赔修车费664元。

随即引发了全国关于所谓"撞了不白撞"正当性的讨论，更有媒体将机动车与非机动车驾驶人、行人之间严格责任的规定错误解读为"机动车负全责"。将交强险和救助基金缺位的责任错误地归咎到"撞了不白撞"的规定上。错误的舆论导向及其他一些因素不仅没有催生《交强险条例》，反而开启了地方制定《道路交通安全法》实施办法的大幕。而引领这次地方立法的正是发生"道交法第一案"的北京。在全社会的一片质疑声中，北京市率先启动了《北京市实施〈中华人民共和国道路交通安全法〉办法》的起草工作。经立法听证，北京市于 2004 年 10 月完成了该地方性法规的制定工作，实现了对《道路交通安全法》严格责任归责基础的弱化。❶ 此后，全国大多数地方都制定了相应的地方性法规。考察这些地方性法规，主要的特点是：第一，基本没有触动《道路交通安全法》第 76 条关于强制保险的规定；第二，基本否定了第 76 条

---

❶　与《道路交通安全法》相比，《北京市实施〈中华人民共和国道路交通安全法〉办法》对第 76 条规定的强制保险制度并没有实质性修改，只是规定了保险公司的先行赔偿义务，至于其规定的保险公司"先行赔偿"与第 76 条规定的"予以赔偿"到底有何区别，保险公司先行赔偿后如何处理等并没有明确规定。在侵权归责方面，《北京市实施〈中华人民共和国道路交通安全法〉办法》（以下简称《办法》）对第 76 条进行了修正，即《办法》不仅将第 76 条规定的"机动车驾驶人已经采取必要处置措施"的标准降低为"机动车驾驶人在驾驶中履行了交通安全注意义务并已经采取了适当的避免交通事故的处置措施"（必须注意的是，"必要"与"适当"在程度上是有差异的），而且，将第 76 条规定的"减轻机动车一方的责任"改变为"按照国家规定的最低比例、额度承担赔偿责任。机动车一方有过错的，按照过错程度承担赔偿责任。"更为重要的是，按照《道路交通安全法》，如果机动车一方能够证明非机动车驾驶人、行人违反道路交通安全法律、法规，但不能证明机动车驾驶人已经采取必要处置措施的，机动车一方应当承担全部赔偿责任。但是依据《办法》，如果机动车一方能够证明非机动车驾驶人、行人违反道路交通安全法律、法规，即使机动车一方也有过错，也将按照过错程度承担赔偿责任。因此可以说《办法》带有明显的向《道路交通事故处理办法》的过错责任老路回归的倾向。

的严格责任规定，复活了《道路交通事故处理办法》的过错责任原则及特殊情形的无过失责任原则；第三，除了北京等少数地方立法外，大多数地方立法直接以事故责任替代过错作为损害赔偿的标准，因此，严重混淆了行政责任与民事责任的不同判定标准；第四，从各地方性法规的规定来看，其对机动车方"处置措施"的含义理解很不一致。如《北京市实施〈中华人民共和国道路交通安全法〉办法》第72条规定"……机动车驾驶人在驾驶中履行了交通安全注意义务并已经采取了适当的避免交通事故的处置措施，机动车一方无过错的……"将机动车驾驶人在驾驶中履行了交通安全注意义务与已经采取了适当的避免交通事故的处置措施并列，即意味着采取适当的避免交通事故的处置措施与是否履行交通安全注意义务无关。《上海市机动车道路交通事故赔偿责任若干规定》第7条是对机动车无事故责任时赔偿责任的规定，该条的内容包括"……机动车驾驶人已经采取必要处置措施的情形下……"这就意味着在机动车驾驶人无事故责任的情形同样存在机动车驾驶人是否已经采取必要处置措施的可能。与各地地方立法一样，《道路交通安全法》实施后，各地的道路交通事故案件审判出现了前所未有的混乱。最为突出的表现是对《道路交通安全法》第76条规定的强制保险的性质及侵权归责原则的不同认识，以及《道路交通安全法》规定意义上的交强险未施行，而各地仍然以地方性法规、规章等强制机动车投保的第三者责任保险如何定性等方面。各级法院，尤其是高级人民法院在调研的基础上及时发布了关于审理道路交通事故损害赔偿案件的指导意见，对一定地域范围内的道路交通事故案件审理的混乱起到了一定程度的遏制。但最高人民法院、保监会等的意见并不一致，导致在2004年5月1日《道路交通安全法》生效至2006年7月1日《交强险条例》实施之间的道路交通事故案件的审理处于不确定状态。例如，江苏省高级人民法院在此期间先后三次发布关于审理道路交通事故案件的内容各异的指导性文件，智力资源、司法资源的浪费可想而知。

事实上，对于《道路交通安全法》第 76 条的规定，学界的看法也很不一致。代表性的观点有第 76 条没有问题、问题不大和问题严重三种。主要的争论问题是：第一，该条规定的强制保险究竟是无过失保险、强制责任保险、无过失责任保险还是其他？第二，该条机动车与非机动车、行人发生交通事故的侵权责任，究竟是严格责任、无过失责任，还是过错推定责任？第三，该条规定的机动车事故侵权责任是否以及如何适用过错相抵原则？2005 年十届全国人大三次会议上有 413 位代表提出了关于修改《道路交通安全法》的议案 13 件。全国人大常委会内务司法委员会此后专门召开《道路交通安全法》的座谈会，会后认为该法"暂不宜修改"。❶2006 年全国人大四次会议又有 191 位人大代表提出 6 件关于修改《道路交通安全法》的议案。2006 年 7 月 1 日，《交强险条例》正式实施，但由于该条例及相关配套规定规定的交强险因保障范围窄、保障程度低、保费高、分散投保人责任负担有限而深陷"400亿暴利说"和"三宗罪"❷等的讨伐中，以及救助基金制度的继续缺位，导致社会各界要求修正《道路交通安全法》的呼声并未减弱。2006 年 10 月，全国人大常委会内务司法委员会表态"待有关配套法规实施后，在总结法律、法规实施经验的基础上，抓紧研究法律完善问题，并在条件成熟时列入全国人大常委会立法计划"。❸

在《道路交通安全法》第 76 条遭遇质疑、其下位法规《交强险条例》深陷讨伐、各地地方性法规很不统一、各地司法实践处于十分混乱状态、机动车事故受害人保障不到位、机动车车主责任

---

❶ 吴坤. 要求修改道交法第 76 条的社会呼声较高，全国人大内司委：暂不宜修改［N］. 法制日报，2005 - 12 - 15（3）.

❷《三宗罪》指"无责财产赔偿，使有责方获得合法的'不当得利'；费率构成、厘定程序及决策过程不透明，使保费过高，保障过低；从交强险保费中提取救助基金加重投保人负担等"。是由北京一位律师提出来的。

❸ 新华社. 修改道路交通安全法有望列入立法计划［N］. 人民公安报，2006 - 11 - 22（1）.

负担高昂且无法有效分散的背景下，全国人大常委会于 2007 年 10 月正式启动了《道路交通安全法》第 76 条的修正工作，并于 2007 年 12 月完成了此次修正。从修正过程来看，修正的重点无疑是第 76 条关于机动车与非机动车驾驶人、行人相撞时侵权责任的规定，也就是被新闻媒体误读为"撞了不白撞"、"机动车负全责"的规定。而修正的方法在起初是明确在机动车与非机动车驾驶人、行人发生交通事故的情况下，双方的责任分担比例。❶ 但这种具体减轻责任比例的设置因过于僵化而被放弃。《道路交通安全法》第 76 条最终被修正为："机动车发生交通事故造成人身伤亡、财产损失的，由保险公司在机动车第三者责任强制保险责任限额范围内予以赔偿；不足的部分，按照下列规定承担赔偿责任：（一）机动车之间发生交通事故的，由有过错的一方承担赔偿责任；双方都有过错的，按照各自过错的比例分担责任。（二）机动车与非机动车驾驶人、行人之间发生交通事故，非机动车驾驶人、行人没有过错的，由机动车一方承担赔偿责任；有证据证明非机动车驾驶人、行人有过错的，根据过错程度适当减轻机动车一方的赔偿责任；机动车一方没有过错的，承担不超过百分之十的赔偿责任（第 1 款）。交通事故的损失是由非机动车驾驶人、行人故意碰撞机动车造成的，机动车一方不承担赔偿责任（第 2 款）。"

对于上述修正，全国人大常委会负责人在 2007 年 12 月 29 日

---

❶　2007 年 10 月，全国人大常委会首次审议了《道路交通安全法〈修正案〉》（以下简称《修正案》）。《修正案》的主要内容是：机动车与非机动车驾驶人、行人之间发生交通事故的，由机动车一方承担责任；但是，有证据证明非机动车驾驶人、行人有过错的，按照下列规定减轻机动车一方的责任：1. 非机动车驾驶人、行人一方负次要责任的，机动车一方承担 80% 的赔偿责任；2. 非机动车驾驶人、行人一方负同等责任的，机动车一方承担 60% 的赔偿责任；3. 非机动车驾驶人、行人一方负主要责任的，机动车一方承担 40% 的赔偿责任；4. 非机动车驾驶人、行人一方负全部责任的，机动车一方承担不超过 10% 的赔偿责任。

的新闻发布会上介绍说："关于原来道交法第76条，社会上存在着不同的理解。这次对道交法进行了修改，原来道交法的赔偿原则，我的理解是，过错责任加部分无过错责任。这次把无过错责任的部分进一步明确了，所以我理解的原则是过错责任加最高不超过10%的无过错责任。"❶ "这次道交法的修改，在赔偿原则上比照过去的规定没有做大的修改。我理解，这次的修改是10个字，即'道理更浅显、责任更明确'，把道理说得更明白、更通俗，道理更浅显、责任更明确。在原来道交法第76条的基础上，明确了三个问题。第一，进一步明确在什么情况下机动车一方要承担责任。这次规定，非机动车驾驶人和行人没有错，那隐含的是机动车一方有责任，在这种情况下要承担责任。第二，进一步明确非机动车驾驶人和行人有错的情况下，要根据过错程度适当减轻机动车一方的责任。第三，进一步明确机动车一方完全没有错，承担最多不超过10%的赔偿责任。所以，我理解的道交法的修改，从赔偿原则上和过去相比，没有做改变，但是道理讲得更浅显，责任更明确。"❷对于立法部门负责人的这一解释，尚需要进一步探讨的是，修正之前的《道路交通安全法》第76条关于机动车与非机动车驾驶人、行人相撞时侵权责任归责基础的规定是否与修正后的一致？事实上，赔偿原则已经发生了重大变化，具体论述见第三章有关部分的讨论。

总之，考察自《民法通则》以来二十多年机动车交通事故侵权责任机制和损害赔偿机制的变化，侵权责任机制很明显经历了从

❶　全国人大常委会举行新闻发布会［EB/OL］.2007－12－29［2008－03－02］http：//www.china.com.cn/zhibo/2007－12/29/content－9422511.htm?show＝t.

❷　全国人大常委会举行新闻发布会［EB/OL］.2007－12－29［2008－03－02］http：//www.china.com.cn/zhibo/2007－12/29/content－9422511.htm?show＝t.

《民法通则》的严格责任原则到《道路交通事故处理办法》的过错责任原则、沈阳等地的违章即过错的扭曲了的过错责任原则，再到修正前的《道路交通安全法》第76条否定《道路交通事故处理办法》的过错责任原则，重新回归《民法通则》的严格责任轨道，以及修正后的《道路交通安全法》第76条再次否定严格责任原则，倒退到《道路交通事故处理办法》的过错责任原则。截至目前，我国的机动车侵权责任机制仍然没有走上正轨。损害赔偿方面，形式上存在的根本问题是，本应由民事基本法调整的内容却不得不通过司法解释补位。至于内容上，赔偿标准存在过高及具体设计不科学等问题，具体讨论见本书第三章。

二、机动车强制保险机制的演变

（一）新中国成立初期机动车保险的设立及中断

新中国刚成立的20世纪50年代初，中国人民保险公司就开办了汽车保险。但是，不久就出现了争议，不少人认为汽车保险以及第三者责任保险对于肇事者予以经济补偿会导致交通事故的增加，对社会产生负面影响。于是，中国人民保险公司于1955年停止了汽车保险业务。[1] 由此可见，在新中国成立初期，我国就已经开展了汽车第三者责任保险业务，但是并没有明确的规定显示这种保险是强制投保的。1951年2月3日，中央人民政府政务院就作出了《关于实行国家机关、国营企业、合作社财产强制保险及旅客强制保险的决定》（以下简称《决定》）。《决定》指出："为保障国家财产不因意外灾害而遭受损失，以及遭受意外伤害的旅客能够得到补偿起见，决定对国家机关、国营企业和县以上（城市则为区以上）合作社的财产，以及搭乘火车、轮船、飞机的旅客，实行强制保

---

[1] 周延礼. 机动车辆保险理论与实务 [M]. 北京：中国金融出版社，2001：21.

险。"1951 年 4 月 24 日，中央人民政府政务院财政经济委员会《关于颁布财产强制保险等条例的命令》，该命令核定了中国人民保险公司根据政务院的上述《决定》拟订的《财产强制保险条例》、《船舶强制保险条例》、《铁路车辆强制保险条例》及《轮船旅客意外伤害强制保险条例》、《铁路旅客意外伤害强制保险条例》、《飞机旅客意外伤害强制保险条例》。上述强制保险的规定没有涉及机动车强制保险。

（二）改革开放以来机动车强制保险的发展

改革开放以来，强制保险首先通过部委规章、地方性规定等形式迅速扩展。20 世纪 70 年代中期，为了满足各国驻华使馆等外国人拥有的汽车保险的需要，国内保险公司开始办理以涉外业务为主的汽车保险业务。到 1980 年我国全面恢复国内保险业务，中国人民保险公司逐步全面恢复汽车保险业务。[1] 机动车第三者责任强制保险业务也于 20 世纪 80 年代初开办。1981 年 7 月 31 日公安部发布《城市轻便摩托车和轻便摩托车驾驶员管理的暂行规定》，要求轻便摩托车投保第三者责任保险。1982 年 6 月 3 日由广东省公安厅、交通厅、中国人民保险公司广东分公司联合发出的《关于实行机动车辆第三者责任保险的试行办法》要求实行机动车第三者责任强制保险。随后，国务院、公安部，绝大多数地方人大或政府都通过不同形式强制机动车保险，有些不仅强制投保责任险，而且强制投保车损险、意外伤害险等险种；不仅强制机动车投保，甚至强制助动车、自行车投保。[2] 来自保险部门的消息称，截至 2003

---

❶　周延礼. 机动车辆保险理论与实务［M］. 北京：中国金融出版社，2001：21.

❷　如 1988 年 10 月 27 日皖政［1988］65 号《安徽省客运机动车辆和客运船舶实行保险的规定》第 2 条规定："在本省从事客运业务的机动车辆和机动、非机动船舶（包括渡船，下同），其所有人必须向当地保险公司办理驾驶员和旅客人身意外伤害保险、第三者责任保险、机动车辆损失保险（转下页）

年，我国除了上海、西藏等地没有实行机动车第三者责任强制保险外，其他地方均通过地方性法规实行机动车第三者责任强制保险。实际上上海也是实行机动车第三者责任强制保险的地方，不仅如此，上海对助动自行车也实行强制保险。必须指出的是，我国通过国务院各部委，地方性法规、规章等实施的机动车强制保险，是以强制的手段推行商业保险。中央财经大学保险系主任郝演苏教授认为，我国汽车保险中第三者责任险（强制性）价格较高且比重较

（接上页）或船舶保险。交通部门所属的汽车运输公司有关驾驶员和旅客人身意外伤害保险的办法，由省保险公司与省交通厅另行商定。"

1992 年 4 月 10 日黔府办发〔1992〕37 号《贵州省机动车辆及第三者责任保险暂行规定》第 2 条规定："本省境内机动车辆（除军用车辆和专门从事农田作业的拖拉机外，下同）经有关部门检验合格的，必须投保机动车辆第三者责任保险（以下简称第三者责任保险）。否则，不准上路行驶，公安交警机关、农机车辆管理部门不予上户。国家机关、团体、事业单位、国营和集体企业、私营企业、外商投资企业、个体和个人，在投保第三者责任保险时，必须投保机动车辆损失保险。"

1993 年 10 月 9 日《上海市助动自行车管理暂行规定》第 8 条规定："凡申领本市牌照的助动自行车，必须向经保险主管部门批准在本市经营法定保险业务的保险机构投保助动自行车第三者责任保险，并按规定缴纳车船使用税。"

1994 年 2 月 3 日安徽省人民政府令〔第 51 号〕《安徽省机动车辆、船舶法定保险暂行规定》第 3 条规定："机动车辆实行车辆损失和第三者责任保险及其附加车上人员责任保险、承运货物保险；营业性运输船舶实行船舶损失和碰撞责任保险；摩托车、简易机动三轮车和既从事农田作业又从事运输的拖拉机，实行第三者责任保险。"

1995 年 8 月 17 日浙江省人民政府令〔第 61 号〕《浙江省非机动车辆管理办法》第 17 条规定："残疾人专用车、助动自行车和经营出租的自行车等车辆应当按保险部门的规定投保第三人责任险。"

公安部公交管〔1997〕96 号文件《关于机动车注册登记工作规范》明确指出，机动车必须有规定的机动车第三者责任保险。

1997 年 12 月 1 日起施行的《上海市道路交通管理条例》第 16 条规定："本市按照国家规定实行机动车第三者责任保险，倡导非机动车第三者责任保险。"

大，在强制保险的基础上构成了车险总额的主流。同时我国的汽车保险费不仅偏高，而且从学术角度讲，可以充分肯定是一种暴利。❶"本来依财政部规定，车险代理费是 4.5%，但目前的'行市'已炒到了 40% 左右。"❷

面对我国机动车等强制保险的不当实践，1995 年颁布的《中华人民共和国保险法》（以下简称《保险法》）明确规定强制保险只能以法律或行政法规的形式规定。这不仅意味着通过地方性法规、地方政府部门规定、国务院各部委规章强制机动车保险成为"非法"，而且意味着在此之前实施的国务院的非法律性文件对机动车强制保险的规定也被沦为"无效"的境遇。可惜的是，虽然有些地方性法规或规定因为保险法的规定而最终被废止，❸但大多数地方性法规、规定，乃至国务院各部委的规定并未因此而失效，而且有些地方性法规、规定是在 1995 年《保险法》实施后才制定的。❹

---

❶ 李小千，单继林．车险费率下调空间有多大 ［N］．中国经济时报，2002 - 05 - 10.

❷ 《中国汽车工业年鉴》编辑部．中国汽车工业年鉴．1999 ［M］．长春：中国汽车工业年鉴编辑部，1999：176.

❸ 如安徽省人民政府于 2001 年废除了其于 1994 年 2 月 3 日颁布的《安徽省机动车辆、船舶法定保险暂行规定》，废止原因是主要内容与 1995 年 6 月 30 日全国人大常委会通过并公布的《中华人民共和国保险法》不相适应。河北省人民政府也因同样的原因于 2001 年废止了《河北省机动车辆及第三者责任保险暂行规定》。

❹ 柳州市根据《广西壮族自治区机动车辆第三者责任法定保险暂行规定》和自治区 2001 年 8 号政府令，经柳州市人民政府批准，决定从 2003 年 7 月 1 日起，在柳州辖区内实施机动车辆第三者责任法定保险（梁健．柳州机动车 7 月要买第三者责任险 ［N］．广西政法报，2003 - 06 - 29）。国家保监会《关于机动车第三者责任强制保险有关问题的通知》（保监发 ［2004］ 39 号）明确指出："目前，我国近 24 个省市已经通过地方性行政法规形式对机动车第三者责任保险实行了强制。"

不仅如此，即使是被废止的地方性法规、规定等，也是在 2000 年之后才被废止的。何况谁又能保证这种形式上的废止能够真正实现机动车保险在该地区范围内的投保人自由决定呢？不过，有一点是可以肯定的，即虽然我国绝大多数地方实行了机动车第三者责任强制保险制度，但实际上机动车第三者责任保险的投保率并不高。❶

（三）《交强险条例》❷ 的制定

《交强险条例》的判定在 1998 年年底即被纳入国务院 1999 年立法计划。❸ 当初推动起草该条例的主要是保险公司，其目的是通过立法寻求机动车第三者责任保险的合法依据。因为，1995 年的《保险法》关于限制强制保险的规定无疑影响了保险公司的机动车保险业务，不仅迫使（当然还有别的因素）有些地方放弃了强制保险，而且对于那些仍然固守强制保险的地方构成了严重"威胁"，这种威胁不仅来自于中国人民银行、中国保险监督管理委员会，❹ 而且有些地方的工商管理部门也对强制机动车保险"说

---

❶ 北京市现有各类机动车辆 160 万辆，其中承保的机动车辆仅为 60 万辆，有近 100 万辆机动车没有保险（刘京生. 机动车第三者责任保险强制保险如何立法［N］. 中国保险报，2001 - 01 - 03）。

❷ 该条例在整个起草过程中一直被称为《机动车第三者责任强制保险条例》，但在最终通过时被改为《机动车交通事故责任强制保险条例》。

❸ 到 1998 年年底，经中国保监会提出申请，国务院法制办将《机动车辆第三者责任法定保险条例》正式列入国务院 1999 年度立法计划。根据立法计划安排，保监会负责牵头起草《机动车辆法定保险条例》草案（邱冉. 新法案催生法定责任险，七成机动车将被强制投保［N］. 21 世纪经济报道，2003 - 11 - 14）。

❹ 中国人民银行、财政部 1997 年 8 月 20 日银发［1997］358 号《关于加强机动车辆保险业务管理的通知》明确要求："各保险公司开展机动车辆保险业务，必须坚持投保自愿的原则，不得依赖或借助党政机关行政干预强制客户参加保险。"

不"。● 即使是强制推行强制保险的部门，也不再那么"理直气壮"。但是，在整个财产保险中超过60%的机动车保险保费收入对于财产保险公司来讲，其重要性怎么说都不为过，没有了强制手段，这块阵地必将丧失。

然而，就在国务院将《交强险条例》纳入立法计划的同时，《道路交通安全法》开始起草，这使得《交强险条例》的起草工作暂时中止。2003年《道路交通安全法》在规定了机动车强制保险的基本框架后授权国务院制定《交强险条例》。由于《道路交通安全法》的交强险制度设计存在严重问题（具体讨论见第三章），以及各界对于交强险制度的严重分歧，《交强险条例》并未在《道路交通安全法》实施的同时如期实施，迟到了两年多。2006年7月1日，《交强险条例》生效。其主要内容为：（1）明确定性交强险的性质为"强制性责任保险"，并将保障的受害人范围限定为"本车人员、被保险人以外的受害人"。该条例第3条明确规定："本条例所称机动车交通事故责任强制保险，是指由保险公司对被保险机动车发生道路交通事故造成本车人员、被保险人以外的受害人的人身伤亡、财产损失，在责任限额内予以赔偿的强制性责任保险。"（2）规定了投保义务人和保险公司的强制缔约制度。（3）规定了统一费率制度、无盈无亏的经营原则。（4）延续了保险法关于责任保险中保险公司向被保险人或受害人的保险赔偿选择权，并赋予了保险公司比较广泛的免责或减责抗辩权。（5）规定救助基金仅仅在抢救费用超过机动车交通事故责任强制保险责任限额、肇事机动车未参加机动车交通事故责任强制保险、机动车肇事后逃逸等情形承担受害人人身伤亡的丧葬费用、部分或者全部抢救费用的先行垫付责任。其基本特点有：（1）完全回归责任保险。《交强险条例》并没有遵循《道路交通安全法》第76条关于强制保险的总体设计模式，而是严格按照责任保险的模式进行规范。（2）严格限

● 北京、上海等地都出现了工商部门整顿车险市场的专门行动。

制保险公司的责任。不仅将车上人员排除在交强险保险范围之外，"创造性"地规定了所谓肇事投保车辆有责限额与无责限额，并在限额内又区分死亡伤残、医疗费用和财产损失限额，且规定责任限额为每次事故的限额，而非每一受害人的限额。（3）没有规定强制责任保险法中最为基本的受害人对保险公司的直接赔偿请求权，从而使交强险的制度功能再次降低。（4）在规定了救助基金的基本制度后，再次授权国务院财政部门会同保监会、国务院公安部门、国务院卫生主管部门、国务院农业主管部门制定救助基金的具体办法。

2006 年 7 月 1 日，《交强险条例》实施，但《道路交通事故社会救助基金办法》（以下简称《交通事故救助基金办法》）并未出台。与此同时，保险监督管理部门批准了交强险的责任限额，即被保险机动车在道路交通事故中有责任的赔偿限额为：死亡伤残赔偿限额 5 万元人民币，医疗费用赔偿限额 8000 元人民币，财产损失赔偿限额 2000 元人民币。被保险机动车在道路交通事故中无责任的赔偿限额为：死亡伤残赔偿限额 1 万元人民币，医疗费用赔偿限额 1600 元人民币，财产损失赔偿限额 400 元人民币。此外，在费率方面，毫无疑问，交强险在实施之初维持了高费率。交强险在实施过程中，一直存在暴利、保障范围小、保障程度低、投保率低、保费负担重等质疑。在各界的压力下，有关部门于交强险实施 1 年后正式启动了交强险费率和责任限额的听证程序，并于 2007 年末公布了交强险责任限额调整方案。新责任限额方案内容如下：一是被保险机动车在道路交通事故中有责任的赔偿限额为：死亡伤残赔偿限额 11 万元人民币；医疗费用赔偿限额 1 万元人民币；财产损失赔偿限额 2000 元人民币。二是被保险机动车在道路交通事故中无责任的赔偿限额为：死亡伤残赔偿限额 1.1 万元人民币；医疗费用赔偿限额 1000 元人民币；财产损失赔偿限额 100 元人民币。相比之下，在责任限额总体水平提高的情况下，降低了无责情形的医疗费用和财产损失责任限额。此外，主管部门在上调责任限额的同时，还下调了保险费率，下调幅度 5%～39% 不等，约 64% 的被保险人将享受降费，降费平均幅度 10% 左右。

三、机动车交通事故社会救助机制的演变

强制保险制度需要救助基金制度予以补充。我国《道路交通安全法》在广泛借鉴各国经验的基础上，创设了道路交通事故社会救助基金制度。《道路交通安全法》第 17 条规定："国家实行机动车第三者责任强制保险制度，设立道路交通事故社会救助基金。具体办法由国务院规定。"第 75 条规定："医疗机构对交通事故中的受伤人员应当及时抢救，不得因抢救费用未及时支付而拖延救治。肇事车辆参加机动车第三者责任强制保险的，由保险公司在责任限额范围内支付抢救费用；抢救费用超过责任限额的，未参加机动车第三者责任强制保险或者肇事后逃逸的，由道路交通事故社会救助基金先行垫付部分或者全部抢救费用，道路交通事故社会救助基金管理机构有权向交通事故责任人追偿。"除此之外，该法并无其他的关于救助基金的规定。

《交强险条例》在《道路交通安全法》规定的基础上，用三个条文对道路交通事故社会救助基金作出了规定。第 24 条规定："国家设立道路交通事故社会救助基金（以下简称救助基金）。有下列情形之一时，道路交通事故中受害人人身伤亡的丧葬费用、部分或者全部抢救费用，由救助基金先行垫付，救助基金管理机构有权向道路交通事故责任人追偿：（一）抢救费用超过道路交通事故责任强制保险责任限额的；（二）肇事机动车未参加道路交通事故责任强制保险的；（三）机动车肇事后逃逸的。"第 25 条规定："救助基金的来源包括：（一）按照道路交通事故责任强制保险的保险费的一定比例提取的资金；（二）对未按照规定投保道路交通事故责任强制保险的机动车的所有人、管理人的罚款；（三）救助基金管理机构依法向道路交通事故责任人追偿的资金；（四）救助基金孳息；（五）其他资金。"第 26 条规定："救助基金的具体管

理办法，由国务院财政部门会同保监会、国务院公安部门、国务院卫生主管部门、国务院农业主管部门制定试行。"

　　截至目前，国家层面的救助基金管理办法仍未出台。不过，各地出于保护机动车事故受害人、减少交通事故纠纷、维护社会稳定等的需要，❶ 陆续推出了地方的救助基金管理办法。下面分别介绍深圳、中山和金华市的一些做法。

　　2008 年 1 月 9 日，深圳市政府第四届八十四次常务会议，审议并原则批准了《深圳市道路交通事故社会救助暂行办法》（以下简称《深圳办法》），使深圳成为全国首个设立道路交通事故社会救助基金的城市。《深圳办法》包括总则、救助管理机构、救助基金的管理、救助的实施、救助基金的监督管理、法律责任以及附则共 7 章 35 条，已于 2008 年 4 月 1 日正式实施。《深圳办法》的主要内容包括：（1）将道路交通事故社会救助规定为"救助基金依照本办法规定对因道路交通事故遭受人身伤害或者死亡的人员（以下简称受害人）进行抢救或者殡葬的费用垫付以及对生活特别困难的受害人或者家属进行资助的活动"。（2）设立深圳市道路交通事故社会救助基金管理委员会作为救助基金的管理机构；规定市公安交管部门是本市道路交通事故社会救助的主管部门，并作为市基金管理委员会的办事机构；明确了市财政部门、市卫生部门、深圳保险监管机构以及市保险行业协会的相应职责。（3）明确规定救助基金的来源包括：按照本市年度交强险保险费的 2% 提取的资金；依法追偿的垫付资金；社会捐赠；救助基金孳息；财政补贴；以及其他资金 6 项。深圳市财政安排 1000 万元正式启动深圳道路交通事故社会救助基金。（4）规定救助基金的救助条件和救助项目、

――――――――

　　❶ 《金华市区道路交通事故社会救助基金管理暂行办法》第 1 条规定："为保障道路交通事故受害人依法及时得到社会救助，减少因交通事故而引发社会问题，维护社会稳定，根据有关法律规定，结合市区实际，制定本办法。"

标准，即在深圳市内发生的道路交通事故符合下列情形之一且受害人和加害人无力承担抢救费用或者丧葬费用的，受害人或者近亲属可以依照本办法规定申请救助基金垫付受害人的抢救费用或者丧葬费用：受害人的抢救费用超过保险公司交强险责任限额的；未参加交强险的机动车肇事造成的受害人伤亡的抢救费用或者丧葬费用；交通肇事逃逸案件中受害人的抢救费用和丧葬费用；其他无法获得交强险赔偿的情形。此外，致人重伤或者死亡的交通事故的肇事者逃逸，且受害人及其家属无劳动能力、无生活来源，难以维持正常生活的，受害人或者近亲属可以依照本办法规定向市公安交管部门申请一次性困难救助。具体救助标准为：垫付的抢救费用最高不得超过4万元；丧葬费用应当按照广东省规定的标准核算；一次性困难救助不得超过1万元，但市政府另有规定的除外。（5）规定了救助基金垫付抢救费用、支付一次性困难补助等的程序。（6）规定了违反救助基金管理办法的相应的民事、行政等法律责任。

2008年4月21日，中山市人民政府办公室转发由中山市财政局、中山市公安局制定的《中山市道路交通事故社会救助基金管理暂行办法》（以下简称《中山办法》），该办法已于2008年5月1日实施。其与《深圳办法》不同的是：（1）救助基金的垫付范围仅限于在中山市境内的道路、公路发生交通事故造成本车人员、机动车交通事故责任强制保险的被保险人以外遭受人身伤亡人员的抢救费用和丧葬费用，救助基金垫付受害人自接受抢救之时起3日内的抢救费用；特殊情况下可以适当延长垫付期限，但应当由医疗机构书面说明理由。（2）救助基金的管理部门是市财政部门、救助基金的管理机构是市交警部门，并规定了监察部门、审计部门和卫生部门的相应职责。（3）救助基金的来源包括：小汽车号牌竞价发放所得收入；按照一定比例对机动车交通事故责任强制保险的保险费提取的资金；捐赠收入；救助基金利息；救助基金管理机构依法向道路交通事故责任人追偿的资金；对未按照规定投保交通事故责任强制保险的机动车所有人、管理人的罚款。救助基金启动资金为 500 万元，在小汽车号牌竞价发放所得收入中安排。（4）救助基金管理机构进行垫付后，就垫付金额取得向交通事故责任方追偿的权利。交通肇事逃逸案件破获后，交通事故责任人应向救助基金管理机构支付垫付的抢救费用，肇事车辆所有人或者管理人负连带责任。

2008 年 9 月 16 日，金华市人民政府办公室发布了（金政办发〔2008〕48 号）《金华市区道路交通事故社会救助基金管理暂行办法》，主要特点是：（1）救助范围。对金华市区范围内发生道路交通事故、确须救助的伤亡人员实施救助。（2）管理机构。成立了金华市区道路交通事故社会救助基金管理领导小组，由市政府分管秘书长任组长，市公安局、财政局负责人任副组长，市卫生局、民政局、劳动保障局、监察局、保险协会等部门和单位负责人为成员。领导小组负责筹集社会救助基金、审定救助基金的发放使用、协调救助基金运作等工作。并明确规定了各个部门的职责，在市公安局设立了金华市区道路交通事故社会救助基金管理办公室，负责道路交通事故社会救助基金日常管理工作。（3）救助基金的来源。包括：按照机动车交通事故责任强制保险的保险费一定比例提取的资金；市政府安排的资金；对未按照规定投保机动车交通事故责任强制保险的机动车所有人、管理人的罚款；依法向道路交通事故责任人追偿的资金；社会救助基金的孳息；其他资金。（4）救助范围和条件。符合下列情形之一，且交通事故受害人和赔偿责任人确实无力承担抢救费用或者丧葬费用的，受害人及其近亲属可以申请道路交通事故社会救助：抢救费用超过机动车交通事故责任强制保险责任限额的；肇事机动车未参加机动车交通事故责任强制保险的；交通肇事后逃逸的。另外，因交通事故赔偿责任人无力赔偿，造成事故受害人家庭特殊困难，确须救助的，受害人及其近亲属可以申请一次性经济补助。（5）救助项目和标准。医疗抢救费用限额为 3 万元，死亡丧葬费用限额为 2000 元；因交通事故赔偿责任人无力赔偿，造成家庭特殊困难，确须救助的，死亡人员一次性经济补助费用限额为 2 万元，重伤人员一次性经济补助费用限额为 1 万元。遇特殊情况，救助额度由领导小组研究确定。（6）医疗费用的控制。抢救所用药品，检查、治疗等费用必须符合浙江省职工基本医疗保险医疗服务项目和用药目录规定。（7）救助的申请。属于救助范围的交通事故受害人或其近亲属，可在医疗机构抢救结束或者丧葬事宜办理完毕后，持相关证明向处理交通事故的交警部门提出救助申请。

四、社会保障制度的演变

我国的社会保障体系包括社会保险、社会福利、优抚安置、社会救助和住房保障等。社会保险是社会保障体系的核心部分，包括养老保险、失业保险、医疗保险、工伤保险和生育保险。

（一）养老保险

1997 年，我国统一了全国城镇企业职工基本养老保险制度，实行社会统筹与个人账户相结合。在保障范围上，最初只覆盖国有企业和城镇集体企业及其职工。1999 年，基本养老保险的覆盖范围扩大到外商投资企业、城镇私营企业和其他城镇企业及其职工。省、自治区、直辖市根据当地实际情况，可以规定将城镇个体工商户纳入基本养老保险。2002 年，基本养老保险覆盖范围进一步扩大到城镇灵活就业人员。2006 年，全国基本养老保险参保的人数达 18766 万人，其中参保职工 14130 万人。[1] 2007 年年末全国参加城镇基本养老保险的人数为 20137 万人，其中参保职工 15183 万人，参保离退休人员 4954 万人。2007 年年末参加基本养老保险的农民工人数为 1846 万人，企业参加基本养老保险的人数为 18235 万人。截至 2007 年年底，全国共有北京、天津、吉林、黑龙江、

---

[1] 李晓超，中华人民共和国国家统计局. 中国统计年鉴 2007［EB/OL］.［2008 – 12 – 13］http：//www. stats. gov. cn/tjsj/ndsj/2007/indexch. html.

上海、福建、重庆、云南、陕西、甘肃、青海、宁夏、新疆13个省区市实现了省级统筹。同时，河南、湖南、江西、西藏4个省区和新疆生产建设兵团出台了省级统筹办法。与此同时，我国政府大力推进多层次养老保险体系建设，在按规定参加基本养老保险的基础上，有条件的企业可为职工建立企业年金。2007年年末全国有3.2万户企业建立了企业年金，缴费职工人数为929万人，基金累计结存1519亿元。此外，国家还鼓励开展个人储蓄性养老保险。❶

与企业不同，国家机关和事业单位工作人员实行离退休养老制度。但20世纪90年代起，部分地区开始探索改革机关事业单位退休制度，进行离退休费用社会统筹的改革试点。

20世纪90年代以后，部分地区根据农村社会经济发展实际，按照"个人缴费为主、集体补助为辅、政府给予政策扶持"的原则，建立了个人账户积累式的养老保险。2007年年末全国参加农村养老保险的人数为5171万人。2004年，开始对农村部分计划生育家庭实行奖励扶助制度的试点：农村只有一个子女或两个女孩的计划生育夫妇，每人从年满60周岁起享受年均不低于600元的奖励扶助金，直到亡故为止。奖励扶助金由中央和地方政府共同负担。

（二）失业保险

1998年以来，我国建立了以国有企业下岗职工基本生活保障、失业保险和城市居民最低生活保障为内容的"三条保障线"制度。1999年，《失业保险条例》颁布，使失业保险制度更加规范和完善。随着失业保险制度的日臻完善和基金积累的增加，从2001年开始，实行国有企业下岗职工基本生活保障制度向失业保险并轨。2006年年底，全国参加失业保险的人数达11187万人，全年共为

❶ 人力资源和社会保障部，国家统计局.2007年劳动和社会保障事业发展统计公报［EB/OL］.2008－05－21［2008－12－02］http：//w1.mohrss.gov.cn/gb/zwxx/2008－06/05/content－240415.html.

598 万失业人员提供了不同期限的失业保险待遇。❶ 2007 年年末全国参加失业保险的人数为 11645 万人，其中，参加失业保险的农民工人数为 1150 万人。

（三）医疗保险

1998 年，国务院颁布《关于建立城镇职工基本医疗保险制度的决定》，在全国推进城镇职工基本医疗保险制度改革，实行社会统筹与个人账户相结合的城镇职工基本医疗保险制度。基本医疗保险覆盖城镇所有用人单位和职工，包括所有机关、事业单位、各种类型企业、社会团体和民办非企业单位的职工和退休人员。城镇灵活就业人员也可以参加基本医疗保险。医疗费由医疗保险基金和个人共同分担：门诊小额医疗费用主要由个人账户支付；住院大额医疗费用主要由统筹基金支付。统筹基金有明确的起付标准和最高支付限额，起付标准原则控制在当地职工年平均工资的 10% 左右，最高支付限额一般为当地职工年平均工资的 4 倍左右。起付标准以上、最高支付限额以下的医疗费用，主要从统筹基金中支付，个人也要负担一定比例。退休人员个人负担医药费的比例适当低于在职职工。

在建立基本医疗保险制度的同时，为满足不同参保人员的医疗需求，国家建立和完善多层次医疗保障体系，减轻参保人员的个人负担。各地区根据实际情况，普遍建立了大额医疗费用补助制度，其资金来源主要由个人或企业缴费，以解决超过基本医疗保险最高支付限额以上的医疗费用。国家鼓励企业为职工建立补充医疗保险，主要用于解决企业职工基本医疗保险待遇以外的医疗费用负担。企业补充医疗保险费在工资总额 4% 以内的部分，从成本中列支。针对国家公务员及原享受公费医疗的事业单位人员，建立公务

---

❶　李晓超，中华人民共和国国家统计局．中国统计年鉴 2007［EB/OL］．［2008 - 12 - 13］http：//www. stats. gov. cn/tjsj/ndsj/2007/indexch. html.

员医疗补助制度。国家逐步建立主要由政府投入支持的社会医疗救助制度，为特殊困难群体提供基本医疗保障。2006 年年底，全国参加基本医疗保险的人数达 15732 万人，其中参保职工 11580 万人，退休人员 4152 万人。[1] 2007 年年末全国参加城镇基本医疗保险的人数为 22311 万人。其中，参加城镇职工基本医疗保险的人数为 18020 万人，参加城镇居民基本医疗保险的人数为 4291 万人。在职工基本医疗保险参保人数中，参保职工 13420 万人，参保退休人员 4600 万人。[2] 2008 年 3 月底，农民工参加医疗保险的人数为 3361 万人。[3]

此外，我国于 2002 年开始建立以大病统筹为主的新型农村合作医疗制度，由政府组织、引导、支持，农民自愿参加，政府、集体、个人多方筹资。目前正在 30 个省、自治区、直辖市的 310 个县（市）进行试点。截至 2004 年 6 月，覆盖 9504 万农业人口，实际参加人数 6899 万人；共筹集资金 30.2 亿元，其中地方各级财政补助 11.1 亿元，中央财政对中西部地区补助 3.9 亿元。截至 2008 年 6 月底，农村新型合作医疗和医疗救助制度已覆盖全部有农业人口的县（市、区），参加农村合作医疗的农民 8.15 亿人，占总人数的 91.5%。

2007 年，国务院启动了城镇居民基本医疗保险试点工作。截至 2007 年年底，国务院确定的 88 个试点城市全部按照要求启动

---

[1] 李晓超，中华人民共和国国家统计局 . 中国统计年鉴 2007 ［EB/OL］. ［2008 – 12 – 13］http：//www. stats. gov. cn/tjsj/ndsj/2007/indexch. html.

[2] 人力资源和社会保障部，国家统计局 . 2007 年劳动和社会保障事业发展统计公报 ［EB/OL］. 2008 – 05 – 21 ［2008 – 12 – 02］http：//w1. mohrss. gov. cn/gb/zwxx/2008 – 06/05/content – 240415. html.

[3] 人力资源和社会保障部 . 2008 年一季度就业和社会保障工作情况 ［EB/OL］. ［2008 – 12 – 10］http：//www. mohrss. gov. cn/mohrss/Desktop. aspx? path = /mohrss/InfoView&gid = 8f371369 – 943b – 40ef – ac66 – 15dbd6bf0c0b&tid = Cms – Info.

实施了城镇居民基本医疗保险试点工作，全国参保人数 4291 万人。❶

（四）工伤保险

我国努力建立职工的工伤预防、工伤补偿和工伤康复相结合的工伤保险制度。2004 年 1 月《工伤保险条例》实施。工伤保险实行"无过失补偿"的原则。待遇项目主要包括：工伤医疗费用，根据劳动能力丧失程度确定的伤残补助金、伤残津贴、伤残护理费，因工死亡劳动者直系亲属领取的丧葬补助金、供养亲属抚恤金和一次性伤亡补助金等。给付工伤保险待遇的主要条件是：职工在工作时间、工作区域内，因工作原因发生意外事故伤害或患职业病的。截至 2006 年年底，参加工伤保险的职工人数达 10269 万人，年末享受工伤保险的人数为 78 万人。❷ 2007 年年末全国参加工伤保险的人数为 12173 万人，其中，参加工伤保险的农民工人数为 3980 万人。2008 年 3 月底，农民工参加工伤保险的人数为 4088 万人。❸

（五）生育保险

我国于 1988 年开始在部分地区推行生育保险制度改革。截至 2006 年年底，参加生育保险的人数为 6459 万人。❶ 2007 年年末全

---

❶ 人力资源和社会保障部.2007 年全国社会保险情况［EB/OL］.［2008 - 12 - 10］http：//w1. mohrss. gov. cn/gb/zwxx/2008 - 06/12/content - 241248. html.

❷ 李晓超，中华人民共和国国家统计局.中国统计年鉴 2007［EB/OL］.［2008 - 12 - 13］http：//www. stats. gov. cn/tjsj/ndsj/2007/indexch. html.

❸ 人力资源和社会保障部.2008 年一季度就业和社会保障工作情况［EB/OL］.［2008 - 12 - 10］http：//www. mohrss. gov. cn/mohrss/Desktop. aspx? path =/mohrss/InfoView&gid = 8f371369 - 943b - 40ef - ac66 - 15dbd6bf0c0b&tid = Cms - Info.

❶ 李晓超，中华人民共和国国家统计局.中国统计年鉴 2007［EB/OL］.［2008 - 12 - 13］http：//www. stats. gov. cn/tjsj/ndsj/2007/indexch. html.

国参加生育保险人数为7775万人。❶

（六）医疗救助

截至2007年6月底，全国开展城市医疗救助工作县（市、区）的数目达到2396个，约占全国县（市、区）总数的83.7%。2007年上半年各地共筹集城市医疗救助资金21.6亿元，累计支出救助资金7.4亿元，累计救助232.5万人次，较2006年同期水平有了较大幅度的增长。2007年全年财政预算内资金用于医疗救助的财政资金42.5亿元，比上年增长100.1%。中央财政共补助各地城乡医疗救助资金34亿元，有力地保障了各地医疗救助工作的开展。农村医疗救助支出28.1亿元，其中：资助参加新型农村合作医疗资金4.8亿元，大病救助资金20.5亿元。累计救助贫困农民2896万人次，其中：民政部门资助参加合作医疗2517.3万人次，人均资助参加合作医疗水平19.1元；民政部门资助大病救助377.1万人次，人均救助水平543元。全年支出城市医疗救助资金14.4亿元，城市医疗救助442万人次，人均医疗救助水平326.6元。❷

（七）最低生活保障

2007年年底，全国共有1064.3万户、2272.1万个城市居民得到了最低生活保障。全年各级财政共支出低保资金277.4亿元，比上年增长23.7%。得到最低生活保障人员中：在职人员93.9万人，占总人数的4.1%；灵活就业人员343.8万人，占总人数的15.1%；老年人298.4万人，占总人数的13.1%；登记失业人员627.2万人，占总人数的27.6%；未登记失业人员364.3万人，占

---

❶ 人力资源和社会保障部，国家统计局.2007年劳动和社会保障事业发展统计公报［EB/OL］.2008–05–21［2008–12–02］http：//w1.mohrss.gov.cn/gb/zwxx/2008–06/05/content–240415.html.

❷ 民政部.2007年民政事业发展统计报告［EB/OL］.［2008–12–10］http：//cws.mca.gov.cn/accessory/200806/1214811949213.doc.

总人数的 16% ；在校生 321.6 万人，占总人数的 14.2% ；其他未成年人 223 万人，占总人数的 9.8% 。2007 年全国城市最低生活保障月人均保障水平 102.7 元，比上年提高 22.8% ；全国城市居民最低生活保障平均标准 182.4 元，比上年提高 7.5% 。积极开展农村最低生活保障制度，农村最低生活保障制度在全国范围内普遍建立。截至 2007 年年底，已有 3566.3 万人（1608.5 万户）得到了农村最低生活保障，比上年同期增加 1973.2 万人，增长了 123.9% ；平均低保标准 70 元/人、月，全年共发放农村最低生活保障资金 109.1 亿元，比上年增长 150.8% ；人均补差 38.8 元/月，比上年同期提高 4.3 元，增长 12.5% 。❶

　　除了上述社会保险、最低生活保障和医疗救助外，其他的社会保障还包括：为老年人、孤儿和残疾人等群体提供社会福利；针对军人及其家属的优抚安置；对受灾群众进行救济；对城市流浪乞讨人员予以救助等社会救助。

　　总之，目前我国社会保障制度基本包括两大部分：一是完全由国家财政支撑的项目，包括对社会弱势群体的救助、对军人及其军烈属的优抚安置、对无依无靠的孤老残幼、残疾人员以及社会大众举办的社会福利和有关的社区服务，完全属于国民收入再分配范畴，充分体现社会公平；二是由用人单位、职工个人缴费、国家给予适当补助的三方共同筹资的项目，包括养老保险、医疗保险、失业保险、工伤保险和生育保险等（目前我国有关社会保险法律规定，属于用人单位、职工个人和国家三方共同缴费的项目是养老保险、医疗保险和失业保险，生育保险和工伤保险主要由用人单位缴费、国家财政给予适当补助），属于社会保险范畴，其中，养老保险和医疗保险实行个人账户与统筹相结合，其他三项保险属于完全

---

❶　民政部.2007 年民政事业发展统计报告［EB/OL］.［2008 - 12 - 10］http://cws.mca.gov.cn/accessory/200806/1214811949213.doc.

统筹的项目。❶

五、纠纷解决机制的演变

交通事故纠纷与其他民事案件一样，主要解决机制包括和解、调解、仲裁和诉讼。调解包括人民调解和法院主持的调解，仲裁以争议双方约定仲裁管辖为前提，这二者并无特殊之处。值得一提的是，由于交通事故诉讼案件的快速增加，各地法院为了快速处理交通事故案件，提高审判效率和质量，成立了专门的交通事故法庭。有些地方的交通管理部门还加强了与法院的合作，成立"交通事故损害纠纷速裁庭"。在交警部门制发交通事故认定书后，当事人不经调解或调解不一致，即可申请"速裁庭"依法审理裁决。成立速裁庭，启动简易程序尽快帮助群众解决矛盾纠纷。❷

---

❶ 人力资源和社会保障部部长尹蔚民讲话。

❷ 黄辉，肖胜武，李青. 江西赣州设立交通事故速裁庭［N/OL］. 法制日报，2006 - 05 - 17［2008 - 10 - 11］http：//news. sina. com. cn/o/2006 - 05 - 17/08438946895s. html.

第三章　我国机动车事故受害人救济机制存在的问题

第一节　侵权损害赔偿机制存在的问题

我国目前机动车事故损害赔偿的主要法律依据是《道路交通安全法》第 76 条和《人身损害赔偿司法解释》，前者主要规范侵权归责问题，后者规范损害赔偿问题。下面分别予以探讨。

一、关于侵权责任机制

道路交通安全法第 76 条可以说是新中国立法史上争论最大的条文，这一条文已经被修正。对比修正前后的条文，我们可以看出主要的变化有以下三点：（1）将原第 76 条第 1 款中"超过责任限额的部分"修改为"不足的部分"，并将"超过责任限额的部分"之前的"。"修改为"；"。（2）将原第 76 条第 1 款第2 项"（二）机动车与非机动车驾驶人、行人之间发生交通事故的，由机动车一方承担责任；但是，有证据证明非机动车驾驶人、行人违反道路交通安全法律、法规，且机动车驾驶人已经采取必要处置措施的，减轻机动车一方的责任。"修正为"（二）机动车与非机动车驾驶人、行人之间发生交通事故，非机动车驾驶人、行人没有过错的，由机动车一方承担赔偿责任；有证据证明非机动车驾驶人、行人有过错的，根据过错程度适当减轻机动车一方的赔偿责任；机动车一方没有过错的，承担不超过百分之十的赔偿责任。"（3）在原第 76 条第 2 款"行人故意造成的"

的中间加上限制语"碰撞机动车"。由此可见第76条修正的重点是该条关于机动车与非机动车驾驶人、行人之间相撞时责任原则的规定,并未触动该条的基本结构和其他内容。那么,如此修正是否意味着修正的内容一定有问题,而没有修正的内容就没有问题呢?《道路交通安全法》修正过程中,对于修正内容的争论就很激烈。在修正完成后,仍然有不少学者主张回归原来第76条的规定。那么,究竟如何看待第76条呢?事实上,第76条的基本结构和基本制度存在严重问题,最为突出的是其关于强制保险制度模式的设计、根据撞的对象不同而异其规定的立法思路以及人身损害和财产损害一视同仁的立法态度。关于强制保险模式的问题将在下文探讨,此处仅仅探讨该条关于侵权责任规定存在的问题。

(一)根据撞的对象不同而异其规定的立法思路

第76条对超过强制责任保险限额的部分,根据撞的对象不同而规定了不同的归责原则。立法者作出上述规定的主要根据不得而知,但可推测的理由是机动车与非机动车、行人的事故中,非机动车方和行人显然处于弱势地位,因此,应当适用严格责任;而在机动车之间发生交通事故的,二者并不存在孰强孰弱的问题,因此,适用过错责任原则。梁慧星先生领衔的中国民法典立法研究课题组也持类似的观点,该课题组负责起草的《中国民法典草案建议稿附理由——侵权行为编·继承编》第1613条和第1614条分别规定了机动车碰撞的责任分担和机动车伤害行人的责任。前者适用过错责任,理由是机动车驾驶员负有业务上的注意义务,当事人双方均为机动车驾驶员时,其注意义务是同等的,责任性质相同;后者适用严格责任,受害人故意为唯一的免责事由,受害人重大过失为减责事由,理由是起草人认为《民法通则》第123条的以受害人故意为唯一免责事由的无过错责任规定完全正确,且司法实践中普遍

存在过失相抵。●

　　其实，对于超过强制责任保险限额的人身损害和财产损失，根据撞的对象不同而分别规定不同的归责原则的做法是没有正当性根据的。第一，遍查各国机动车事故损害赔偿方面的立法，根本找不到类似第 76 条的规定，最为相似的规定也只不过是规定对于机动车车辆这一财产损失实行比较机动车双方的过错大小以论责任。对于机动车事故的受害人而言，区分车上人员、非机动车驾驶人或乘坐人、行人而实行不同的责任原则是毫无正当性根据的，至多只能对驾驶人受害人和其他受害人区别对待。因为尽管两辆机动车在相撞时有可能原因力相当，但对于乘客来说坐在车上可能比在路上行走更为无助。第二，机动车之间过错责任的规定也与《合同法》的规定不协调。《合同法》第 302 条规定的乘运人对于旅客人身损害承担严格责任，而第 303 条对财产损害规定了过错责任。第三，机动车交通事故并非仅仅包括机动车之间以及机动车与非机动车、行人之间的事故，实践中存在大量的诸如翻车、坠沟等单方事故。因此，第 76 条的这种规定也有涵盖不全的缺陷。因为立法者不应该有将单方事故的车上乘客排除《道路交通安全法》规范的意图。不可想象，同一起交通事故的受害人，让行人受严格侵权责任保障，而车上乘客却要在过错侵权责任和严格违约责任之间进行二难选择是立法者的本意。

（二）财产损失与人身损害一视同仁的立法态度

　　从各国机动车侵权责任严格化的进程来看，机动车侵权严格责任的核心领域一直是人身损害，即使到目前为止，一般仍将人身损害和财产损失区别规范。而世界各国保险强制化的重心更是人身损害，将财产损害纳入强制保险保障范围是强制保险发展到一定阶段以后的事。

　　● 中国民法典立法研究课题组．中国民法典草案建议稿附理由——侵权行为编·继承编［M］．北京：法律出版社，2004：102.

《道路交通安全法》第76条不仅将财产损失也纳入强制保险保障的范围，同时对于财产损失和人身损害规定了同样的归责原则，这不仅背离了世界各国机动车事故受害人保护立法的发展趋势，而且也脱离了我国国情。

（三）"撞了不白撞"确有过严之嫌，但过错原则更不可取

首先，"撞了不白撞"的立法思路是不应受到质疑的。《道路交通安全法》是在"撞了白撞"的合理性备受质疑的背景下制定的。从世界其他国家和地区的相关立法和实践来看，机动车侵权责任的严格化始于机动车普及，而且呈现出越来越严格的趋势。因此，《道路交通安全法》"撞了不白撞"的规定不仅符合立法当时的民意，而且与国际普遍做法是契合的。如果仅仅从侵权责任方面进行比较，"撞了不白撞"规定并非比法国等部分国家的立法更为严格。如法国《1985年7月5日第851677号法律》就行人和骑自行车者等"弱势"道路使用者而言，原则上只有其本身的过错符合"不可原谅的共同过错"和"事故排他性原因力"特征时才会导致不利结果。如果事故车辆保有者或驾驶者有过错，则受害者即使是不可原谅的共同过错也不再加以考虑，因为受害者不可原谅的过错不构成事故排他性原因力。

其次，机动车侵权责任是否过于严格的讨论应当结合保险的可得性进行，即机动车侵权责任人的严格责任负担应当有合理的保险渠道予以分散，亦即应当考虑投保人的保费负担能力及保险公司的承受能力。根据第76条的制度安排，我国的机动车责任保险将包括强制责任保险限额内的强制保险和强制责任保险限额外的任意保险两部分。在强制责任保险限额内，除了乘客的损害可能不纳入强制保险保障之外，其他的责任负担将一律由保险公司承受，机动车保有人除了负担保费外，并无其他责任可言。而对于强制责任保险限额之外的部分，尤其是"撞了不白撞"部分的责任负担，如果责任人依然可以通过有效的保险市场予以分散，则不会发生责任是否过于严格的争论。那么，该部分的责任负担是否可以通过保险渠

道予以分散呢？答案是否定的。一方面，我国目前机动车保有人的责任风险很高，如果机动车保有人要真正分散其责任风险，除了投保机动车交通事故责任强制保险之外，还要投保车上人员责任险和商业三者险，其保费负担将成倍增加；另一方面，大多数机动车保有人的保费负担能力十分有限，尤其是广大落后地区的机动车保有人连基本的医疗、教育费用都负担不起，更不用说机动车保险费用。相当部分的机动车保有人在勉强投保交强险后就无力负担商业三者险和车上人员责任险的保费。正是由于"撞了不白撞"的严格责任风险负担无法通过有效的保险途径予以分散，因此，这种严格责任规定的正当性受到质疑自在情理之中。

再次，之所以会出现对"撞了不白撞"合理性的质疑，主要的原因在于《交强险条例》的长期缺位、人身损害赔偿标准的大幅提高、现行交强险的高保费低保障，以及过错责任为唯一责任根据的不正确观念等。❶将所有问题都归结为"撞了不白撞"的严格责任规定是不合理的，以此为借口主张回归《道路交通事故处理办法》的过错责任规定是错误的。所谓"机动车负全责"的报道不仅曲解了第76条，而且误导了广大民众。

最后，第76条的修正不是进步，而是倒退。❷虽然立法部门负

---

❶　《道路交通安全法》实施不久引起各界高度关注的北京"奥拓车二环撞死行人案"所暴露的核心问题是交强险的缺位和损害赔偿标准的过快增长，责任的严格仅仅是其中的一个因素。

❷　修正后的第76条的内容表述存在很多问题。首先，"机动车与非机动车驾驶人、行人之间发生交通事故，非机动车驾驶人、行人没有过错的，由机动车一方承担赔偿责任"的规定是否意味着非机动车驾驶人、行人在起诉机动车方时要首先证明自己没有过错，法院方可受理？如果不能举证证明自己没有过错，或者道路交通事故认定书已经认定非机动车驾驶人、行人负主要责任或次要责任，法院是否受理非机动车驾驶人或行人的起诉？其次，有"证据证明"的表述实属多余，因为在民事诉讼中，过错有无的认定当然需要证据证明。

责人否认第 76 条的修正是归责原则的修正，但第 76 条修正的核心是将严格责任原则修正为过错责任原则，这是毋庸质疑的。如前所述，第 76 条的真正问题不在于"撞了不白撞"的严格责任规定，实践中机动车车主负担过重、受害人得不到基本保障的主要原因是交强险设计的不合理、救助基金制度的缺位、损害赔偿标准过高。新闻媒体，尤其是机动车车主对于第 76 条"撞了不白撞"的质疑虽说不是没有道理，但更多地反映出对于现行立法的不了解。"撞了不白撞"的立法精神必须坚持，第 76 条的修正是个错误。

（四）没有规定责任主体

由于《道路交通安全法》最终根据法律委员会的建议删除了《道路交通安全法（草案）》关于机动车事故责任主体的规定，因此第 76 条成了唯一的关于机动车事故民事赔偿责任的条文。该条在不得不涉及责任主体的地方使用了"机动车一方"的表述。"机动车一方"自然不是法律术语，确切含义为何当然不得而知。事实上，我国学界和司法实践关于机动车交通事故责任主体的理论探讨和实践积累是丰厚的，不仅机动车保有人作为事故责任主体的概念已经被普遍接受，而且判断保有人的"运行利益"和"运行支配"二元说也得到广泛认可。从最高人民法院的司法解释和地方各级法院审理道路交通事故案件的指导性意见来看，机动车交通事故责任主体问题的认识已经比较一致，并不存在复杂不予以规范的正当理由。

（五）强制保险责任限额内的赔偿主体仅规定保险公司不周延

对于强制保险责任限额内的损害，第 76 条仅仅规定由保险公司承担赔偿责任。其实，这一规定是不周延的。因为无论何种保险，保险公司承担保险赔偿责任的前提都是有投保人投保了强制保险，且在发生交通事故后，能够确定受害人属于强制保险保障的范围。如果肇事车辆没有投保强制保险，或者虽然投保了强制保险，但是在肇事后逃逸以至于无法确定是否存在强制保险时，让保险公司承担保险赔偿责任当然不可能。这时，真正应当承担赔偿责任的是救助基金。可第76条并没有规定救助基金的补偿责任，这不能不说是立法失误。

（六）强制责任保险责任限额内及单方事故的侵权责任空白

由于第76条关于强制保险的规定基本采纳了无过失保险的思路，规定保险公司直接向受害人承担绝对赔偿责任，因此，没有规定责任限额范围内的侵权责任。然而，这不仅与《道路交通安全法》第17条规定我国实行机动车第三者责任强制保险制度不一致，而且事实上，《道路交通安全法》实施以来的司法实践基本以强制责任保险的原理进行审判，《交强险条例》更是以强制责任保险的基本原理进行了规范。因此，结果是强制责任保险限额内的损害部分没有侵权责任基础的规定。

此外，在翻车、坠车等单方事故中，机动车保有人对车上乘客除了可能承担违约责任外，还有可能承担侵权责任，这本无任何争议。然而，第76条根本没有对此作出任何规定。

二、关于损害赔偿机制

《人身损害赔偿司法解释》是在我国人身损害赔偿立法缺乏，《道路交通事故处理办法》、《精神损害赔偿司法解释》等规定的赔偿项目和标准不合理、总体偏低的情况下，在总结我国多年人身损害赔偿司法实践经验，并借鉴其他国家和地区人身损害赔偿立法经验的基础上制定的。总的来讲，该解释对于统一人身损害赔偿标准，指导地方司法审判意义重大。但实践运行表明，该解释也存在一些值得完善的地方。

（一）赔偿负担过重

《人身损害赔偿司法解释》大幅度地提高了加害人的人身损害赔偿负担，主要体现在死亡赔偿金、残疾赔偿金标准的提高以及死亡赔偿金、残疾赔偿金与精神损害抚慰金的并存。从交通事故案件的司法实践来看，交通事故伤亡的损害赔偿负担成倍增长。据估算，北京、广东两地在实行新的人身损害赔偿标准之后，交通事故受害人的伤残赔付费用将增至原来的 1.395 倍和 1.401 倍，死亡赔偿费用更是增至原先的 2.076 倍和 2.07 倍。❶ 按照新标准，深圳最高赔偿可达到 85 万。❷ 而且，随着人均收入水平、生活费用等的上涨，机动车车主的潜在赔偿风险仍在逐年上涨。

或许有人要问，《道路交通事故处理办法》规定的损害赔偿太低，《人身损害赔偿司法解释》提高后又嫌过高，其根据何在？实际上，侵权行为法的使命就是要实现行动自由与权益保障的有效平衡。而侵权行为法实现这一使命的基本手段之一就是合理规定损害赔偿的标准。过高的标准会限制行为人的行为自由，不利于社会经济发展，而过低的标准又不利于受害人权益的保障。从各国的情况来看，损害赔偿标准差别也很大，《人身损害赔偿司法解释》规定的标准肯定不是最高的，那么究竟如何判断赔偿标准的高与低呢？其实，损害赔偿标准的高与不高不仅要以受害人的损失程度为标准进行判断，同时也要考虑到加害人自身的承受能力，尤其是加害人的责任风险能否通过有效的保险市场予以分散。机动车交通事故损害赔偿是我国目前最为大量、最具典型意义的赔偿案件类型。但《道路交通安全法》和《人身损害赔偿司法解释》实施后，机动车车主的保费负担大幅度提高的同时，责任风险并没有有效分散。某法院 2003 年至 2005 年审理的道路交通事故赔偿案件诉讼标的总额超过了 1000 多万元，平均每件案件标的额在 10 万元。其中，标的额 3 万~5 万元的占 8.8%；5 万~10 万元的占 13.9%，10 万~20

---

❶ 姜涛. 三者险"捆绑销售"症结何在？［N/OL］. 中国保险报，2004 - 09 - 01［2005 - 03 - 05］http：//zgbxj. web16. bootchina. com/dvbbs/printpage. asp? BoardID = 4&ID = 139.

❷ 撞死人要赔 85 万元？［N/OL］. 深圳商报，2004 - 07 - 23［2008 - 12 - 10］http：//paper. sznews. com/szsb/20040723/ca1060754. html.

万元的占 10.2% ；20 万 ～ 40 万元的占 16.1% 。❶《交强险条例》实施后，机动车车主的责任负担并没有减轻。显然目前的赔偿标准过高，动辄几十万的损害赔偿负担不仅超出了加害人的负担能力，而且还尚不存在有效的责任保险市场。过高的损害赔偿标准不仅刺激了受害人的索赔欲望，导致和解率和调解率的下降，而且影响了不正常社会关系的矫正。

（二）赔偿标准不合理

首先，赔偿标准的设置过于粗糙。虽然新闻媒体"同命不同价"的报道并不准确，但仅仅以户口为标准决定死亡赔偿或残疾赔偿过于简单。不可否认，每个人的劳动能力并不相同，总体来说城市居民的劳动收入高于农民的收入。但在个案中并不总是如此。既然以劳动能力丧失说为根据规定死亡赔偿金和残疾赔偿金的赔偿标准，就应当设计出基本能够反映出个案中与受害人劳动能力丧失程度相当的赔偿标准。

其次，未成年人的死亡赔偿年限与成年人一致并无正当性。未成年的死亡赔偿虽然可以说是其未来劳动能力丧失的赔偿，但赔偿结果往往属于有劳动能力的继承人。成年人的死亡赔偿不仅是其劳动能力丧失的补偿，同时其结果往往属于无劳动能力或劳动能力低的继承人。不仅如此，未成年人的劳动能力是未来潜在的劳动能力，而非现实的，其劳动能力的实现尚需一定的扶养成本。因此，在计算死亡赔偿金时应当考虑这一情节，即越是接近成年年龄的，应当扣除的扶养成本越少。

（三）赔偿实现方式单一

《人身损害赔偿司法解释》确立的实现赔偿的原则是一次性给

---

❶　胡世明，严克新，蔡文刚. 道路交通事故赔偿纠纷案件的特点及对策分析 ［EB/OL］. ［2008 - 10 - 22］http：//www. zjcourt. cn/portal/html/200603200000 39/20060809000060. html.

付，没有规定定期金制度。其实，无论从损害赔偿的原理出发，还是从受害人保障与加害人负担的角度，应当对残疾赔偿规定定期金制度，这样更加符合损害赔偿的公平原则。

（四）未能实现人身损害赔偿的真正统一

《人身损害赔偿司法解释》实施后，我国仍有铁路、航空、电力等领域的赔偿实行程度不同的特别规范。这显然不符合法治的基本精神，不利于受害人的公平保护。

第二节　强制保险机制存在的问题

我国现行机动车强制保险制度的主要规范依据是《道路交通安全法》、《交强险条例》以及保险监督管理委员会关于机动车强制保险的一系列规范性文件。

一、《道路交通安全法》关于机动车强制保险制度的规定

《道路交通安全法》关于机动车强制保险的规定主要是该法第17条和第76条。第17条仅仅规定"国家实行机动车第三者责任强制保险制度，设立道路交通事故社会救助基金。具体办法由国务院规定。"核心内容是第76条的规定。考察《道路交通安全法》的制定和修正过程，我们就会发现一个十分有趣的现象，当初《道路交通安全法》立法过程中，关于机动车强制保险的规定内容一直未引起大的争论。而在《道路交通安全法》的修正过程中，虽然关于第76条中强制保险的规定内容已经在学界和实务界引起了一些争论，但仍未引起立法部门的关注，其结果是第76条关于强制保险的规定除了个别文字的调整外，并无实质性修正。那么，第76条关于强制保险的规定真的没有问题吗？其

实不然，可以毫不夸张地说，这是一个被长期忽视但却最为严重
的问题。

（一）强制责任保险和无过失保险模式的内在紧张

如前所述，《道路交通安全法》第 17 条明确规定我国实行机
动车第三者责任强制保险制度。但是各界对该法第 76 条关于强
制保险的规定始终存在不同理解。主要的分歧是该条规定的究竟
是责任保险还是无过失保险。全国人大立法部门负责人认为：
"有的专家、媒体认为，强制保险在三者险的范围内是不认过错全
部赔偿的，其实不是。"❶ "道路交通安全法第 76 条明确规定，机
动车发生交通事故造成人身伤亡、财产损失的，由保险公司在机
动车第三者责任强制保险责任限额范围内予以赔偿。……这句话
的中心意思就是保险公司什么情况赔，什么情况不赔，关键词是
'责任限额'。"❷ "首先是有责任，然后再看在负责任的情况下，
最高赔多少，即'限额'。"❸ "'责任限额'这个四个字是'责任'
加'限额'，是讲责任的，不是说不分青红皂白全部赔偿。"❶ "道
路交通安全法规定的是在责任限额的范围内强制保险怎么赔，责任

❶ 张景勇，邹声文. 聚焦道路交通安全法第 76 条四大热点——全国人大
常委会法工委副主任王胜明谈道路交通安全法修改 [EB/OL]. [2008 - 03 -
25] http：//www. jmnews. com. cn/c/2007/12/29/20/c - 5665043. html.

❷ 张景勇，邹声文. 聚焦道路交通安全法第 76 条四大热点——全国人大
常委会法工委副主任王胜明谈道路交通安全法修改 [EB/OL]. [2008 - 03 -
25] http：//www. jmnews. com. cn/c/2007/12/29/20/c - 5665043. html.

❸ 张景勇，邹声文. 聚焦道路交通安全法第 76 条四大热点——全国人大
常委会法工委副主任王胜明谈道路交通安全法修改 [EB/OL]. [2008 - 03 -
25] http：//www. jmnews. com. cn/c/2007/12/29/20/c - 5665043. html.

❶ 张景勇，邹声文. 聚焦道路交通安全法第 76 条四大热点——全国人大
常委会法工委副主任王胜明谈道路交通安全法修改 [EB/OL]. [2008 - 03 -
25] http：//www. jmnews. com. cn/c/2007/12/29/20/c - 5665043. html.

怎么定，限额怎么定，具体办法依照道路交通安全法，由国务院规定。"❶ 由此可见，立法部门认为第 76 条规定的是强制责任保险。那么，第 76 条究竟规定了什么呢?

第 76 条的基本架构是限额之内保险赔偿与限额之外侵权赔偿。其基本立法思路是对于机动车事故造成的人身和财产损害，在强制保险限额之内的部分直接由保险公司赔偿，超过强制保险限额的部分又区分机动车之间的事故和机动车与非机动车、行人之间的事故而异其规定。在这种立法思路的指导下，第 76 条并未严格遵守强制责任保险的基本原理，而是规定了结合责任保险的无过失保险。主要的理由是：第一，虽然立法者认为"首先是有责任，然后再看在负责任的情况下，最高赔多少，即'限额'"，但从第 76 条关于强制保险规定的文意来看，"机动车发生交通事故造成人身伤亡、财产损失的，由保险公司在机动车第三者责任强制保险责任限额范围内予以赔偿"的规定，在肯定保险公司赔偿责任的同时，间接否定了加害人的侵权赔偿责任。不仅如此，超过强制保险限额部分规定侵权责任也从反面证明强制保险限额内的损害没有必要规定侵权责任。很难想象立法者的意图是强制保险限额内的损害适用《民法通则》的侵权责任规定。可以说，第 76 条的这一规定与强制责任保险原理相去甚远，是典型的无过失保险的思想。因为强制责任保险虽然强制，但仍属责任保险范畴，自应遵守责任保险的基本原理，同样存在保险公司、被保险人与受害人三方当事人，且保险公司向受害人承担保险赔偿责任仍然以被保险人向受害人承担侵权责任为基础。而在无过失保险，保险公司承担赔偿责任不以加害人有无过失为前提，保险公司直接向受害人支付保险赔偿，仅仅存在保险公司与

❶ 张景勇，邹声文. 聚焦道路交通安全法第 76 条四大热点——全国人大常委会法工委副主任王胜明谈道路交通安全法修改［EB/OL］.［2008-03-25］http：//www. jmnews. cn/c/2007/12/29/20/c-5665043. html.

受害人之间的双方关系，且在替代型无过失保险，部分或完全废除侵权责任的存在，因此，加害人被部分或全部免除侵权责任。第二，在保险保障的受害人范围方面，由于《道路交通安全法》第 17 条明确规定"国家实行机动车第三者责任强制保险制度"，且第 76 条也规定"由保险公司在机动车第三者责任强制保险责任限额范围内予以赔偿"。因此，保险保障的受害人仅限于第三者，不包括被保险人，因而体现了强制责任保险的特征。第 76 条并没有坚持强制责任保险的基本原理，而是主要借鉴了无过失保险的立法经验，尤其是我国台湾地区"强制汽车责任保险法"的规定。至于立法者"道路交通安全法规定的是在责任限额的范围内强制保险怎么赔，责任怎么定，限额怎么定，具体办法依照道路交通安全法，由国务院规定"的主张是不成立的。因为侵权责任属于民事基本法律规范的事项，在第 76 条已经对超过责任限额部分侵权责任明确规定的情况下，没有任何正当理由再解释说限额范围内的侵权责任由国务院规定。

由此可见，第 76 条并未坚守强制责任保险的基本原理。因此，不仅与第 17 条宣称的第三者责任强制保险制度的目标背离，更为糟糕的是，由于第 76 条的这一制度设计并没有为理论和实务界所理解和认可，从而导致《道路交通安全法》实施后，不仅学术界普遍的观点是自然地从责任保险原理出发解释和检讨第 76 条的规定，司法实践也没有脱离强制责任保险的惯性思维。

（二）过度强制与强制不足的逻辑悖论

正如著名法学家江平先生一贯主张的，法治经济应当把握好国家干预市场的"度"。❶ 强制保险就是国家干预市场的一种表现，

---

❶　江平. 市场与法治［G］//江平，杨振山. 民商法律评论. 第二卷. 北京：中国方正出版社，2005：1.

应当以给受害人提供基本、快速、便捷的赔偿为基本宗旨，全面协调事故受害人、投保人和保险人等不同利益主体的利益，不仅不应过度强制，同时也不应强制不足。遗憾的是，第76条关于强制保险的规定脱离我国国情，致使受害人、投保人、保险人之间的利益关系严重失衡，似乎兼有过度强制和强制不足之嫌。

首先，乘客未纳入强制保险保障范围为强制不足。第76条明确规定我国实行机动车第三者责任强制保险制度，这种规定不仅与各国立法将乘客等车上人员也纳入强制保险保障范围的实践不一致，而且也不利于乘客的保护。虽然"第三者"可以有所谓"大三者"（包括乘客在内）和"小三者"（不包括乘客）的不同解释，但我国过去的立法和实践均指"小三者"。而且，国务院2004年4月30日颁布，2004年7月1日实施的《道路运输条例》第36条规定："客运经营者、危险货物运输经营者应当分别为旅客或者危险货物投保承运人责任险。"由此可见，负责起草《交强险条例》的国务院也认为《道路交通安全法》所规定的第三者责任强制保险中的"第三者"是指"小三者"，否则就没有必要在《道路运输条例》中规定"客运经营者、危险货物运输经营者应当分别为旅客或者危险货物投保承运人责任险。"

其次，强制保障财产损害为过度强制。财产损害是否应当纳入强制保险保障范围在《道路交通安全法》实施后一直有争论。2007年12月29日全国人大立法部门负责人就财产损害是否应当纳入强制保险保障范围回答记者提问时表示："有人讲强制保险只管人身不管财产是国际通行的做法，这话肯定是错的。我们为了把这个事情讲清楚，先让国外的律师事务所提供材料，然后又以全国人大常委会法制工作委员会的名义让驻外使馆提供当地国家究竟是怎么做的。我们了解了美国、德国、法国、日本、新加坡、韩国6个国家，有5个国家是既管人身又管财产，只有1个国家是只管人身不管财产，财产在三者险以外再通过商业险。说世界上强制保

险都是只管人身不管财产是不对的，至少是两种做法都有。"❶ 如
何评价立法部门负责人的这一表态呢？一方面，从世界各国强制保
险的实践来看，无论是采用强制责任保险立法，还是强制无过失保
险立法，一般均限定了强制保险赔偿的损害范围。如实行强制责任
保险的日本、我国台湾地区等，强制保险仅仅保障人身损害，财产
损害并未纳入。德国等欧盟国家虽然将财产损害也纳入了强制责任
保险的保障范围，但也是在强制责任保险运行一段时间后，社会经
济等获得长足发展的基础上逐步纳入的。在无过失保险立法国家，
美国州立法机关在设计无过失保险机制时，首要考虑的是赔偿基本
经济损失，❷ 因此，其无过失保险一般赔偿医疗支出、工作损失、
幸存者或死亡者的收益、替代服务成本以及丧葬费用，而且每一个
事故的受害者都不能得到全部工作损失的赔偿。甚至美国佛罗里达
等州将财产损害赔偿纳入无过失法的规定因违宪而被撤销。❸ 新西
兰 1973 年事故损害赔偿法实行的是绝对责任，而且赔偿范围也很
广泛，但 1992 年《事故救济和赔偿保险法》大大限制了精神损害
的赔偿，排除了财产损害的赔偿。另一方面，财产损害是否应当纳
入强制保险保障范围主要不是一个理论问题，而是一个与一国的实
际发展状况密切联系的问题。我国是发展中国家，投保人的保费负
担能力十分有限，保险行业目前仍然处于发展的初级阶段，承受能
力不强。在严格限制责任限额和受害人保障范围的情况下，却将财
产损害纳入保障范围本身就是一个悖论。

❶ 张景勇，邹声文. 聚焦道路交通安全法第 76 条四大热点——全国人大常委会法工委副主任王胜明谈道路交通安全法修改［EB/OL］.［2008 - 03 - 25］http：//www. jmnews. com. cn/c/2007/12/29/20/c - 5665043. html.

❷ JOSEPHINE Y. King. No fault automobile accident law. New York：Wiley Law Publications，1987：13.

❸ JOSEPHINE Y. King. No fault automobile accident law. New York：Wiley Law Publications，1987：1 - 27.

二、《交强险条例》及相关配套规定的主要问题

2006年7月1日，国务院制定的《交强险条例》正式实施。该条例分总则、投保、赔偿、罚则和附则共5章46条，规定了我国机动车强制保险的基本制度。除此之外，保险监督管理部门还规定了责任限额、保险费率等配套规定。考察《交强险条例》一年多来的运行实践，值得反思的问题主要有以下几点。

（一）受害人保障问题

机动车强制保险立法的根本目的在于保障机动车事故受害人。虽然在不同国家和地区，乃至同一国家的不同发展阶段强制保险保障的受害人范围及保障程度并不相同，但给事故受害人提供快速、基本保障是强制保险立法的基点。我国台湾地区"强制汽车责任保险法"第1条即将其立法目的明确规定为："为使汽车交通事故所致伤害或死亡之受害人，迅速获得基本保障，并维护道路交通安全，特制定本法。"毫无疑问，给受害人提供快速基本保障是《交强险条例》的立法目的。然而，就目前的交强险制度设计及其实践运行情况而言，无论是纳入保障的受害人范围，还是给予保障的程度，都很难说已经达到或者基本达到给受害人提供快速、基本保障的立法宗旨。

1. 相当部分的受害人尚未纳入保障范围

首先，单方事故的本车人员未纳入保障范围。统计显示，2002年全国发生的各类事故形态中，翻车、坠车、撞固定物等事故造成死亡12787人、受伤49687人，分别占当年全国死亡、受伤人数的11.69%和8.8%。[1] 公安部通报的《2005年全国道路交通安全情况》显示，2005年全国共发生1次死亡10人以上特大道路交通事

---

[1] 公安部交通管理局. 中华人民共和国道路交通事故统计年报2003 [G]. 2004：18.

故 47 起，造成 807 人死亡、705 人受伤。其中单方事故 28 起，占总数的 59.6%。❶ 由此可见，单方事故是大量存在的，其造成的人员伤亡也是严重的。但遗憾的是，《交强险条例》没有借鉴世界其他国家和地区强制保险立法将乘客纳入保障范围的普遍做法，依然坚持了所谓的严格"第三者"的立场。

其次，未投保车辆、肇事逃逸车辆受害人未纳入保障范围。❷《交强险条例》实施后，交强险的投保率虽有较大幅度的提高，但仍未达到应有的高度。主要表现在：军车尚未纳入强制保险；机动车构成中数量最庞大的摩托车、拖拉机投保率不高。结果是交强险首年投保率仅为 38%，主要是占机动车比例达到 65% 的摩托车和拖拉机"拖了后腿"，投保率分别只有 26% 和 15%。❸ 此外，长期以来，我国机动车肇事逃逸率较高。例如，统计资料显示 2002 年全国发生的交通事故中，事故现场为逃逸的 22498 次，占当年事故总次数的 2.91%，该情形的死亡、受伤人数分别为 9177 人、15232 人，分别占当年事故总死亡、受伤人数的 8.39% 和 2.71%。❹ 不仅如此，近年来由于损害赔偿标准的大幅提高，机动车侵权责任的严格化，以及机动车保有人责任负担骤然加重且又无法通过有效途径予以分散等原因，机动车肇事逃逸呈现出明显的上升态势。

---

❶　公安部．公安部召开新闻发布会通报 2005 年全国道路交通安全情况 [EB/OL]．2006 - 02 - 10 [2008 - 04 - 02] http：//www. mps. gov. cn/n16/n1237/n1432/n1522/96180. html.

❷　未投保车辆、肇事逃逸车辆受害人的保障问题应当由交强险的配套制度救助基金来提供，但因救助基金制度的缺位，限制了交强险的功能。

❸　中国证监广东监管局．交强险重在"保不足"并强调灵活度 [RB/OL]．2008 - 01 - 18 [2008 - 05 - 20]．

❹　公安部交通管理局．中华人民共和国道路交通事故统计年报．2003 [G]．2004：17.

2. 纳入强制保险保障的受害人保障也不足

首先，抢救医疗费用责任限额过低。❶ 目前机动车事故受害人抢救医疗费用负担方面的基本事实是：多数机动车事故的伤亡人员属于低收入者群体，❷ 且多为家庭主要收入来源的男性；近年来"看病难、看病贵"已经成为我国突出的社会问题；我国的低收入者基本没有商业医疗保险，城市的基本医疗保险和农村的新型合作医疗不仅覆盖面不足，而且不保障交通事故伤亡人员；相当部分的机动车保有人基本没有经济赔偿能力。正是由于以上理由，与社会保障健全的国家和地区相比，我国机动车事故受害人更需要强制保险提供基本的抢救医疗保障。但是，交强险目前的抢救医疗费用的最高赔偿限额为每次事故1万元。1万元医疗费用限额的确也能够满足大多数轻微事故、一般事故受害人的抢救医疗费用。但是，这一限额不能满足大多数最需要给予保障的重伤事故、尤其是多人伤亡事故受害人的抢救医疗费用需要。例如，来自甘肃省某国家级贫困县一城市医院的统计资料显示，该院2006年7月份至2006年11月期间共收治交通事故住院病人500多例，其中骨折159例，每例均医疗费7856元；颅脑损伤116例，每例均医疗费9560元。而且这里的平均费用为住院费用，不包括交通等费用。贫困落后地区的情况尚且如此，北京、上海等发达城市就可想而知。至于在多人伤亡事故的情形，1万元限额更显不足，理由是1万元限额是每次事故的限额，而非每一受害人的限额。当然，不得不指出的是，在肇

---

❶ 通过分项限额来控制医疗费用虽然是在我国目前医疗费用失控情况下保护保险公司的不得已之举，但这的确不是长久之策。

❷ 2005年，全国县道、乡道等农村公路上发生交通事故101757起，造成23707人死亡，分别占总数的22.6%和24%。全国农业人口及农民工因交通事故死亡28035人，占总数的28.4%，比2004年下降3%；受伤107792人，占总数的22.9%，比2004年上升2.3%（公安部. 公安部召开新闻发布会通报2005年全国道路交通安全情况［EB/OL］. 2006 - 02 - 10［2008 - 04 - 02］http：// www. mps. gov. cn/n16/n1237/n1432/n1522/96180. html）。

事车辆无责的情形，医疗费用的责任限额更是只有 1000 元。

其次，死亡伤残责任限额不能应对发达城市事故受害人基本保障的需要，尤其是群死群伤事故受害人的保障需要。交强险确定的死亡伤残赔偿限额为全国统一的 11 万元，这可以满足落后农村地区受害人或被扶养人的基本需要，但对于城市，尤其是发达城市来说，这一限额仍有过低之嫌。同样，11 万元限额是每次事故限额，而非每一事故受害人限额，因此，在多人伤亡事故情形下无法提供基本保障。

再次，交强险赔偿的手续复杂、成本高且无保障。《交强险条例》没有赋予受害人对于保险公司的直接赔偿请求权，而是授权保险公司选择向被保险人或受害人赔偿保险金。这不仅增加受害人的索赔成本，延长索赔的期限，还使受害人的赔偿没有制度保障。例如，如果允许被保险人在向受害人实际支付损害赔偿之前即可向保险公司获得保险金赔偿，则即使受害人最终获得针对加害人的胜诉判决，也很难保证其最终能够从被保险人处获得赔偿。❶ 此外，根据《交强险条例》第 22 条规定，在驾驶人未取得驾驶资格或者醉酒、被保险机动车被盗抢期间肇事、被保险人故意制造道路交通事故等情形，保险公司仅仅在机动车交通事故责任强制保险责任限额范围内垫付抢救费用，并对受害人的财产损失不承担赔偿责任。再如，《交强险条例》没有规定有效制约保险公司快速支付或垫付抢救、医疗费用以及赔偿受害人的机制。该条例第 28 条、第 29 条关于限制保险公司快速赔偿的规定实际上并不能保证受害人及时得到保险赔偿。如果被保险人不及时申请保险赔偿、不主动与保险公司协商并达成保险赔偿协议，受害人是没有任何救济措施的。

最后，由于受害人的赔偿往往涉及多家保险公司以及多个肇事人之间的复杂关系，目前不仅不同的保险公司之间缺乏有效协调机

---

❶ 司法实践中存在将交强险赔偿在受伤害车外人员、车上人员之间分摊的案例。

制，即使同一家保险公司之间，异地赔偿问题也没有有效地解决，这无疑影响了赔偿的速度，增加了索赔的成本。2008 年 9 月，北京市昌平区法院经过对于 2007 年所审结的 172 起交通事故损害赔偿案件中涉及交强险的案件进行调研，发现对于交强险，保险公司的自动理赔率不及 1%。自动理赔率极低，且理赔程序烦琐，提交材料复杂，"理赔难"已是多年存在的问题。❶

（二）投保人保费负担问题

交强险的保费负担问题不仅关系到投保人的利益，实际上也影响到机动车的投保率，从而间接影响保险公司的保费收入和受害人的保障。目前的交强险保费过高，不仅对于投保人不公，而且事实上也超过了部分车主的负担能力。

1. 保费过高

与交强险实施之前的第三者责任险（实践中称之为"商三险"，以下沿用这一称呼）的费率水平（已经很高）相比，交强险的费率不仅没有降低，反而进一步提高了。对此，有关部门解释为交强险与"商三险"不具有可比性，并认为二者在责任原则、免责事由、是否允许免赔率等方面均有不同，而责任的严格化、赔偿标准提高、赔偿范围扩大（主要指精神损害）、免赔事由减少、不允许免赔率等是保费提高的原因。

上述理由的确有其合理的成分，但并不充分，根据如下：（1）《道路交通安全法》实施后，保险公司已经以责任严格和赔偿标准提高为由提高了"商三险"的保费，而且由于交强险的总赔偿限额仅为 6 万元，❷ 损害赔偿标准的提高不会对保险公司的赔偿负担

---

❶ 李隽琼．保监会回应昌平法院建议，互碰自赔办法年内颁布［N/OL］．北京晨报，2008 - 09 - 24 ［2008 - 12 - 10］http：//finance. sina. com. cn/money/insurance/bxdt/20081124/09285543567. html.

❷ 这是针对《交强险条例》实施不久保监会官员的言论进行的讨论，因此以原责任限额为准。下同。

构成实质性影响。因此，责任严格化不应是交强险提高保费的理由。（2）交强险将精神损害纳入了赔偿范围，但实际上精神损害对保险赔偿负担的影响不大。因为交强险的死亡伤残赔偿限额仅为5万元，精神损害赔偿一般仅限于重大伤亡的情形，无论根据新旧赔偿标准，死亡赔偿金或残疾赔偿金都会达到5万元，因此，事实上根据交强险获得赔偿的精神损害赔偿空间不大。（3）与"商三险"实行总限额不同的是，交强险规定的分项限额，尤其是8000元医疗费用限额和2000元财产损失限额将大大降低保险公司的赔偿负担。（4）与我国台湾地区汽车强制保险相比，不仅交强险保费数额高（1998年我国台湾地区"强制汽车责任保险法"实施之初，汽车的平均保费负担约为700元人民币，自用小客车的平均保费负担约为300元人民币，且近年来台湾地区在不断提高赔偿限额的前提下多次降低保费，而我国内地汽车的最低保费也为1000元人民币），而且除了我国台湾地区汽车强制保险不保财产损失外，台湾地区保险公司承担的保险赔偿限额也比内地高、赔偿的受害人范围比内地广、保险公司的抗辩事由比内地少。诚然，内地机动车交通肇事率高，但无论如何都不应有如此大的保费负担差距。（5）交强险属于政策性、公益性保险，本应实行低保费。不仅应当限制保险公司的盈利水平，而且应当限制交强险的营运成本。事实上，《交强险条例》也明确规定实行"总体上不盈利不亏损"，保监会也明文规定交强险保费不打折、代理手续费不得超过4%，这与"商三险"保费打折、高代理手续费明显不同。（6）目前交强险经营中存在的高手续费支出及部分保险公司变相打折销售交强险的现象也印证了保费过高的事实。

　　2. 保费负担超出了投保人的负担能力

　　首先，交强险保费负担已经超过了部分投保义务人的负担能力。在我国，摩托车、拖拉机和农用车主要为广大农民所保有，且贫穷落后农村地区这些车辆的保有率也并不低。对于一些没有任何医疗保障，无力负担基本医疗费用、教育费用的农民来说，成百上千的保费负担自然超出了其承受能力。

其次，交强险并不能有效地分散机动车保有人的责任风险。交强险实行分项责任限额，每次事故的总责任限额为 6 万元（现已被提高为 12 万多元），不能有效地分散机动车保有人的责任风险。一是随着责任的严格化和损害赔偿标准的提高，机动车事故责任人的赔偿责任负担大大加重。从各地方法院的调研可以看出，《道路交通安全法》和《人身损害赔偿司法解释》实施后，机动车事故责任人的责任负担增加了一倍多。此外，根据现行损害赔偿标准，交通事故造成受害人死亡或严重残疾时，机动车方的赔偿责任负担在落后农村地区至少也在 20 万元左右，而在北京、上海、深圳等发达城市，赔偿负担 50 万元以上不足为奇。例如，深圳宝安区人民法院交通巡回法庭 2006 年 1～4 月审结交通事故损害赔偿案件 154 件，结案标的为 2291.57 万元，❶ 平均标的近 15 万元。而且必须指出的是，交强险规定的赔偿责任限额是每次事故的责任限额，在事故受害人为多人时，事故责任人的赔偿负担将进一步加重。因此，投保人在投保交强险之后，尚需投保责任限额为 10 万元至 50 万元的商业第三者责任保险。二是被保险车辆的车上人员并未纳入交强险的保障范围，因此，投保人尚应投保车上人员责任险。

由此可见，投保人只有在投保上述交强险、"商三险"和车上人员责任险后，方可有效地分散高额的责任风险，而这意味着投保人的保费负担至少是交强险的两倍。保费的高低不仅关系到投保人的负担和保险人的利益，而且直接影响到强制保险的推行。

（三）投保率问题

投保率是推行强制保险首先需要解决的、也是最为棘手的问题。只有高投保率才能达到保障受害人的立法目的，同时可以降低

---

❶ 交通事故损害赔偿案件调查分析［EB/OL］.2006-08-29［2006-10-20］http：//baqfy.chinacourt.org/public/detail.php？id=172.

保险公司的运营成本，减轻救助基金的负担，保证强制保险制度的正常运行。然而，如前所述，自 2006 年 7 月 1 日《交强险条例》开始实施到 2007 年 6 月 30 日，全国共承保各类机动车 5755 万辆，承保率约为 38%。考虑到在这一年当中，车主可以选择投保第三者责任保险而免除投保交强险义务的现实，真正意义上的未投保车辆可能会少一些，但这并不能改变投保率低的基本事实。因为在机动车构成中，主要的投保车辆为汽车，而摩托车，尤其是农用车、拖拉机基本处于脱保状态。此外，军车的强制保险问题没有定论。事实上，据保险监管部门负责人介绍，交强险实施前，我国绝大多数地方已经通过地方立法或部门规章对三者险实行强制，但从2005 年三者险的投保率看，汽车的投保率只有 56%，摩托车只有26%，拖拉机投保率不足 10%，其中主要是运输用途的，其他用途的拖拉机尤其在广大农村投保率几乎为零。❶ 而在其他实行机动车强制保险制度的国家和地区，机动车强制保险的投保率一般都在90% 以上。例如，在日本，除 250CC 以下的摩托车投保率约为90% 外，其他机动车强制保险的投保率几乎为 100%。❷

（四）有关法律、法规之间的协调问题

交强险立法方面的不协调主要表现在《道路交通安全法》与《交强险条例》之间。《道路交通安全法》第 76 条规定保险公司在强制责任限额范围内向受害人承担直接、绝对的赔偿责任，这主要体现了门槛式无过失保险的特征，与责任保险相去甚远。而《交强险条例》不仅背离《道路交通安全法》对强制保险的基本规定，完全回归了责任保险模式，而且明确规定只有被保险人才有向保险公司请求赔偿的权利，并赋予保险公司向被保险人或受害人选择给

---

❶ 新华社．保监会解释机动车交通事故责任强制保险相关问题［EB/OL］．2006 - 06 - 01［2007 - 05 - 20］http：//www. gov. cn/jrzg/2006 - 06/01/content - 297113. html.

❷ 此数据由东亚再保险株式会社营业企划部提供。

付保险赔偿的权利。二者之间的冲突显而易见，这种冲突必将产生一系列的问题。

1. 受害人是否有向保险公司直接请求赔偿的权利

根据《道路交通安全法》，强制保险限额内的损害受害人不仅有权向保险公司请求保险赔偿，而且只能向保险公司请求保险赔偿。而根据《交强险条例》，受害人根本没有向保险公司请求保险赔偿的权利。

中国保监会批准的《交强险理赔实务规程（2008 版）》第 6 节规定了"直接向受害人支付赔款的赔偿处理"。根据该规定，保险人可以受理受害人的索赔必须满足下列条件之一：（1）被保险人出具书面授权书；（2）人民法院签发的判决书或执行书；（3）被保险人死亡、失踪、逃逸、丧失索赔能力或书面放弃索赔权利；（4）法律规定的其他情形。在上述情形中，第三种为特殊情形；第四种无讨论价值，第一种取决于被保险人的意思，受害人并无主动权；第二种要以受害人起诉被保险人且法院判决保险人向受害人承担赔偿责任为前提（事实上，在判决让保险公司向受害人承担责任的前提下，保险公司理应自动履行判决）。根据《交强险条例》，受害人可否直接起诉保险公司值得探讨。而且需要说明的是，即使出现上述情形，保险公司也只是享有向受害人赔偿的"权利"，而非承担向受害人赔偿的"义务"。

2. 强制保险责任限额范围内的侵权责任

《道路交通安全法》的无过失保险思路自然没有必要规定保险限额范围内的侵权责任问题。《交强险条例》虽然没有直接规定责任限额范围内的侵权责任，但其在第 21 条免除受害人故意情形的保险公司赔偿责任后，又于第 23 条规定了"被保险人在道路交通事故中无责任的赔偿限额"，从而有回归《道路交通事故处理办法》的嫌疑。理由是：首先，无论根据《民法通则》第 123 条，还是根据《道路交通安全法》第 76 条，受害人故意造成交通事故是唯一的免责抗辩事由。因此，《交强险条例》第 23 条规定中的

"无责任"不是《民法通则》第123条或者《道路交通安全法》第76条规定意义上的无侵权责任。其次，这里"无责任"赔偿限额的规定不仅体现了《道路交通事故处理办法》的惯性思维，而且也是以前将交警部门认定的事故行政责任等同于民事侵权赔偿责任的再次体现。《交强险条例》实施后，保险公司往往直接以交警部门的事故责任认定书认定的事故责任作为保险赔偿的依据也充分说明了这一点。根据《交通事故处理程序规定》（公安部70号令）第45条，机动车保有人无责任的情形有自身无过错的无责任以及各方均无过错（意外事故）的无责任。这两种情形均不是《民法通则》和《道路交通安全法》确立的真正意义上的无过失责任的必然免责事由。由此可见，《交强险条例》规定的无责任限额中的"无责任"就是指交警部门认定的事故责任中的"无责任"或者根据过错责任原则认定的无责任。

总之，机动车强制保险制度不仅直接关系到数亿车主、千万事故受害人以及广大保险公司的利益，而且关系到保险行业、汽车行业的发展，甚至影响到社会的稳定与和谐。《交强险条例》的颁布实施对解决交通事故受害人的抢救费用等有积极意义。但是，目前的《交强险条例》不仅规定本身存在许多需要完善的地方，而且这些问题在实践运行中被再次放大。因此，应当通过建立以给受害人提供快速、便捷、基本保障为前提的，平衡投保人、保险公司和受害人等各方利益主体的利益，能真正符合我国国情的机动车强制保险制度。现阶段迫切需要解决的问题是提高受害人保障水平、降低保费负担，提高机动车投保率，修改完善相关的法律、法规。

三、交强险运行中存在的问题

交强险运行两年多来的实践已经表明，这样一个以保障机动车事故受害人为基本宗旨的制度，并未达到最初的制度设计目的。主要原因除了立法规定本身存在问题外，实践中也暴露出了一些问题。前述北京市昌平区法院调研的结果应该具有普遍说明价值。考察保险公司交强险理赔规定，我们不难发现交强险运行过程中存在的一些主要问题。

（一）关于抢救费用的垫付

《交强险理赔实务规程（2008 版）》规定，只有同时满足以下条件的，保险公司方可垫付受害人的抢救费用：（1）符合《机动车交通事故责任强制保险条例》第 22 条规定的情形；（2）接到公安机关交通管理部门要求垫付的通知书；（3）受害人必须抢救，且抢救费用已经发生，抢救医院提供了抢救费用单据和明细项目；（4）不属于应由道路交通事故社会救助基金垫付的抢救费用。上述规定中的第 1 项、2 项暂且不论，第 3 项、4 项直接影响受害人的及时抢救。因为如此限定使得医院的抢救费用没有保障（医院无法知道是否存在需要救助基金垫付的情形，而且救助基金至今未建立），这必然影响抢救的积极性。

此外，《交强险理赔实务规程（2008 版）》关于抢救费用垫付标准的规定是：（1）按照交通事故人员创伤临床诊疗指南和抢救地的国家基本医疗保险的标准，在交强险医疗费用赔偿限额或无责任医疗费用赔偿限额内垫付抢救费用。（2）被抢救人数多于 1 人且在不同医院救治的，在医疗费用赔偿限额或无责任医疗费用赔偿限额内按人数进行均摊；也可以根据医院和交警的意见，在限额内酌情调整。其中有责无责的判断显然要以交警的事故处理认定书为前提，在事故处理认定书作出之前，保险公司的选择自然是以"无责"为标准进行垫付；也就是说垫付金额不超过 1000 元，1000 元对于 1 人抢救尚显不足，更不用说多人抢救了。

（二）关于交强险的理赔程序

在交强险理赔实务中，只有被保险人有向保险公司申请赔偿的权利。然而，在多数情况下，被保险人并没有主动申请交强险赔偿的积极性。此外，交强险赔偿时限的规定也是以被保险人与保险公司达成赔偿协议为前提的，同样，被保险人一般也没有快速达成赔偿协议的积极性。当然，如果在多方事故的情形，多人受伤或死亡的情形，责任认定复杂的情形，以及其他特殊情形，交强险的快速赔偿几乎不可能。

第三节　交通事故受害人救助机制存在的问题

《道路交通安全法》对设立救助基金做了原则性的规定，《交强险条例》在《道路交通安全法》所确定的范围内对救助基金的救助范围、资金来源做了较为具体的规定，但无论是《道路交通安全法》，还是《交强险条例》，都没有对救助基金的运作及管理等作出具体的说明，所以现在的有关规定无法保证救助基金有效地运作并发挥作用。❶事实上，国家层面的救助基金制度至今根本未运行，从而造成了交通事故受害人保障的严重缺漏存在，这在我国机动车强制保险投保率不高、肇事逃逸车辆大量存在、❷交强险医疗费用赔偿限额过低的情况下显得更为突出。因此，可以说目前救助基金制度的最大问题在于该项制度在《道路交通安全法》实施4年之后仍没有建立。虽然救助基金制度没有建立，但《道路交通安全法》和《交强险条例》已经对救助基金制度的基本框架进行了设定，下面仅对《道路交通安全法》和《交强险条例》规定的救助基金制度进行检讨。

---

❶　张新宝，陈飞. 机动车交通事故责任强制保险条例理解与适用[M]. 北京：法律出版社，2007：232.

❷　具体讨论参见第三章第二节。

一、救助基金的功能定位不准

在为机动车事故受害人提供保障方面，救助基金究竟应当扮演何种角色，其功能如何定位，这是建立救助基金制度首先需要解决的问题。从世界其他国家和地区推行机动车强制保险制度的实践来看，救助基金制度的主要功能在于填补强制保险制度的不足，而在受害人保障的主体地位、补偿范围等方面与强制保险制度并无二致。然而，《道路交通安全法》除了在第75条规定了救助基金在特殊情形的垫付抢救费用责任外，在该法规定强制保险赔偿和侵权责任赔偿基本原则的第76条并无关于救助基金的规定。这就意味着否定了救助基金的补充补偿义务主体地位，并造成了受害人保障因机动车投保与否、逃逸与否等而异的"赌博性"不公平后果，这绝非实行强制保险制度的国家所应当追求的结果。

《交强险条例》对救助基金制度的实质性规定只有两个条文，即第24条关于救助基金垫付责任的规定和第25条关于救助基金来源的规定。在垫付责任方面，与《道路交通安全法》相比增加了丧葬费用。除了这两个原则性的规定外，《交强险条例》进一步授权"救助基金的具体管理办法，由国务院财政部门会同保监会、国务院公安部门、国务院卫生主管部门、国务院农业主管部门制定试行。"有学者指出这种"层层转包"行为违反了立法法"被授权机关不得将该项权力转授给其他机关"的相关规定。❶

由此可见，《道路交通安全法》和《交强险条例》所确定的救助基金的功能就是事故受害人的抢救。至于抢救之后的医疗、生存保障等并非救助基金的考虑范围。可以推知的制度设计理由是：强制保险推行后，强制保险的投保率很难保证，未投保车辆、肇事逃

---

❶ 郭永刚. 交强险办法制定层层转托是否合适［N/OL］. 中国青年报，2007 - 04 - 27［2008 - 12 - 10］http：//zqb. cyol. com/content/2007 - 04/27/content - 1747181. html.

逸车辆事故受害人将大量存在，高昂的抢救费用已经让救助基金难以承受，让救助基金承担与强制保险一样的补偿责任不符合我国国情。的确，在现行机动车强制保险制度下，如果让救助基金承担与强制保险一样的补偿责任，可能造成救助基金的补偿责任大于强制保险赔偿责任，从而造成本末倒置及最终颠覆强制保险制度和救助基金制度的结果。但是，必须指出的是，这些问题都源自于强制保险制度，如无限制地纳入强制保险的机动车范围，强制保险执法不力，从而导致未投保车辆的大量出现；医疗费用赔偿限额过低，难以应对事故受害人抢救医疗需要等。对于强制保险制度存在的问题，应通过修改现行强制保险制度来解决，而不应当由救助基金制度承受其恶果。

二、救助基金制度与其他制度不协调

《道路交通安全法》和《交强险条例》所构建的救助基金制度架构与该两部法律、法规所建立的机动车侵权责任机制和强制保险制度并不协调。正如前文所指出的那样，这种不协调主要表现在以下两个方面：

首先，《道路交通安全法》第76条规定了救助基金垫付医疗费用的义务，但第76条并没有规定救助基金承担补偿责任的法律基础，从而使得救助基金垫付医疗费用的义务成为无源之水。

其次，《交强险条例》关于交强险赔偿的规定大大限缩了保险公司的赔偿责任，这在某种程度上无疑增加了救助基金的负担。同时，《交强险条例》不仅没有规定救助基金承担责任的基础，同时将救助基金的责任仅仅限缩为"垫付"十分有限的费用，这无疑是考虑我国救助基金负担过重的结果，但如此规定不科学、不公平。

三、救助基金的来源有限

《交强险条例》第25条规定了救助基金的四个来源，其中包括按照道路交通事故责任强制保险的保险费的一定比例提取的资金；对未按照规定投保道路交通事故责任强制保险的机动车的所有人、管理人的罚款；救助基金管理机构依法向道路交通事故责任人追偿的资金；救助基金孳息。作为救助道路交通事故受害人的公益基金，救助基金需要稳定的经费来源。由于道路交通事故的频发性和事故后果的严重性，现有的来源仍然有可能满足不了救助基金对交通事故受害人救助的现实需要，应当开辟更多的资金来源。

第四节　社会保障机制存在的问题

我国的社会保障制度在近二十年来取得了长足进步，如在保障层次上，建立了以社会保险、社会救助、社会福利为基础，以慈善事业、商业保险为补充的多层次社会保障体系和基本社会保险与补充社会保险相结合的多层次社会保险体系，实现了由单一层次向多层次保障体系的转变，满足了人民群众多样化的社会保障需求。其中，基本养老保险参保人数由 1991 年年底的 6740 万人增加到 2007 年年底的 20137 万人，基本医疗保险参保人数由 1998 年年底的 1879 万人增加到 2007 年年底的 22311 万人。截至 2007 年年底，有 5100 多万农民参加了农村养老保险，有 1000 多万被征地农民被纳入基本生活或养老保障制度，8 亿多农民参加了新型农村合作医疗。[1] 但是，目前的社会保障体制仍然存在很大的问题。

一、社会保障覆盖率低

社会保障的覆盖面直接影响到社会保障制度的适用范围，它关系到社会成员中有多少人能够直接享受到社会保障权利，关系到社

---

[1] 尹蔚民．着力保障和改善民生，加快建设中国特色社会保障体系 [J]．党建研究，2008（11）：20－21.

会保障制度的作用能否充分发挥。目前，我国社会保障的覆盖面还比较低。❶ 在社会保险五险中，养老保险是参保人数最多的，但截至 2006 年年底，全国基本养老保险参保人数只有 18766 万人，其中参保职工 14130 万人。截至 2007 年年底，全国基本养老保险参保人数 20137 万人，比上年末增加 1371 万人。按制度规定，城镇参加企业基本养老保险覆盖率为 77% 。❷ 而我国城乡就业人员超过 7 亿，乡镇企业职工、进城农民工、城镇私营企业就业人员以及许多灵活就业人员大多没有参加社会保险，而这部分人员占从业人员的比例逐年增大。截至 2006 年年底，城镇职工基本医疗保险的参保职工仅覆盖城镇就业人口的 41% ，参保总人口（包括参保退休人员）占城镇人口的 27% 。大部分非正规部门就业人者、职工家庭成员尤其是儿童及老人以及没有工作的居民都缺乏医疗保障。❸ 2007 年，农民工参加养老保险的比例仅为 10% ，2007 年年底新型农村养老保险参保农民仅 5000 多万人。而有调查显示，农民工医疗保险参保率为 10% 左右。至于失业保险、生育保险目前仍与绝大多数农民工无缘。❹ 不仅如此，近年来出现了农民工退保的高潮，有报道称"广东有的地区退保率达 95% ；另据南京市社会保险结算管理中心统计，截至 2007 年 5 月，南京市已有 16000 多人取消了社会保险账户，其中大多为外来务工人员。从参保到退保，农民工在社会保险面前表现的无奈与矛盾，给我国的社会保障体制

---

❶　林嘉．中国社会保障制度的现状、问题与发展［J］．河南省政法管理干部学院学报，2005（5）：2．

❷　人力资源和社会保障部．2007 年全国社会保险情况［EB/OL］．［2008 – 12 – 10］http：//w1. mohrss. gov. cn/gb/zwxx/2008 – 06/12/content – 241248. htm．

❸　孙祁祥，朱俊生，郑伟，等．中国医疗保障制度改革：全民医保的三支柱框架［J］．经济科学，2007（5）：9 – 10．

❹　涂建萍．农民工社会保险的现状与对策探究［J］．时代经贸，2008，69（3）：76．

出了一道难题。"❶ 事实上，2003 年年底，全国农村社会养老保险参保 5428 万人，比 2007 年年末的 5171 万人还多。此外，2007 年上半年全国城市医疗救助受益率❷为 12.5%，东部地区平均受益率最高为 16.9%，西部地区次之为 13.1%，中部地区最低为 10.3%。从省际情况来看，受益率超过 20% 的省份有 7 个，分别为广东、江苏、吉林、黑龙江、陕西、新疆、宁夏，其中受益率最高的省份为广东，达到了 102.1%。受益率在 10% ~ 20% 之间的省份有 5 个，其余的省份都低于 10%，其中有 2 个省份的受益率低于 1%，分别为安徽 0.8%、海南 0.6%。❸ 截至 2007 年年底，全国参加失业保险人数 11645 万人，比上年末增加 458 万人。按《失业保险条例》规定，失业保险覆盖率为 78%。❹ 因此，总的来讲，我国社会保障覆盖面还比较低，与国际相比，只相当于低收入国家的水平。❺

二、社会保障水平低

首先，社会保险在保障程度上基本体现出了国家工作人员（包括事业编制人员）、城镇企业正式工作人员、城镇无工作人员、农民等不同阶层依次降低的态势。例如，在医疗保障方面，公费医

---

❶ 涂建萍. 农民工社会保险的现状与对策探究 [J]. 时代经贸，2008，69（3）：76.

❷ 受益率是指实际救助总人次占需纳入医疗救助人数的比例，这个比例直接反映了城市医疗救助这项制度实际惠及贫困人群能力的高低。

❸ 民政部最低生活保障司. 2007 年上半年城市医疗救助工作分析报告 [EB/OL]. 2007 – 08 – 15 [2008 – 12 – 13] http：//dbs. mca. gov. cn/article/csyljz/gzdt/200712/20071200005893. html.

❹ 人力资源和社会保障部. 2007 年全国社会保险情况 [EB/OL]. [2008 – 12 – 10] http：//w1. mohrss. gov. cn/gb/zwxx/2008 – 06/12/content – 241248. html.

❺ 林嘉. 中国社会保障制度的现状、问题与发展 [J]. 河南省政法管理干部学院学报，2005（5）：3.

疗保障充足甚至过度，基本医疗保险次之，农村新型合作医疗保障程度十分有限。农村新型合作医疗不仅存在起付线（因就诊医院级别不同而不同，一般为 300～600 元）、封顶线（一般为 3 万元），即使纳入保障范围的部分，还受自付比例的限制（因医院级别不同而不同，越高级别的医院自负部分越高）。此外，各地的农村新型合作医疗还有大量的不保条款规定。而农村养老保险也存在类似的问题，据统计，截至 2005 年年底，湖南省参保农民 165.66 万人，人均仅积累保费 228 元，领取养老金 2.94 万人，养老金支付 562.7 万人，月人均领取养老金 15.95 元，有的甚至要跑几十公里路花上好几元钱的车费才能来领取这点养老金。这点微薄的养老金不可能达到保障老年人基本生活的目的。❶

其次，目前我国已建立起了城市居民最低生活保障制度，但城市最低生活保障标准较低。民政部最低生活保障司公布的 2008 年 2 月全国城市低保情况显示，全国低保总人数约 2285 万人，2008 年 1～2 月支出资金 56 亿元，人均 123 元。人均最高的北京市为 287 元，最低的海南省仅 80 元。❷ 而 2008 年 11 月份全国县以上农村低保情况为：农村居民最低生活保障人数全国合计 39570246 人，农村最低生活保障累计支出 1807268.6 万元，人均支出水平 44.00 元。甘肃省定西市的相应数据分别为 177440 人、4197.00 万元和 15 元。❸

最后，医疗救助水平低。主要表现为筹资水平整体较低和次均

❶　陈益枝. 完善农村社会养老保险制度构建农村和谐社会[EB/OL]. 2007 - 10 - 29［2008 - 12 - 19］http：//10.0.10.64/grid20/scdbsearch/scdetail. aspx？QueryID = 118&CurRec = 1.

❷　民政部最低生活保障司. 2008 年 2 月全国城市低保情况[EB/OL]. 2007 - 03 - 20［2008 - 12 - 10］http：//dbs. mca. gov. cn/article/csdb/tjsj/200804/20080400013467. html.

❸　民政部. 2008 年 11 月份全国县以上农村低保数据［EB/OL］. 2008 - 12 - 19［2008 - 12 - 20］http：//cws. mca. gov. cn/accessory/200812/1229667163888. html.

救助水平较低。例如，2007 年上半年全国人均筹资额为 88.7 元，远远低于城市次均门诊费用，不到城市次均住院费用的 1% 。与同期城镇职工基本医疗保险 1019.37 元的人均筹资额相比，尚不及后者的 1/10。2007 年上半年，我国城市医疗救助次均救助水平为 317.3 元，与 2006 年同期相比下降了 26.1% 。从地区看，东、中、西部次均救助水平都出现了下降。❶

三、社会保障分配不公

我国社会保障分配不公的主要表现为推进过程的不公、保障程度的不公、负担水平的不公。

考察社会保障制度改革发展的历程，除了公务员和部分事业编制人员基本持续了计划经济年代的高保障之外，其他社会阶层的社会保障基本都经历了"破"与"立"的过程。而在这一过程中，基本体现出了从高收入的阶层逐步向低收入阶层延伸的特点。

就保障程度而言，基本的特征是保障程度似乎与收入水平正相关，最需要保障的没有纳入保障范围或保障程度不足。毫无疑问，公务员（包括部分事业编制人员）的保障程度是最高的，不存在失业的问题，而且离退休制度的养老保障和公费医疗的保障水平显然高于养老保险和基本医疗保险。而保障程度最低的恰恰是城镇无业人员和农民，他们要么没有纳入保障范围，要么保障严重不足。❷ 而处于中间层的城镇企业正式工作人员，其保障程度往往取决于企业的效益和自身的负担能力，越是效益好的企业，企业补充

---

❶ 民政部最低生活保障司. 2007 年上半年城市医疗救助工作分析报告 [EB/OL] . 2007 - 08 - 15 ［2008 - 12 - 13］ http：//dbs. mca. gov. cn/article/csyljz/gzdt/200712/20071200005893. html.

❷ 城镇居民中的下岗职工、无业居民、学生、幼儿这部分人群，处于"三不管"的真空地带。

保险等参保率越高，效益低的企业可能连基本社会保险都没有参加。例如，在医疗保障方面，城市随着收入的增加，医疗保障覆盖率呈明显上升趋势，医疗保障资源在各收入层间的分配是不公平的，收入越低，从中获益的可能性就越小，而收入最高的1/5人口是城市医疗保障的最大受益者。❶

从社会保障的负担来看，公务员等阶层的社会保障基本不需要自己负担，企业职工的社会保险负担越高，保障程度也相应地提高，农民的医疗等保险是低负担、低保障。事实上，从社会保险的基本原理来讲，社会保险本来属于"杀富济贫"式的社会调控措施，收入水平越高，负担越高，但保障程度应以公平为原则。

四、社会保障的"社会性"不足

社会保障，尤其是其中的社会保险的最大特征是强制性，而这种强制性又体现为强制参保、强制政府承担责任。这就是各国社会保险在制度建设中都普遍遵循的强制性原则。从社会保险产生之日起，所有国家的社会保险制度都是通过立法确立并强制实施的。政府、雇主与劳动者均必须依法承担自己的义务，雇主与劳动者均没有自由选择是否参保及缴费多少等的权利。这种强制性保证了社会保险制度的公平性与互助共济性。❷ 而我国的社会保险在这两方面都表现为强制性或"社会性"不足。强制性不足的后果是参保率低，真正需要社会保障的人员往往没有被社会保障所覆盖。典型的例子就是农村社会养老保险，该类保险在资金筹集上"坚持政府

---

❶ 房莉杰．我国城乡贫困人口医疗保障研究［J］．人口学刊，2007（2）：94．

❷ 郑功成．社会保险制度建设与社会保险立法［EB/OL］．2007－12－29［2008－12－20］http：//www．npc．gov．cn/npc/zt/2007－12/29/content－1387569．html．

引导、农民自愿参加，以个人交纳为主、集体补助为辅，国家给予政策扶持的原则"，不少地方在实施中把"个人交纳为主"改为"由个人全部交纳"，可见其缴费主体是个人，国家和集体参与的成分十分有限。这一模式表明，它既不属于国家强制实行的保险制度，也没有国家财政的介入，更不属于国民收入分配与再分配的一种保障形式。因此，它不具备"社会保险"的性质和特点。❶ 此外，农村新型合作医疗一直坚持自愿原则，城镇医疗保障保险制度虽然名义上具有强制性，但在实际操作中因过分追求小范围的收支平衡，也只有确保缴费才能享受相关待遇。❷

五、社会保障管理不规范且运行成本高

目前，社会保险普遍存在管理不规范、运行成本高的问题。而在社会保险中，农村的养老保险和医疗保险问题更为突出。例如，农保基金以县级经办机构为基本单位独立核算，自主运营管理。由于积累规模小，管理运营层次低，运营收益率不高，与保险的大数法则原理要求存在差距，没有互济功能，保障功能低。同时，农村社会养老保险经办机构属于自收自支的事业单位，工作运转靠从基金中提取管理服务费维持（农保政策规定：经办机构的经费从当年收取的保险费中按3%的比例提取管理费解决）。"九五"期间，湖南省农村社会养老保险共收缴保费16816.53万元，提取管理费应为504.56万元，但实际提取经费开支累计4200万元。这充分表

❶ 陈益枝. 完善农村社会养老保险制度构建农村和谐社会［EB/OL］. 2007－10－29［2008－12－19］ http：//10.0.10.64/grid20/scdbsearch/scdetail.aspx? QueryID＝118&CurRec＝1.

❷ 国务院发展研究中心课题组. 对中国医疗卫生体制改革的评价与建议［EB/OL］.［2008－12－10］http：//www.chinareform.org.cn/cirdbbs/dispbbs.asp? BoardID＝6&ID＝61828.

明了农保经办机构运转成本高。❶

　　此外，目前我国城市社会救助体系存在着立项繁多、多头管理的分散状态。诸如：针对城市"无生活来源、无劳动能力、无法定赡养人或抚养人"的"三无对象"采取的社会救济制度、国有企业下岗职工的失业保障及在全国普遍建立和实施的城市居民最低生活保障制度等，这些社会救济制度往往立项分散、经费分散、救助对象分散、管理方式分散。在我国医疗救助需求根本无法满足的情况下，居然还出现了医疗救助资金大量节余的怪现象。2007 年上半年城市医疗救助累计支出 7.4 亿元，占 2007 年上半年资金筹集总额 21.6 亿元的 34.2%，即城市医疗救助上半年资金结余率达到 63.8%。从省际情况来看，2007 年上半年资金使用率超过 50% 的省份只有 10 个；22 个省（自治区、直辖市）2007 年上半年资金使用率都没有达到 50%，其中有 4 个省份资金使用率不足 10%，分别为贵州 7.8%、海南 7.7%、天津 7.0%、福建 4.5%。❷

六、社会保险制度建设滞后

　　我国尚未出台统一的社会保险法，除失业、工伤保险制定了相应的行政法规外，其他的社会保险主要通过规章、规范性文件推行，农村新型合作医疗和城市非职工居民医疗保险目前还处于地方规范探索的阶段。规范层次低、不统一、质量不高等直接制约了我国社会保障水平的提升。例如，在医疗保险制度中引入积累制的个

　　❶　陈益枝.完善农村社会养老保险制度构建农村和谐社会［EB/OL］.2007 - 10 - 29［2008 - 12 - 19］　http: //10.0.10.64/grid20/scdbsearch/scdetail.aspx? QueryID = 118&CurRec = 1.
　　❷　民政部最低生活保障司.2007 年上半年城市医疗救助工作分析报告［EB/OL］.2007 - 08 - 15［2008 - 12 - 13］http: //dbs.mca.gov.cn/article/csyljz/gzdt/200712/20071200005893.html.

人账户,不符合医疗保险制度设计的基本原则。这种"大病统筹,小病自费"的制度设计,违背了"预防为主"的医学规律。现行医疗保险制度设计及相关配套措施没有解决对医疗服务提供者的行为约束问题,以致医疗服务费用仍无法控制。在这种情况下,维持资金平衡就成为医疗保险自身的难题。长此以往,医疗保险事实上就演变成自愿参加的,且只有具备缴费能力才能参加的"富人俱乐部"。在无法控制服务提供者行为的情况下,有关制度转而将控制重点改为患者,通过起付线、封顶线、多种形式的个人付费规定,实施对患者的全面经济限制,以至于能够进入该体系的参保者也无法得到应有的保障。另外,现行医疗保险设定的统筹层次过低,以至于无法在较大范围内实现风险共担。在参加医疗保险的不同类型人群中,也存在保障标准上的差异,影响到制度的公平性。目前的农村新型合作医疗保险缺乏组织能力和管理成本上的分析。❶

2006 年发布的《北京市"十一五"时期就业和社会保障发展规划》在分析过去社会保障存在的问题时指出,"在制度方面,基本养老保险还未覆盖到事业单位;基本医疗保险与公费医疗还未并轨;工伤保险还未将机关事业单位、社会团体和民办非企业单位纳入范围;生育保险还未将机关事业单位纳入范围。在制度覆盖范围内,部分私营企业、个体工商户及其雇工、自由职业者、灵活就业人员、残疾就业人员及相当数量的农民工还未按规定参加社会保险,扩面工作任务仍很艰巨。"❷

---

❶ 国务院发展研究中心课题组.对中国医疗卫生体制改革的评价与建议 [EB/OL].[2008 - 12 - 10] http://www.chinareform.org.cn/cirdbbs/dispbbs.asp? BoardID = 6&ID = 61828.

❷ 北京市劳动和社会保障局.北京市"十一五"时期就业和社会保障发展规划 [EB/OL].2006 - 10 - 17 [2008 - 11 - 12] http://www.beijing.gov.cn/zfzx/ghxx/sywgh/t679843.html.

七、交通事故受害人基本没有纳入医疗保障的范围

各地城镇职工基本医疗保险和农村新型合作医疗保险制度关于交通事故医疗费用的规定，主要模式有以下 5 种：（1）北京、上海、江苏模式，即直接将交通事故医疗费用排除在医疗保险之外；❶ （2）青海模式，即交通事故由第三方承担医疗费赔偿责任的

---

❶　如《上海市城镇职工基本医疗保险办法（2008）》（上海市人民政府令第 1 号）；江苏省劳动和社会保障厅关于印发《江苏省基本医疗保险诊疗项目和医疗服务设施范围及支付标准（修订版）的通知》（苏劳社医［2008］3号）；《深圳市社会医疗保险办法》（深圳市人民政府令第 180 号）；黔西南州人民政府《关于印发〈黔西南州城镇居民基本医疗保险实施办法（暂行）〉的通知》（州府发［2008］30 号）；《烟台市城镇居民基本医疗保险试行办法》（烟台市人民政府令第 109 号）；淮南市人民政府《关于印发〈淮南市城镇居民基本医疗保险暂行办法〉的通知》（淮府〔2008〕49 号）；张掖市人民政府《关于印发〈张掖市城镇居民基本医疗保险试点实施方案〉的通知》（张政发［2008］74 号）；陇南市人民政府《关于印发〈陇南市城镇居民医疗保险试点实施方案〉的通知》（陇政发［2008］68 号）；北京市教育委员会、北京市劳动和社会保障局《关于做好北京市学生儿童大病医疗保险工作的通知》（京教体美［2007］17 号）；北京市劳动和社会保障局关于下发《关于实施本市城镇无医疗保障老年人大病医疗保险制度的具体办法》和《关于〈实施本市学生儿童大病医疗保险制度的具体办法〉的通知》（京劳社医发［2007］95 号）、《北京市外地农民工参加基本医疗保险暂行办法》（京劳社办发［2004］101 号）；北京市劳动和保障局印发《关于〈实施本市城镇劳动年龄内无业居民大病医疗保险制度的具体办法〉的通知》（京劳社医发［2008］117 号）；深圳市人民政府《关于印发〈深圳市劳务工合作医疗试点办法〉的通知》（深府［2005］33 号）；甘肃省人民政府办公厅批转省卫生厅等部门《关于〈建立新型农村合作医疗制度实施意见〉的通知》（甘政办发［2004］20 号）；天水市人民政府办公室《关于印发〈天水市新型农村合作医疗实施方案试行〉的通知》（天政办发［2008］55 号）；山西省卫生厅《关于印发〈新型农村合作医疗诊疗项目和医疗服务设施管理暂行办法〉的通知》（晋卫［2008］55 号）。

医疗保险不支付；❶（3）广东模式，即规定医疗保险不支付"交通事故、意外事故、医疗事故等明确由第三方支付的医疗费用"；❷（4）成都模式，即规定医疗保险不支付因交通事故、医疗事故发生的医疗费，但交通事故能提供公安交通管理部门出具的肇事方逃逸或无第三方责任人的相关证明，且没有享受相关补偿的，其在定点医疗机构住院发生的医疗费可列入基本医疗保险基金支付范围；❸（5）重庆模式，即规定"因交通事故、医疗事故或者其他责任事故已经得到赔偿的医疗费用"医疗保险不予支付。❶

由此可见，无论是城镇的基本医疗保险，还是农村的新型合作医疗，基本将交通事故医疗排除在保障范围之外。

八、社会保障与其他民事赔偿等机制协调不够

目前的社会保障立法，很少涉及各种社会保障之间，尤其是社会保障与民事赔偿之间的关系。事实上，医疗保险、工伤保险等社会保险与民事侵权赔偿、交强险赔偿有时会发生相互交叉关系。例

---

❶ 如青海省人民政府办公厅《关于印发〈青海省新型农村合作医疗补偿暂行办法〉的通知》（青政办〔2008〕45号）；六盘水市人民政府办公室《关于印发〈六盘水市城镇居民基本医疗保险暂行办法〉的通知》（市府办发〔2008〕55号）；湘潭市人民政府办公室《关于印发〈湘潭市城区合作医疗制度实施暂行办法〉的通知》（潭政办发〔2006〕27号）。

❷ 如广东省人民政府转发省劳动保障厅、财政厅《关于〈建立城镇居民基本医疗保险制度实施意见〉的通知》（粤府办〔2007〕75号）；《广州市城镇职工基本医疗保险试行办法（2008修订）》（广州市人民政府令第11号）；广州市劳动和社会保障局《关于印发〈广州市城镇居民基本医疗保险实施细则〉的通知》（穗劳社医〔2008〕7号）。

❸ 如《成都市城镇职工基本医疗保险办法》（成都市人民政府令第154号）、《成都市城乡居民基本医疗保险暂行办法》（成都市人民政府令第155号）。

❶ 重庆市人民政府办公厅《关于印发〈重庆市农民工大病医疗保险市级统筹试行办法〉的通知》（渝办发〔2007〕146号）。

如，职工上下班途中发生的交通事故属于工伤保险保障的范围，同时也有可能存在责任方的民事赔偿、交强险赔偿等。对此，目前的立法很少顾及，要么就如前述多数地方的医疗保险规定的那样，简单地将交通事故医疗费用排除在医疗保险保障的范围之外，要么在民事赔偿实在无法获得的情况下，由医疗保险予以支付。其实，医疗保险等社会保障是保障社会安全的底线，在与民事赔偿的关系上，应当首先承担起救济受害人的责任，然后再向其他责任主体追偿。目前实践中的主要问题是对受害人保障不够，同时，个别情况下还可能导致双重或多重赔偿，这在工伤保险与民事赔偿竞合的情形可能会发生。

第五节　纠纷解决机制存在的问题

一、纠纷解决方式趋于单一

在《道路交通安全法》实施之前，道路交通事故纠纷的解决首先要经过交通管理部门的调解程序。由于当时的赔偿标准低、赔偿规则明确简单（实行过错责任且没有交强险），所以交通管理部门的调解在纠纷解决中发挥了重要作用。不仅如此，在诉讼中，法院也通过调解手段解决了大量的交通事故纠纷。然而，《道路交通安全法》实施后，交通执法部门的调解功能弱化，侵权归责的严格化、复杂化、模糊化，侵权赔偿与交强险赔偿的关系不清，人身损害赔偿标准的大幅度提高等，不仅刺激了受害人的诉讼欲望，使得快速增长的交通事故纠纷案件大量涌入法院，而且法院调解的难度加大，交通事故纠纷主要通过判决形式解决。据统计，北京市法院受理的道路交通事故人身损害赔偿一审案件 2003 年为 5760 件，2004 年为 7657 件，2005 年为 10006 件，2004 年和 2005 年的案件涨幅分别为 31.4% 和 30.27% 。● 又如某区法院《道路交通安全法》实施后与实施前相比，该区道路交通事故发生数呈减少的趋势，但起诉到法院的道路交通事故赔偿纠纷案件数却明显增加，交通事故赔偿案件占民事案件数的比例也在逐年提高。2003 年、2004 年和 2005 年，该区发生道路交通事故分别占同期法院民事案件收案数的 8.75% 、12.89% 和 17.06% 。● 同时，由于诉讼标的的增加，受害人诉请与加害人赔偿能力之间的差距进一步拉大，以及当事人对《道路交通安全法》第 76 条的不同理解，导致诉讼当事人之间意见分歧严重。上述案件中，判决结案的占 63% ，比同期一般民事案件高 17 个百分点，调解、撤诉结案的占 36% ，比同期一般民事案件低 18 个百分点。● 2004 年 5 月至 2005 年 5 月，滕州市人民法院共新收道路交通事故人身损害赔偿案件 104 件，结案104 件；2003 年 5 月至 2004 年 5 月，共新收道路交通事故人身损害赔偿案件 75 件，结案 70 件。同比案件数量上升 38.7% ，结案数上升 48.6% 。●《道路交通安全法》实施后的 2004 年下半年，山东省法院受理一审道路交通事故损害赔偿案件 3393 件，涉及受害

● 北京市高级人民法院民一庭. 关于道路交通事故损害赔偿纠纷案件的审理情况的调研报告 ［G］//北京市高级人民法院. 审判工作热点问题及对策思路——北京法院调研成果精选.2005 年卷. 北京：法律出版社，2006：43.

● 胡世明，严克新，蔡文刚. 道路交通事故赔偿纠纷案件的特点及对策分析［EB/OL］. ［2008 - 10 - 22］http：//www.zjcourt.cn/portal/html/20060320000039/20060809000060. html.

● 胡世明，严克新，蔡文刚. 道路交通事故赔偿纠纷案件的特点及对策分析［EB/OL］. ［2008 - 10 - 22］http：//www.zjcourt.cn/portal/html/2006 0320000039/20060809000060. html.

● 闫红霞. 对《道路交通安全法》施行以来道路交通事故人身损害赔偿案件的调查分析 ［EB/OL］. 2005 - 07 - 19 ［2005 - 09 - 29］http：//www.tz-fy.net/Article/xxkb/200507/184. html.

人3432人，同比分别上升58.55%和58.67%。**❶**

二、受害人很难最终获得足额赔偿

如前述某区法院的统计，案件审结后有近40%的案件因赔偿责任人未及时自动履行，而申请法院强制执行。在申请法院执行的案件中，有15%的案件因为被执行人生活极为困难，丧失执行能力，法院不得不终结执行。**❷**广东省高级人民法院执行局综合处课题组的调研成果表明，近年来广东省民事执行案件数基本持平甚至有所下降，但以道路交通事故人身损害赔偿案件为主的民事侵权、权属类执行案件增加幅度较大。2006年广东全省法院受理民事侵权、权属类执行案件数比2003年增加4742件，占同期执行案件增加数量的18.5%，是全省法院执行案件数量的重要增加点。2003~2006年全省道路交通事故人身损害赔偿案件数分别为10951件、17192件、24368件、23790件，除2006年有所回调外，2004年、2005年分别比前一年度增长56.99%、41.74%。**❸**深圳市2006年全市法院一审民商事案件判决结案32591件，而权利人申请强制执行的高达30948件，在裁判文书确定的履行期限内自动履行的仅有5%。**❹**导致受害人获得赔偿难、法院执行难的主要原因有：(1)机动车投保率低。主要表现为投保交强险的比例不高，而投保交强险之外的任意保险的更少；同时，车主责任负担能力有

---

❶　山东省高级人民法院民一庭．道路交通事故损害赔偿案件法律适用问题研究［J］．山东审判，2005（2）：32－33．

❷　胡世明，严克新，蔡文刚．道路交通事故赔偿纠纷案件的特点及对策分析［EB/OL］．［2008－10－22］http：//www.zjcourt.cn/portal/html/20060320000039/20060809000060.html.

❸　广东省高级人民法院执行局综合处课题组．2003年以来全省法院执行案件增长情况分析［EB/OL］.2007－09－25［2008－05－22］http：//www.gdcourts.gov.cn/dyzd/dcyj/t20070925－12810.html.

❹　李汝健．深圳立法破解执行难［N］．人民法院报，2007－05－22（1）．

限、主动赔偿的意愿不高。（2）交管部门对当事人身份缺乏有效的核实。发生交通事故后，交管部门往往只注重责任的认定划分，并对车辆进行扣留处理，而不注重对当事人身份的核实调查。这样，在发生比较严重的交通事故后，责任人为逃避债务多放弃车辆，造成执行线索的中断。（3）车辆保管不力且存放费用过高。车辆扣押后，多由交通管理部门保管。由于保管人缺乏责任意识，以及保管场所环境较差，造成车辆贬值较快；加之存放时间较长，产生的大量费用为车辆评估拍卖造成了极大的价值成本损耗。（4）保险赔偿程序复杂。一是理赔启动难。保险公司明确规定，理赔程序只能由被保险人或受益人提起而启动。实践中存在大量的交通肇事赔偿，被保险人或受益人并不是执行案件中的被执行人，故而不能要求保险公司理赔。二是索赔手续难。保险公司要求提交保单、医疗费有效单据、户籍材料、伤残证明材料、事故认定书、后续治疗费用证明等一系列书面材料，法院为此需要投入极大的精力，但仍有部分材料是法院单方面无法收集到的。三是赔偿数额与法院判决相差较大。由于认定的依据不同，保险公司与人民法院所认定的赔偿数额各不相同。实践中，判决数额相对高于理赔金额，存在较大的差额。四是理赔时间过长。对于涉诉的交通肇事赔偿纠纷，保险公司往往要待法院判决生效后才予理赔。由于上述索赔手续方面的原因，保险公司兑现保险金额大多要历时一年左右。❶

三、诉讼成本高，司法资源浪费严重

如前所述，《道路交通安全法》实施后，道路交通事故纠纷的主要解决途径是诉讼；诉讼中结案的主要方式是判决；判决后，当事人不服判决的比例上升，所以导致上诉率大幅度提高；而终审后

---

❶ 王海兵. 海淀法院对道路交通事故人身损害赔偿执行案件进行调研［EB/OL］. 2008 - 04 - 09 ［2008 - 12 - 12］ http：//bjgy. chinacourt. org/public/detail. php？ id＝63419.

又因赔偿资金有限、赔偿意愿不高，导致强制执行的比例上升。如此的恶性发展，严重浪费了法院十分有限的司法资源，增加了诉讼当事人的诉讼成本。考察《道路交通安全法》实施后的司法实践，诉讼参与人多也是一个主要特点，而且上诉案件中几乎都有保险公司参与。当有限的保险收费被耗费在诉讼等活动中时，其必然的结果是对受害人赔偿的降低及（或）投保人保费的上涨。

第四章　我国机动车强制
保险机制的重构

机动车事故受害人可能的救济渠道包括交强险赔偿（含交通事故社会救助基金）、责任方赔偿、医疗保险支付、工伤保险支付、责任保险等任意保险赔偿等。然而，无论从赔偿顺序上，还是可靠性上，以及未来发展的现实性上，交强险无疑都是第一位的。主要的理由是：

首先，从赔偿顺序上讲，毫无疑问，交强险及其配套的交通事故社会救助基金制度要承担救济受害人的第一位重任。因为短期内我国的医疗保险等社会保险将很难有彻底的改观，在"广覆盖、保基本、多层次、可持续"的方针指导下，目前社会保险的主要任务依然是扩大覆盖面，❶ 保障特殊困难群体的基本生存需要，有交强险及责任方等保障的交通事故医疗费用（数额相当巨大），保障问题自然不会在短期内纳入医疗保险的保障范围。

其次，从可靠性来讲，相对于医疗保险，尤其是农村新型合作医疗来说，交强险作为一种法定强制保险，不仅来源稳定，而且保障程度高。

最后，从改革完善的现实性来看，交强险还有很大的完善空间。目前的交强险依然是高保费、低保障，存在暴利，完全可以通

---

❶《北京市"十一五"时期就业和社会保障发展规划》提出的目标是全市城镇基本养老保险、基本医疗保险、失业保险覆盖率均达到95%，工伤保险、生育保险覆盖率均达到90%；农村养老保险覆盖率达到60%；新型农村合作医疗参保率稳定在85%以上；城乡居民最低生活保障制度继续实现应保尽保。

过强化管理、改革运行机制等，进一步强化其保障事故受害人的立法目的。

基于以上理由，本研究将首先讨论强制保险机制的重构，然后依次阐述侵权责任机制、交通事故社会救助基金机制、社会保障机制、纠纷解决机制等的重构。

第一节　强制保险的功能定位

一、现行法律、法规关于机动车强制保险的目的功能检讨

（一）现行法律、法规关于机动车强制保险的目的功能定位

《道路交通安全法》第 1 条规定：“为了维护道路交通秩序，预防和减少交通事故，保护人身安全，保护公民、法人和其他组织的财产安全及其他合法权益，提高通行效率，制定本法。”由此可见，《道路交通安全法》确定的立法目的主要有三个，即维护道路交通秩序、预防和减少交通事故、保护人身财产等安全。由于《道路交通安全法》是关于道路交通的综合性法律，机动车侵权责任和强制保险仅仅是其中的一项制度，因此，很难准确地定位立法者关于强制保险的立法目的。但考察《道路交通安全法》的立法过程就会发现，曾经将机动车第三者责任强制保险制度作为缓解城市道路交通拥堵的措施之一。❶

与《道路交通安全法》不同的是，《交强险条例》是关于机动车强制保险的专门法，其第 1 条规定：“为了保障机动车道路交通事故受害人依法得到赔偿，促进道路交通安全，根据《中华人民

---

❶　贾春旺. 关于《中华人民共和国道路交通安全法（草案）》的说明［M］//公安部交通管理局编. 中华人民共和国道路交通安全法适用指南. 北京：中国人民公安大学出版社，2003：35.

共和国道路交通安全法》、《中华人民共和国保险法》，制定本条例。"从这一规定可以看出，该条例将交强险的目的功能确立为"保障机动车道路交通事故受害人依法得到赔偿"和"促进道路交通安全"。

总之，综合《道路交通安全法》和《交强险条例》，可以将交强险的立法目的理解为三个，即首要目标是保障机动车道路交通事故受害人依法得到赔偿；次要目标是促进道路交通安全；最后一个目标是维护道路交通秩序，缓解城市道路交通拥堵。

（二）交强险功能定位的理论检讨

现行交强险功能定位存在的问题主要有：目标冲突、目标模糊和目标闲置三大问题。

首先，目标冲突。实际上，上述交强险的三个目标可以被分别置换为损害赔偿、损害预防和交通效率三个目标。这三个目标的提出，事实上也是为了解决交通领域存在的受害人保障不足、交通事故频发和交通秩序混乱等问题。通过不同的制度安排来达到上述三项目标固然无可厚非，但让这三项目标共存于交强险这一项制度中，只能导致目标冲突。因为交强险制度损害赔偿目标的提出，是为了解决在传统侵权制度下，受害人因为举证证明加害人过错困难而得不到胜诉判决，或者因自己的轻微过失而被减少赔偿，甚至得到胜诉判决也因加害人赔偿能力有限而最终无法获得赔偿等问题。为了克服传统侵权机制的缺陷，可以选择的途径无非是两条：一是与严格侵权责任相结合的强制责任保险模式；二是以无过失保险取代侵权责任机制。二者虽然差别很大，但在受害人获得赔偿不需要考虑加害人的过失这一点上是共同的。我国《道路交通安全法》第76条和《交强险条例》关于强制保险模式的规定似有冲突，但二者在受害人获得保险赔偿时不考虑加害人过错这一点上基本相同。这也就意味着，交强险保障受害人获得赔偿目标的实现以放弃对加害人是否有过失的追究为代价。既然不考虑加害人的过错，那么必然的结果是损伤传统过错侵权机制的损害预防功能。通过交强险费率浮动机制固然可以提高驾驶人的注意程度，但这仅仅是放弃侵权过错责任机制之后的弥补性措施，不能因此认为交强险施行后，通过"费率浮动机制"可以促使道路交通更为安全。因此，"保障受害人依法得到赔偿"的目标与"维护道路交通安全"的目标是冲突的。此外，交通安全目标与交通效率目标也是对立的。交强险交通效率目标的实现途径是轻微事故的损害直接由保险公司负责赔偿，尤其是车辆碰撞财产损失由各自的保险公司赔偿，而不考虑事故当事人的过失，从而加速交通事故的处理。[1] 但是，这同样与交通安全目标不一致。事实上，交通安全目标是否应当作为交强险的目标值得怀疑。"外国立法例上，明确表示以'维护道路交通安全'作为交通事故强制责任保险法规的立法目的者，似乎并不多见。"[2] 交强险提高交通效率目标的实现离不开车与车相撞小额财产损失的无过失保险设计，这不仅与强制责任保险模式很难共存，同时将财产损失纳入交强险保障范围直接影响投保人的保费负担、投保率，最终损及交强险保障受害人人身损害的基本功能。在这个意义上看，交强险的赔偿目标与交通效率目标也是不能共容的。

其次，目标模糊。交强险的核心目标是损害赔偿目标。对于这一目标，《交强险条例》具体化为"为了保障机动车道路交通事故受害人依法得到赔偿"。保障受害人得到赔偿固然没有错，但为何又限定为"依法得到"呢？显然，这里的"依法"主要指《道路交通安全法》和《交强险条例》。本来《交强险条例》第1条关于立法目的的规定应当成为该条例的灵魂主线，具体制度的规定应当围绕立法目的展开。但是，"依法"二字却强调的是受害人保障立

---

[1]　据称这是《道路交通安全法》将财产损失纳入强制保险保障范围的主要考虑。

[2]　陈忠五. 强制汽车责任保险法立法目的之检讨［J］. 台湾本土法学，2005（70）：91.

法目的的实现要服从于该条例其他制度的限制。事实上，受害人的任何赔偿保障都应当是依法才能得到的，这不是交强险的专利。真正属于交强险专利的是保障其得到快速的赔偿。但这又未在《交强险条例》得到明确。立法目的的模糊导致立法目的制约具体规定的功能丧失，反而使立法目标沦为具体制度任意宰割的羔羊。

最后，目标闲置。一方面，《交强险条例》的具体制度设计基本上背叛了交强险的目标。例如，《交强险条例》不仅将保险保障的受害人范围限定在车外第三人，而且通过分项限额技术，赋予保险公司向被保险人或受害人给付保险赔偿的权利以及抗辩事由的宽泛规定等，大大地限制了被害人获得保险赔偿的可能性及数额。这将导致交强险保障受害人和维护交通秩序目标的闲置。同时，否定受害人向保险公司的直接赔偿请求权等又将影响受害人获得赔偿的速度，造成诉讼的泛滥。而高保费、低保障的结果是投保率低、肇事逃逸率高，交通安全目标受损。另一方面，交强险的实践运行已经证明交强险的上述目标被闲置。自《道路交通安全法》实施以来，围绕所谓"无责赔付"的争论，交通事故诉讼案件的急剧增加，受害人，尤其是群死群伤事件受害人保障的匮乏，投保人、受害人以及社会大众对于交强险制度的普遍不认同等，足以说明交强险预设目标的落空。

二、我国机动车强制保险制度目的功能的重新定位

我国应当建立什么样的机动车强制保险制度，其前提是我国建立机动车强制保险制度的目的为何，即究竟想解决什么问题。如同世界其他国家和地区建立机动车强制保险制度的核心目的是为了保障机动车事故受害人获得赔偿一样，我国机动车强制保险制度的核心目标也应当是保障机动车事故受害人获得赔偿。这应该是毫无疑问的。但问题是：我国机动车强制保险制度的受害人保障目标是否应当有特殊性？除了这一核心目标之外，是否还允许其他目标共存？

（一）为受害人提供快速基本保障

各国、各地区机动车强制保险制度一般将为受害人提供快速保障作为其核心目标，但在保障程度上，却因发展程度不同而设定了不同的目标。发达国家的强制保险制度保障程度高，而发展中国家和地区则比较低。如法国《1985 年 7 月 5 日第 851677 号法律》的立法目的就是要改善交通事故受害人的处境，这已在其副标题"以改善交通事故被害人地位以及加速损害赔偿程序为目的"彰显无疑。而我国台湾地区"强制汽车责任保险法"明定其受害人保障目标为"为使汽车交通事故所致伤害或死亡之受害人，迅速获得基本保障。"❶

我国应当如何确定交强险的受害人保护目标呢？如前所述，为保护被害人，为因应社会经济发展，在台湾地区逐渐创设了无过失补偿制度，并健全社会安全保障，形成了三个阶层的赔偿或补偿体系。最基层的系社会安全保障，如全民健康保险；其上者为无过失补偿制度，如劳工职业灾害保险、预防接种、药害的受害救济、强制汽车责任保险、犯罪被害人保护等；居于顶层的则是侵权行为法。❷"关于人身意外损害赔偿，各国依其社会经济发展所创设形成的补偿体系，基本上系由倒金字塔型转为平方型（平衡型），并渐次移向金字塔型，台湾地区正处于第一个阶段。"❸ 这也就意味着，在包括机动车事故受害人的救济方面，发达国家已经主要通过社会保障、无过失补偿等解决主要问题，而侵权责任制度的作用正被弱化。在机动车事故受害人保护方面，还有一点是值得注意的，即在发达国家和地区，人身伤害的商业保险制度同时也比较发达。

❶　我国台湾地区"强制汽车责任保险法（2005）"第 1 条。
❷　王泽鉴. 侵权行为法（第 1 册）［M］. 北京：中国政法大学出版社，2001：24.
❸　王泽鉴. 侵权行为法（第 1 册）［M］. 北京：中国政法大学出版社，2001：36.

确立我国交强险制度的受害人保障目标，必须考虑我国机动车事故受害人状况、相关的社会保障制度以及加害人的保费负担能力。我国的机动车事故受害人保护问题的严重性前文已经详细介绍，主要表现为受害人数量多，且主要为低收入家庭中的男性劳动力。❶ 我国的社会保障制度不仅覆盖率低、保障程度不高、分配不公，而且基本医疗保险、农村新型合作医疗保险等直接关系机动车事故受害人救济的制度，基本将交通事故受害人的医疗费用排除在保障范围之外。那么，我国机动车加害人的保费负担能力又如何呢？我国机动车的构成主要是摩托车、汽车和拖拉机（包括农用车，下同），除了汽车主要为保费负担能力相对较高的城市居民所保有外，摩托车、拖拉机主要为收入并不高的农民保有，且贫穷落后的农村地区这些车辆的保有率也不低。我国有将近一半县的农民人均纯收入低于 2500 元，❷ 基本医疗、教育等负担尚且承受有困难，强制保险的保险费用能力可想而知。

总之，在低水平社会保险逐步拓展、受害人死伤程度严重、商业保险缺乏、加害人保费负担能力有限的情况下，我国机动车强制保险的受害人保障目标不可能是充分赔偿。目前及未来一段时期内，我国机动车强制保险制度只能以给受害人提供基本保障为目标。同时，鉴于基本医疗保险、人身伤害商业保险缺乏的现实情况，我国的机动车受害人保障目标更应当突出迅速赔偿事故受害人的要求。

（二）减轻机动车车主的高额责任负担

受害人固然需要保护，但责任严格化后的责任负担不应完全由加害人终局承受。过高的保费负担、赔偿负担不仅对投保人不公平，事实上也会影响投保率，最终影响强制保险的健康运行和受害

---

❶ 参见第 3 章第 1 节关于中国机动车事故受害人情况的介绍。

❷ 李晓超. 中华人民共和国国家统计局. 中国统计年鉴 2007 ［M］. 北京：中国统计出版社，2007：452.

人保障目标的实现。从第 1 章关于世界各国、各地区机动车强制保险制度的介绍可以看出，强制保险制度不仅是为了保障机动车事故受害人，同时也考虑到了减轻机动车车主赔偿负担的因素。虽然这一考虑无法在立法目的当中明确表述，但在具体制度的设计上，无疑考虑了这一因素。如法国在 20 世纪六七十年代的交通事故损害填补法制改革过程中，主要考虑的就是在使受害人可以"充分、确实、迅速、简易地获得补偿"的同时，兼顾加害人"分散风险减轻赔偿负担"的需要，并尽量"避免或减少诉讼"，以合理而有效率地分配国家总体司法资源。❶ 法国《1985 年 7 月 5 日第 851677 号法律》虽然规定了事故加害人的极其严格的责任，在新的法律架构下，民事责任不重要，它在这个新的法律中，一直都只是扮演一个开启保险制度运作的角色而已，真正出面解决问题的人是保险人，面对被害人的是保险人，实际支付赔偿金的也是保险人。❷ 至于在无过失保险机制中，事故损害风险直接由保险公司承担自属当然。

　　我国机动车事故受害人的处境很不乐观，机动车车主的处境也不容乐观。无论从机动车强制保险制度的理论和世界各国机动车强制保险制度的实践来看，减轻机动车车主的责任负担，应当成为机动车强制保险制度的目标。我国机动车车主保费负担能力有限、赔偿责任负担过重的现实，意味着我国机动车强制保险制度，更应当将减轻机动车车主责任负担确定为其立法目标。然而，无论现行《交强险条例》的具体制度设计，还是机动车强制保险制度的运行实践，都与该项目标背道而驰。

---

❶　陈忠五. 法国交通事故损害赔偿法的发展趋势——以 1985 年 7 月 5 日法律的改革为中心［J］. 台大法学论丛，2005，341：83.

❷　陈忠五等. 法国交通事故损害赔偿法的发展趋势——民法研究会第三十五次学术研讨会［J］. 法学丛刊，2004，196：135.

（三）促进道路交通安全、提高交通效率

如前所述，给受害人提供快速基本保障和促进交通安全、提高交通效率在现行交强险制度中并没有实现"和平共处"。在我国未来交强险改革以给受害人人身损害提供快速基本保障为核心目标的前提下，促进交通安全和提高交通效率目标，不应再被确定为交强险的目标。因为快速救济受害人就意味着交强险的赔偿不应考虑加害人过失的有无，而给受害人提供基本保障即意味着财产损失不应纳入强制保险保障的范围。无过失侵权责任机制不可能比过失侵权机制更能促使驾驶人提高注意程度，从而促进交通安全；机动车之间小额财产损失赔偿的无过失保险机制排除的结果是，交通效率的降低。浮动费率机制的运行，自然可以弥补放弃过错责任机制后，驾驶人注意程度下降的后果，但这无法对驾驶人之外的道路交通参与人，如非机动车驾驶人、行人等产生提高注意程度的激励。在交通安全方面，交强险运行后不可能比交强险之前更安全。交通安全和交通效率的目标应当通过其他制度或措施来实现，给交强险强加过多目标的结果，只能降低受害人保障核心目标的实现。因此，促进道路交通安全，提高交通效率不应成为交强险的目标。

第二节　强制保险的模式定位

我国究竟应当采纳何种强制保险模式？这是一个至今未被立法者、学术界和实务界重视的尚未破解的根本性问题。从《道路交通安全法》的制定到修改，均未有关于强制保险模式这一基础性问题的讨论，[1] 究其原因，固然与立法者缺乏对于强制保险模式的理解有关，但深层次的原因还是理论研究准备不足。且不说《道

---

[1]　这应该说是我国现行机动车侵权和强制保险制度的最为致命的缺陷。

路交通安全法》制定之前，就是《道路交通安全法》和《交强险
条例》实行若干年后的今天，学术界关于强制保险模式的研究，
仍主要局限于零星介绍其他国家立法的层面，关于我国应当采纳何
种模式的深层次讨论很少见到，其对立法者的影响更难谈起。

一、现行立法关于强制保险模式的采行及其问题

（一）《道路交通安全法》

如前所述，虽然《道路交通安全法》第17条明确规定我国将
建立机动车第三者责任强制保险制度，但第76条并未遵循责任保
险基本原理，即没有在规定机动车侵权责任的基础上设立强制保险
制度，而是直接规定了保险公司对于受害人在强制保险责任限额范
围内的赔偿责任。这是无过失保险的典型特征，不过，第76条也
没有完全按照无过失保险原理进行规定，而是结合了强制责任保险
的无过失保险制度。因此，准确地讲，第76条规定的强制保险是
强制责任保险与无过失保险的混合保险模式，而非纯粹的强制责任
保险或无过失保险模式，这种立法例的典型代表是法国。

（二）《交强险条例》

2006年7月1日实施的《交强险条例》并未遵守其上位法
《道路交通安全法》预设的轨道，而是完全按照责任保险的基本
原理进行具体制度的设计。首先，其第3条明确规定："本条例
所称机动车交通事故责任强制保险，是指由保险公司对被保险机
动车发生道路交通事故造成本车人员、被保险人以外的受害人的
人身伤亡、财产损失，在责任限额内予以赔偿的强制性责任保
险。"其次，第31条赋予保险公司向被保险人或受害人赔偿保险
金的选择权，从而彻底否定了《道路交通安全法》第76条规定
的保险公司直接向受害人承担赔偿责任的规定。最后，该法第22
条关于在驾驶人未取得驾驶资格或者醉酒、被保险机动车被盗
抢期间肇事，以及被保险人故意制造道路交通事故等情形，保险

公司垫付责任及向被保险人追偿权的规定，均是责任保险的典型特征。因此，《交强险条例》规定的保险模式，无疑是强制责任保险模式。需要说明的是，该条例并没有像规定实行强制责任保险立法模式的国家一样，规定受害人向保险公司的直接赔偿请求权。

（三）现行立法存在的问题

现行立法在强制保险模式选择方面的最大问题莫过于上位法《道路交通安全法》内部的紧张及与下位法《交强险条例》之间的冲突。这些紧张、冲突是现行机动车强制保险制度，乃至侵权责任制度的问题之源。如果按照《道路交通安全法》第76条的强制保险模式选择，自无规定责任保险限额范围内的侵权责任的必要。但是，《交强险条例》向责任保险模式的彻底回归，造成了强制保险限额范围内侵权责任缺失的严重问题。此外，现行法关于强制保险模式的规定不是深思熟虑、理性选择的结果。在《道路交通安全法》和《交强险条例》实施多年之后，我们又不得不回到起点，探讨立法之初本应解决的强制保险模式定位这一根本性问题。

二、我国究竟应采行何种强制保险模式

我国究竟应当采行强制责任保险机制，还是无过失保险机制，甚至是责任保险与无过失保险的混合模式，学者的见解很不一致。

（一）无过失保险模式不适合我国国情

无过失保险包括美国的局部无过失和加拿大魁北克的纯粹无过失两种模式。美国的局部无过失又分为附加式无过失和修正式无过失。可以说，我国目前实施美国式或加拿大魁北克式的无过失保险的条件尚不具备。理由如下：

第一，无过失保险的基本思想是由机动车车主为自己购买伤害保险，该项制度实施的前提是汽车已经十分普及。因为只有汽车的高度普及，才能实现高投保率，达到机动车车主为自己购买第一方伤害保险的目的；否则，无过失保险就成了机动车车主为自己购买伤害保险的同时，更是为第三者购买伤害保险或责任保险。例如，2004 年年末，在美国、加拿大、英国、德国、法国、日本等发达国家，拥有 1 辆汽车的平均人数不到 2 人，美国仅为 1.3 人。❶ 而在无过失保险逐渐普及的 20 世纪 70 年代，德国、英国、法国、日本等发达国家的机动车保有量突破千万量大关，美国的机动车保有量更是突破亿辆。这些发达国家拥有 1 辆汽车的平均人数也在 2 人左右。❷ 也就是说，这些发达国家早在 20 世纪 70 年代已经进入真正的汽车时代。反观我国，2004 年年底拥有 1 辆汽车的平均人数48.2 人，❸ 我国汽车的普及率要达到发达国家 20 世纪 70 年代的水平，至少还需增加 6 亿辆以上的汽车，按照我国每年增加 1000 万辆左右的速度，尚需五六十年的时间。

　　第二，实行无过失保险是否会降低驾驶人的注意程度，从而导致更多的交通事故，这在发达国家的研究中尚未有定论。不过，之所以有争论，并不是因为无过失保险本身不会影响机动车驾驶人的注意程度，而是真正影响事故发生的变量很多，如道路交通规则的完备程度、交通执法的状况、道路建设情况、人们遵守道路交通法规的情况，以及违反交通法规的刑事、行政处罚等，不一而足，其中一个变量的变化不会导致结果剧烈变化。从发达国家的实践来看，由于在推行无过失保险时，这些国家或地区的道路交通规则已

---

❶ 中国汽车技术研究中心，中国汽车工业协会．中国汽车工业年鉴（2003）［M］．天津：《中国汽车工业年鉴》编辑部，2006：707.

❷ 日本自动车工业会．世界自动车统计年报（第 5 集）［M］．东京：日本自动车工业会，2006：104.

❸ 中国汽车技术研究中心，中国汽车工业协会．中国汽车工业年鉴（2003）［M］．天津：《中国汽车工业年鉴》编辑部，2006：707.

经十分完备，交通执法严格，遵守交通法规已经成为普通百姓的惯行，● 违反交通法规的刑事、行政处罚等也相当严厉……因此，这些国家或地区在实行无过失保险后，并未导致交通事故发生率大的变化。然而，在我国影响交通事故发生率的诸多因素中，交通执法、百姓守法、交通规则的完备程度、道路交通状况等都无法与西方发达国家相提并论。而且不可否认的事实是，过失驾驶人的高额赔偿责任负担依然发挥着十分重要的作用。如果实行无过失保险制度，且其他变量不发生变化，必将导致交通事故发生率的急剧上涨。

第三，从发达国家和地区推行无过失保险的历史阶段来看，一般大多是在与侵权责任机制结合的责任保险制度发展到一定阶段，国民经济和社会保障制度十分发达，强制保险保障范围需要扩大的情况下，才开始建立无过失保险制度。与这些背景不同的是，我国目前国民经济仍处于发展中，社会保障制度很不健全，强制保险制度的保障范围仍严格限定在车外第三人（连乘客尚未纳入）。在这种情况下，强制保险的目标只能是为交通事故第三受害人提供基本保障，此时推行强制机动车车主为自己购买保险的无过失保险显然条件不具备，且无正当性可言。无过失保险将投保人也纳入了保险保障的范围，这不仅会增加投保人的保费负担，而且有过度干预投保人行使财产权之嫌，不应当强制投保人为自己购买伤害保险。尤其是在我国机动车投保人保费负担能力十分有限、多年强制保险负担居高不下的情况下，更应当考虑这一问题。

第四，发达国家和地区无过失保险的实践表明，附加式的无过

● 如法国机动车事故伤亡情况于 1972 年达到顶峰，此后逐年下降；英国 1926 年交通事故死亡人数比 2001 年还多；美国 20 世纪 20 年代机动车事故的死亡人数就超过了 3 万人，而在 1987 年，死亡人数也不到 5 万人。这足以说明在机动车高度普及的情况下，是因为交通法规的完备，交通执法的严格以及市民自觉守法等导致了机动车事故发生率的下降。

失保险并不成功，修正式的无过失保险将导致医院、受害人为了达到侵权诉讼门槛而不择手段，同时也会引发相关的诉讼，至少美国的实践表明这一模式也不成功。美国一些州当初选择无过失保险主要考虑是减轻法院的负担（美国大多数州 2/3 左右的民事诉讼涉及机动车事故[1]）[2]、降低投保费用和快速救济受害人。那么，美国无过失保险的实施是否真的达到了预期目标呢？不可否认，美国的无过失保险在快速救济受害人方面是有成效的，但是，减少纠纷和诉讼、降低保险费用的目标并没有达到。在法院负担方面，无过失并不能减少纠纷和诉讼，是否超过门槛的诉讼、自己的保险公司未诚实地履行赔偿的诉讼等同样构成了法院沉重的负担。[3] 在投保费用方面，实行无过失保险的州的平均机动车保险费最高且保费增长速度也明显快于未实行无过失保险的州，废除无过失制度后保险费用也随之下降。如 1989 年，机动车保险费用最高的 10 个州中，有 8 个州是实行无过失保险的。后来，这些州中的新泽西、康涅狄格、宾西法尼亚 3 个州废除了它们的强制无过失机制。1995 年，10 个保费最高的州中（California 作为 1 个州），有 6 个州是实行无过失的。从 1987 年到 1995 年的每一年，大多数有着最高平均机动车保险费的州是实行无过失保险的州。[4] 在保费增长速度方面，从

---

[1] JOHN E. Rolph With JAMES K. Houchens, SANDRA S. Polin. Automobile accident compensation Volume1: Who pays how much how soon? Santa Monica, CA: The Rand Corporation, 1985: foreword.

[2] 马萨诸塞州 1970 年赢得政治支持的计划深深地植根于消除法律体系中大量的、涉及小额诉讼的机动车事故（STEPHEN Sugarman. Quebec's comprehensive auto – fault scheme and the failure of any of the United States to follow. 39Les Cahiers De Droit, 1998: 307）。

[3] HARVEY Rosenfield, Autor insurance: crisis and reform. 29 U. Mem. L. Rev., 1998: 100.

[4] HARVEY Rosenfield, Autor insurance: crisis and reform. 29 U. Mem. L. Rev., 1998: 100.

1989 年到 1995 年，机动车保费在强制无过失的州的平均增长速度为 45.6%，增长速度比个人责任体系的州快了 25%，后者的同期增长速度为 36.85%。从 1989 年到 1995 年，在 15 个机动车责任保费增长速度最快的州中，其中 9 个州有某种形式的无过失。❶ 美国全国保险监督官协会（NAIC）的数据也证实，无过失体系（包括强制无过失法）比侵权基础上的个人责任体系的成本还高。无过失保险计划对侵权基础上非经济损害赔偿的限制并不能抵消无过失法的高成本，其原因主要有：（1）在无过失保险中，无辜的受害者和引起事故的机动车车主都将被赔偿医疗、工资损失及其他的利益损失，不管是谁的过错。而在个人责任体系，过错驾驶人的责任保险仅仅保障无过错的驾驶者。（2）在无过失保险中，保险公司被要求在第一方的基础上给保单持有人提供赔偿，结果为无过失给保单持有人提供了更多的最大化他们的请求的机会。例如，刺激利用医疗服务以达最低限制，还有虚假或者欺诈索赔等的增长。美国无过失保险的实践表明，无过失保险会刺激利用医疗服务以达最低限制，还有虚假或者欺诈索赔等的增长。在诚信状况并不乐观的中国，这种道德风险问题可能会比美国的状况更加突出。❷（3）无过失并不能减少诉讼成本。不仅超过限额的诉讼大量存在，而且是否超过限额的诉讼也不少，甚至有些诉讼由机动车车主对他们的保险公司提起，原因是没有支付无过失赔偿。（4）责任的威胁是危险驾驶行为的主要抑制因素，缺少了过错将导致更高的事故发生率和随之而来的更高的损失，这将通过费率增加来补偿。❸

---

❶ HARVEY Rosenfield, Autor insurance: crisis and reform. 29 U. Mem. L. Rev., 1998: 90 – 91.

❷ 《道路交通安全法》实施后，中国出现了大量的"碰瓷"行为，如果真正实行无过失保险，这种现象可能会更加严重。

❸ HARVEY Rosenfield, Autor insurance: crisis and reform. 29 U. Mem. L. Rev., 1998: 94 – 98.

真正运行效果良好的是加拿大魁北克、以色列等的纯粹无过失保险机制。然而，在我国除了前面的一些不利因素外，尚需要指出的是，即使无过失保险制度的原型——工伤保险制度，在我国目前仍在艰难的推进当中，社会保险基金的管理、运行、支付等均难谓已成熟，在机动车事故领域实行废除侵权责任机制的无过失保险的难度可想而知。此外，发达国家和地区的实践已经表明，侵权损害赔偿越是慷慨，实行无过失保险的阻力越大。相对于我国的经济发展水平，侵权诉讼赔偿应属慷慨之列。

第五，从世界一些国家和地区推动无过失保险立法遭遇失败的教训来看，普通民众对于类似于工伤保险的无过失保险制度的接受需要时间，而保险公司和律师业是推行无过失保险的主要反对者。就我国而言，从《道路交通安全法》开始实施到 2007 年年底的修正，充分反映了社会民众，甚至立法者对于过错责任的眷恋和无过失责任原则的抗拒，更不用说无过失保险了。不仅如此，可以毫不夸张地说，我国的机动车强制保险制度的主要推动者是保险公司，而保险公司推动这一制度的核心目的就是为了营利。如果推动纯粹无过失保险，保险公司的强力反对在所难免。必须指出的是，我国财产保险公司对于机动车责任保险的依赖程度很高，如在目前我国财产保险业务中，机动车责任保险实际上分为第三者责任险和车上人员险，在机动车保险业务中占据 1/3 以上的份额，而机动车保险在大型财产保险公司的业务中约占 60% 以上。如果从财产保险公司业务中将责任保险部分抽出，对其可能产生的影响以及可能招致的反对是可想而知的。

（三）我国应当选择强制责任保险模式

第一，选择强制责任保险模式符合我国的法律传统和强制责任保险的实践。我国的法治化进程主要沿袭了德国、日本等大陆法国家的传统，机动车强制保险的立法和实践也不例外。自从改革开放之初强制投保第三者责任保险到《交强险条例》，都坚持了与侵权责任相结合的强制责任保险模式。虽然《道路交通安全法》第76

条的规定有特别之处，但这一规定并没有被认真执行过。与此相反，强制无过失保险不仅对于保险行业来说十分陌生，学界也并不熟悉。

第二，强制责任保险不将被保险人纳入保障范围，因而可以降低投保人的保费负担。同时，强制责任保险与侵权责任制度的结合有利于控制道德风险，这在目前我国投保人保费负担能力不高、受害人急需基本保障、整个社会诚信状况极差的现实情况下，是比较适合我国国情的制度。❶

第三，各国强制责任保险的运行实践已充分表明，强制责任保险制度可以通过赋予受害人直接赔偿请求权、预付金请求权及限制保险公司解除或终止合同权利、抗辩事由等达到保护机动车事故受害人的目的。

第四，从保险实践和保险行业的发展来讲，强制责任保险模式不仅有相当的基础，而且有利于发展我国幼稚的保险业。

当然，必须再次重申的是，我们反对实行无过失保险，并不意味着我们认为应当规定以侵权人过错为基础的强制责任保险制度。实际上，机动车普及的过程就是机动车责任严格化和保险强制化的过程。不仅大陆法系各国对机动车事故一般实行严格责任，即使是英美法系国家，机动车事故侵权责任相对于一般侵权责任要严格得多。❷ 而且，责任的严格化是保险强制化的基础，保险强制化又促进了责任严格化。目前，保险公司主张建立以过错责任为基础的强制保险制度不仅没有理论基础，同时也与强制保险的发展趋势相

---

❶ 需要说明的，美国强制责任保险制度建立在过失侵权机制上，而大陆法传统国家和地区均实行较为严格的责任，因此美国当年引进无过失保险制度时的理由在大陆法国家不一定存在。

❷ 张新宝. 道路交通事故责任归责原则的演进与《道路交通安全法》第 76 条 ［EB/OL］. 2006 - 01 - 22 ［2006 - 01 - 24］ http：//www. civillaw. com. cn/weizhang/default. asp？ id = 23523.

悖。至于无过错即无责任的主张是过错责任神圣化的错误认识，严格责任在现代新型侵权类型中的主导地位是不可否认的。因此，笔者认为，我国应当建立与严格责任相结合的机动车强制责任保险制度。

（三）如何看待混合保险模式

无过失保险和强制责任保险是两种不同的强制保险模式，世界各国、各地区所推行的机动车强制保险基本可以归为无过失保险或强制责任保险中的一种。但是，在选择了强制责任保险模式的法国和我国台湾地区，却融合了无过失保险的思想。虽然这种融合在理论上和实务上均造成了一定程度的麻烦，但实践效果却比较理想。这是否意味着我国也可以借鉴法国和我国台湾地区的做法呢？

从世界各国、各地区机动车强制保险的发展趋势来说，无过失保险补偿应该是一种趋势。不仅一些国家和地区已经实行了纯粹无过失保险机制，而且纯粹无过失保险的立法努力始终没有停止过。由于无过失保险确实具有减少复杂赔偿关系和诉讼、快速救济受害人等优势，所以即使采纳强制责任保险模式的国家和地区，也借鉴了无过失保险的一些有益做法，以加强受害人的保障。因此，未来我国的机动车强制保险立法也不应忽视这一强制保险立法趋势。但是，就我国目前而言，首要的工作是完善强制责任保险制度，而非急于向无过失保险方向迈进。主要理由是：

第一，无论是理论界、司法及保险等实务界，还是普通民众，对于无过失保险机制本身并不了解。这从《道路交通安全法》起草、修正的过程，以及针对《道路交通安全法》第76条的争论、司法实践的混乱等都很容易看出来。正是因为立法者不了解，才会出现《道路交通安全法》立法及修正过程中对第76条强制保险规定的无意见和第76条规定的重大缺陷和逻辑混乱；正是由于理论研究的不足，才会出现将第76条强制保险的规定理解为无过失责任保险的错误，以及在司法实践中关于保险公司是否应当列为共同被告的争论和混乱；正是由于不了解，导致这一为了保障事故受害人的制度竟连普通民众的理解与支持都得不到……因此，我国目前不具备吸收无过失保险立法经验的适宜环境。

第二，从各国、各地区强制保险的发展历程来看，强制保险的无过失化过程一般是强制责任保险发展到一定程度后的产物。也就是说，强制责任保险制度对于无过失保险制度的借鉴，是在强制保险制度运行一段时间，立法者为了进一步提升强制保险制度的功能（如扩大保障的受害人范围及于驾驶人，法国如此）的结果。在我国目前真正意义上的强制责任保险尚未建立，道路交通参与人交通安全意识、守法意识均不高，交通执法不严，受害人缺乏基本保障的情况下，贸然在强制责任保险制度框架内引进无过失保险的"超越阶段"的做法，只能导致更多的混乱、更多的浪费。

第三，《道路交通安全法》第76条实际上就是借鉴我国台湾地区"强制汽车责任保险法"的产物，其结合了强制责任保险的无过失保险设计并没有得到社会各界的认同，《交强险条例》更是彻底背叛了无过失保险规定，完全回到了强制责任保险模式。❶ 因此，目前我们的任务是重建真正意义上的符合我国国情的强制责任保险制度，而不是追求比强制责任保险制度更高的目标，否则，其效果只能是欲速则不达。

总之，《道路交通安全法》和《交强险条例》没有真正解决在立法之初就应当解决的强制保险模式定位这一根本性问题。正是由于强制保险模式定位的模糊和不合理，造成了一些本不该发生的争论、置疑。从我国的法律传统、投保人负担能力、保险业的发展现状等方面看，无过失保险不适合我国国情，我国应当选择强制责任保险机制，本书以下章节的论述也以此为基础展开。

---

❶ 有些具体制度连强制责任保险的基本要求也未达到，如没有规定受害人直接赔偿请求权，更不用说无过失保险了。

第三节　强制保险的缔约制度

一、现行法律规定

我国机动车强制保险的缔约制度，是指国家在建立机动车强制保险制度时，为实现建立该制度的目的，而在保险合同缔结阶段及变更、解除时对投保人的投保行为、保险人的承保行为及保险合同的内容、形式等予以强制性要求而形成的各项具体制度的总和。我国机动车强制保险制度中的缔约制度主要包括以下几个方面。

（一）机动车强制保险的投保

1. 强制投保的机动车范围

《道路交通安全法》第 17 条规定"国家实行机动车第三者责任强制保险制度，设立道路交通事故社会救助基金。具体办法由国务院规定。"该法第 119 条将"机动车"界定为"是指以动力装置驱动或者牵引，上道路行驶的供人员乘用或者用于运送物品以及进行工程专项作业的轮式车辆。"《道路交通安全法》并无关于强制投保机动车范围的规定。

《交强险条例》第 2 条第 1 款仅仅规定"在中华人民共和国境内道路上行驶的机动车的所有人或者管理人，应当依照《中华人民共和国道路交通安全法》的规定投保机动车交通事故责任强制保险"，也没有对强制投保的机动车范围做任何限定。不过条例第 44 条规定："中国人民解放军和中国人民武装警察部队在编机动车参加机动车交通事故责任强制保险的办法，由中国人民解放军和中国人民武装警察部队另行规定。"

从保监会公布的交强险费率表可以看出，目前纳入强制保险范

围的机动车除汽车、摩托车、拖拉机外，尚包括 4 大类特种车。❶
从而将除军车外的所有机动车都纳入了强制投保的机动车范围。

2. 投保义务人

《交强险条例》第 2 条第 1 款规定："在中华人民共和国境内
道路上行驶的机动车的所有人或者管理人，应当依照《中华人民
共和国道路交通安全法》的规定投保机动车交通事故责任强制保
险。"第 42 条进一步将"投保人"界定为"指与保险公司订立机
动车交通事故责任强制保险合同，并按照合同负有支付保险费义务
的机动车的所有人、管理人。"

因此，在我国，不仅汽车、摩托车、拖拉机以及工程类特种机
械等不同的机动车一视同仁地应当投保强制保险，而且也不管这些
机动车为政府部门、企业、事业单位或个人所有而有特殊规定。

（二）机动车强制保险的承保

对保险公司而言，只要投保人提出投保要求，保险公司即应按
照保监会批准的保险条款和保险费率予以承保，不得拒绝或者拖延
承保；否则，将招致相应的行政处罚。这种规定，主要是为保障投
保人的选择权而设定的。同时，为了更充分地保障投保人的选择
权，《交强险条例》还规定："签订机动车交通事故责任强制保险
合同时，保险公司不得强制投保人订立商业保险合同以及提出附加
其他条件的要求。"

最后需要说明的是，虽然《交强险条例》没有像其他国家或
地区的强制保险立法那样明确规定保险公司拒绝承保的事由，但从
本条例第 11 条关于投保人告知义务的规定及第 12 条投保人支付保
险费的规定来看，保险公司在投保人没有履行如实告知义务和支付

---

❶ 油罐车、汽罐车、液罐车、冷藏车；用于牵引、清障、清扫、清洁、
起重、装卸、升降、搅拌、挖掘、推土等的各种专用机动车；装有固定专用
仪器设备从事专业工作的监测、消防、医疗、电视转播等的各种专用机动车；
集装箱拖头。

保险费之前是有权利拒绝承保的。

（三）机动车强制保险合同的解除

在机动车强制保险中，保险合同的解除有投保人解除保险合同与保险人解除保险合同两种情况。根据《交强险条例》第 16 条规定，投保人有权解除机动车强制保险合同的情形仅限于三种情况，即被保险机动车被依法注销登记的、被保险机动车办理停驶的、被保险机动车经公安机关证实丢失的。除前述三种情形外，投保人无权解除机动车强制保险合同。此外，根据《交强险条例》第 14 条规定，只有在投保人对重要事项未履行如实告知义务的情况下，保险人才有权解除机动车强制保险合同。除此情形外，保险人无权解除机动车强制保险合同。根据《交强险条例》规定，保险人解除机动车强制保险合同还须经过一定的程序，即解除合同前应书面通知投保人。如果投保人自收到解除机动车强制保险合同的通知之日起 5日内履行了如实告知义务的，保险人无权解除机动车强制保险合同。

二、现行制度存在的问题及立法完善

（一）机动车强制保险缔约制度中存在的问题

分析《交强险条例》相关规定并结合机动车强制保险实践，我国机动车强制保险缔约制度主要存在如下问题。

1. 强制投保的机动车范围过宽

在决定强制投保的机动车范围时，首先，应当考虑的是如何实现强制机动车责任保险法的立法目的。由于强制机动车投保责任保险的立法目的在于保障因机动车事故遭受损害的第三者，因此，从理论上讲，凡是在社会上具有普遍性危险的机动车辆，❶

---

❶　所谓"普遍性危险"，乃指该等汽车于社会上所形成之危险，已为吾人于日常生活中随时可能遭遇者而言（参见江朝国. 强制汽车责任保险法[M]. 智胜文化事业有限公司，1999：57－62）。

均应纳入强制责任保险的范围。其次,强制机动车责任保险还应当考虑强制保险的实现途径。世界各国立法例皆以机动车牌照(包括号牌、行车执照等)或其他证明文件的发放等公路监理作业为强制机动车投保的配合手段,原因是通过发照或验车等公路监理作业手段使机动车保持投保状态最属方便。此外,机动车强制责任保险还应考虑社会因素及经济因素。由于道路上行驶的机动车辆,并非都具有普遍危险性,且亦非任何车辆发生交通事故时,其责任主体皆无资力赔偿,故德、日立法例上即明文规定特定车种不需予以强制投保。例如,日本将公务用车、供农耕作业使用为目的而制造的小型特殊汽车,德国将德意志联邦共和国等多种公法人用车、最高时速未超过每小时 6 公里的汽车及不需依核准手续规定且其最高时速低于每小时 20 公里的自力行进工作车等排除了强制责任保险。❶

《交强险条例》几乎将所有机动车毫无例外地纳入了强制保险的范围,这即不符合强制责任保险基本原理,也与我国国情严重脱离。主要表现在:

第一,我国的机动车构成很特殊。在机动车的构成方面,美国、日本、英国、德国和法国等发达国家中,机动车的主体是汽车。如日本自动车工业会编《世界自动车统计年报》2002 年第 1 辑的统计显示,美国汽车在 2000 年合计为 22000 多万辆,二轮车在 1998 年仅为 600 多万辆,二轮车占汽车的比例不到 3%;在法国、德国、加拿大等发达国家,二轮车占机动的比例也没有超过10%,日本的比例比较高,为 20% 左右;在发展中国家的印度,

---

❶ 江朝国. 强制汽车责任保险法［M］. 台北:智胜文化事业有限公司,1999:58. 日本《自动车损害赔偿保障法》第 2 条第 1 项、德国《汽车保有人强制责任保险法》第 2 条。此外,外国立法例创设了免除投保义务保有人之附加责任的理论,使该等汽车保有人负有若未投保时有与本保险人相同方式与范围之责任,以保障汽车交通事故之受害人。

这一比例为 25% 左右。然而，在我国的机动车构成中，汽车的比例比较低，仅有 5000 多万辆，而摩托车、农用车、拖拉机等占据了 70% 以上的比例。

　　第二，相当部分拖拉机的危险性并不高。如山东省某市农机部门负责人说，他们曾做过调查，农民拥有的农用车中，有 55% 的农用车是用于纯农业生产的；35% 的农用车是以农田作业为主，农闲时用于少量短途运输，拉的大多也是农用生产资料和农产品；只有 10% 的农用车是用于营业性运输。❶ 山东省东营市 2006 年年底拖拉机保有量为 51129 台，而长年从事运输的不足 200 台。❷ 纯农业用途的农用车自然没有什么危险性，就是兼用型农用车的危险性也不高，真正有危险的是营业性运输农用车，但这只占农用车的极小比例。如山东省东营市纯农田作业的机械已占总保有量的 99.5% 以上，连续 5 年没有发生道路外农机责任事故，就是实施拖拉机交强险半年多来，也没有发生一起道路外农机责任事故。因此，拖拉机的用途与交强险的使用并不相符，除给拖拉机主造成经济负担外，没有实际效果。❸ 而保监会关于拖拉机投保交强险的规定将拖拉机分为兼用型拖拉机和运输型拖拉机两大类。兼用型拖拉机是指以田间作业为主，通过铰接连接牵引挂车可进行运输作业的拖拉机。兼用型拖拉机分为 14.7kW 及以下和 14.7kW 以上两种。兼用型拖拉机包括各种收割机。运输型拖拉机是指货箱与底盘一体，不通过牵引挂车可运输作业的拖拉机。运输型拖拉机分为

---

❶ 景后寅. 农用车交管权之争尘埃落定 [N]. 中国县域经济报，2003 - 11 - 04.

❷ 东营市农机监理站. 关于拖拉机交强险情况的调研报告 [EB/OL]. 2007 - 10 - 10 [2008 - 06 - 22] http：//www. sdnjjl. gov. cn/data/2007 - 10/23058. html.

❸ 东营市农机监理站. 关于拖拉机交强险情况的调研报告 [EB/OL]. 2007 - 10 - 10 [2008 - 06 - 22] http：//www. sdnjjl. gov. cn/data/2007 - 10/23058. html.

14.7kW 及以下和运输型拖拉机 14.7kW 以上。❶ 按农业部统计的数据，目前全国共有各类拖拉机 1679.37 万台。其中，兼用型拖拉机 1587.87 万台（14.7kW 以下约占 9 成），运输型拖拉机 72.5 万台（14.7kW 以上占 8 成）。❷ 一方面，在这些拖拉机中，主要在田间作业的兼用型拖拉机的危险性本身并不高；另一方面，即使发生拖拉机交通事故，主要的伤害人员是交强险不予保障的驾驶员和乘车人员，而真正纳入保险保障的第三者很少。例如，青海省近 4 年的 286 起拖拉机交通事故统计分析显示，拖拉机发生事故造成伤害的第三者人数较少，仅占到事故总数的 2.8%，受伤害的主要是驾驶员和乘车人员。❸

第三，广大农村地区的摩托车、农用车和拖拉机保有者的保费负担能力有限。有统计资料显示，2004 年我国仍有 274 个县的农民人均纯收入在 1500 元以下，近 1000 个县的农民人均纯收入在 2500 元以下。❹ 而广大农村地区一家保有两辆以上的摩托车、拖拉机的现象相当普遍，这就意味着其保费负担少则二三百元，多则五六百元。对于广大收入水平并不高的农民来说，这显然超过了其负担能力。

第四，摩托车、农用车和拖拉机的强制措施不到位。强制措施的不到位主要包括两个方面的内容；一方面，有关部门的强制投保措施不到位。自从 2006 年 7 月 1 日交强险制度正式运行以来，尽管

❶ 中国保险监督管理委员会监制. 拖拉机交强险手册［EB/OL］. 2007-04-09［2008-06-22］http：//www. circ. gov. cn/Portals/0/attachments/baixingbaoxian/拖拉机交强险手册. pdf.

❷ 中国保监会公布拖拉机交强险费率［EB/OL］. 2007-01-22）http：//www. circ. gov. cn/tabid/434/InfoID/41771/Default. aspx? SkinSrc=%5bL%5dSkins%7cindexej%7cindexer.

❸ 蒋海，杨善贵. 青海省拖拉机交强险实施现状［J］. 中国农机监理，2007（7）：38.

❹ 李晓超. 中华人民共和国国家统计局. 中国统计年鉴 2007［M］. 北京：中国统计出版社，2007：452.

交强险的投保率不到一半，摩托车和拖拉机等投保率更低，有些地方基本处于脱保状态，但真正按照《交强险条例》规定的处罚标准予以处罚的并不多。究其原因，客观上诸如拖拉机的管理机制不顺，公安交管部门对拖拉机的管理相对薄弱，农机管理部门没有上路查验的职权，导致对拖拉机注册登记、定期检验等各方面的管理并不到位；❶ 相当一部分的摩托车、农用车和拖拉机没有缴纳基本的养路费，不进行年检，❷ 如山东省东营市实施拖拉机交强险以来，拖拉机的挂牌率已下降到了0.87%，拖拉机年度检验率已下降到了16%。❸ 强制所有的机动车投保将影响到我国近1亿户农民的负担问题，这与我国减轻农民负担的政策背景也是不协调的，但有关执法部门不严格执法的现象也不容忽视。另一方面，强制承保的措施也不到位。交强险运行至今已近两年，但至今未发现保险监管部门对保险公司拒绝承保或者其他违反交强险的行为给予处罚的例子。这是否意味着现实中保险公司没有相关的违法行为呢？且不说部分保险公司支付高于4%的手续费、拒绝个别投保请求、不及时支付保险赔偿等违法现象时有发生，有些保险公司居然明确发文规定不承保某类机动车，如2007年5月8日，中国平安财产保险股份有限公司江苏分公司（以简称平安保险公司）突然宣布，全面停止江苏境内拖拉机交

❶ 雷经升，刘枫．安徽拖拉机交强险经营情况调研［J］．中国保险，2007（8）：8.

❷ 来自甘肃省定西市安定区凤翔镇机动车辆的统计显示，该镇总人口为44577，总户数为10096户，人均纯收入为1712元，保有小型拖拉机763辆（其中四轮613辆，手扶：150辆）、联合收割机1台、推土机15台、农用载重汽车151辆、农用运输车1978辆（其中有牌照1378辆，无牌照600辆，每年审验交费的约1/10，农机户4329户）、摩托车810辆（其中办证620辆）此调查数据由甘肃省定西市安定区凤翔镇干部刘福提供，在此表示感谢）。

❸ 东营市农机监理站．关于拖拉机交强险情况的调研报告［EB/OL］．2007－10－10［2008－06－22］http：//www.sdnjjl.gov.cn/data/2007－10/23058. html.

强险和商业拖拉机第三者责任保险（以下简称商业三责险）业务。❶
有些保险公司与地方农机管理部门协议将交强险与商业三责险捆绑
销售。如 2007 年宝应县农机监理所为了兼用型拖拉机交强险业务得
以开展，委曲求全，勉强同意该公司把拖拉机交强险和商业三责险
业务搭配销售。❷ 另外，截至 2008 年 3 月底，邯郸市已年检拖拉机
3600 余台，投保交强险的仅有 501 台，近一半县年检的拖拉机没有 1
台办理交强险的，全市已年检拖拉机的投保率大约为 14% 。而造成
拖拉机投保率低的主要原因是保险公司不执行保监会颁布的保费标
准，不受理兼用型拖拉机（保费为 60 元/年或 90 元/年）投保。虽
然保监会对农田作业的拖拉机实行较低的保费标准，但在邯郸市没
有一个县的保险公司执行这一标准，如果要投保，只能按每年 400
元或者 560 元的标准收费，极大地影响了农机户投保的积极性。❸ 对
于这些严重违反交强险制度的行为，并未发现监管部门给予处罚的
报道。

事实上，正是由于拖拉机、摩托车等对交强险的保险需求低、
车主保费负担能力有限、相关交强险监管措施不到位等因素的影
响，导致摩托车尤其是拖拉机的交强险投保率一直不高。截至
2007 年 5 月，安徽省大型轮式拖拉机和小型拖拉机的保有量为 228
万辆，拖拉机承保率仅为 3.21% ，其中大型轮式拖拉机承保率
为 44.5% 。❹

---

❶ 王玲，朱永桂，杜广发. 拖拉机交强险缘何遭冷遇 [J]. 中国农机监
理，2007 (7)：25.

❷ 王玲，朱永桂，杜广发. 拖拉机交强险缘何遭冷遇 [J]. 中国农机监
理，2007 (7)：25.

❸ 任学军. 邯郸市农机安全监理所. 关于拖拉机交强险实施情况的调查
报告 [EB/OL]. 2008 - 03 - 31 [2008 - 05 - 22] http：//hbjl. njh. com. cn/Desk-
topModules/Infos11/Infos/ThisInfo. aspx? ItemID = 2306&c = 1.

❹ 雷经升，刘枫. 安徽拖拉机交强险经营情况调研 [J]. 中国保险，
2007 (8)：48.

2. 投保义务人是否与侵权责任人衔接

强制责任保险自然与侵权责任机制挂钩。从理论上讲，强制责任保险的投保义务人应当与机动车侵权责任的责任承担人一致，因为如果没有侵权责任，何来责任保险的投保义务。然而，《道路交通安全法》并没有明确规定机动车侵权责任的责任承担人。该法第76条在关于机动车侵权责任承担者的表述中，使用了"机动车一方"这样一个即非法律术语也不具体明确的概念。既然在《道路交通安全法》之后出台的《交强险条例》将强制责任保险的投保义务人规定为机动车所有人或管理人，那么，这是否意味着机动车侵权责任的主体也可以界定为机动车所有人或管理人呢？

其实，无论从世界各国机动车侵权责任的立法，还是我国的理论研究与司法实践，机动车侵权严格责任的责任主体应该是机动车保有人。其判断标准是"运行支配"和"运行利益"。[1] 而"所谓运行支配通常是指，可以在事实上支配管领机动车之运行的地位。而所谓运行利益，一般认为是指因机动车运行而生的利益"[2]。

《交强险条例》规定的投保义务人是所有人和管理人。所谓所有人就是享有所有权的人，由于机动车是动产，其所有权以"交付"为转移标志，从而与房屋、土地等不动产不同，后者的所有权以"登记"为转移标志。但是，机动车是特殊动产，法律规定了机动车的新车注册、过户转籍、变更改装、停驶复驶、报废注销、临时入境等登记义务。虽然公安机关办理的机动车登记，是准予或者不准予机动车上道路行驶的登记，不是机动车所有权登记。但是，这种登记依然对判断所有权人具有一定的价值。在一般情况下，机动车登记部门所登记的车主就是机动车的所有权人，这一点

---

❶　本研究第6章将对此专门予以论述。

❷　杨永清. 解读《关于连环购车未办理过户手续原车主是否对机动车交通事故致人损害承担责任的复函》[M]//解读最高人民法院请示与答复. 人民法院出版社，2004：119.

是明确的。但是，在实践中，有相当部分的机动车的所有权人与登记册上的车主并不一致，从而形成了所谓"名义上的车主"和"真正所有权人"，这在机动车虽几度转手，但均未办理过户登记的情形非常突出。遇此情形，究竟以何者为强制投保的义务人呢？如果交通警察等执法人员在执法过程中发现机动车没有投保，究竟应该处罚名义上的车主，还是应当在查明真相后处罚真正意义上的所有权人呢？再者，何为管理人？这是一个在法律上没有确切含义的概念，因此，需要进一步明确。规定机动车所有人或管理人为投保义务人尚须探讨的是，在同时存在所有人和管理人时，究竟何者应负第一投保义务？

3. 强制承保规定不完善

《交强险条例》并没有像其他国家或地区的强制保险立法那样明确规定保险公司拒绝承保的事由，但从本条例第 11 条关于投保人告知义务的规定及第 12 条投保人支付保险费的规定来看，保险公司在投保人没有履行如实告知义务和支付保险费之前有权拒绝承保。但是，《交强险条例》并没有明确规定保险公司接到投保人的投保申请后，应当在多长时间内作出承保的意思表示，也没有规定保险公司违法拒保的法律后果，比如违法拒保后发生交通事故的，保险公司是否应当承担赔偿责任？保险公司有可能利用拖延承保的"策略"将高风险机动车拒之强制责任保险门外。如果真的出现这种情况，将会造成严重的后果。不仅使得该法确立的给机动车事故受害人提供赔偿保障的目的落空，而且还有可能使投保义务人遭受未履行投保义务的处罚，其社会影响将是十分恶劣的。

（二）立法完善

1. 限制强制投保的机动车范围

关于强制投保的机动车范围，应当尊重我国的现实，借鉴我国台湾地区和世界其他国家的做法。

首先，区分机动车的不同类型和不同用途，根据其危险性的大小，免除不具有普遍危险性的纯粹农用型拖拉机和时速低于 20 公里的机动车的强制投保义务。

其次，考虑到我国目前投保人的负担能力及交通管理的实际，应当加强强制保险执法，实现汽车、城市摩托车和运输型拖拉机的强制投保率，争取达到90%以上，以便为其他类型的机动车强制投保奠定舆论基础。

最后，对于农村地区的摩托车、拖拉机的强制投保问题，必须考虑到广大农民保费负担能力的不同及实际，区分东、中、西不同发展区域，对于确实没有负担能力的农民保有的摩托车和拖拉机的强制投保，由政府给予财政补贴。力求做到强制投保的机动车范围与强制保险推行的可行性结合起来。甚至可以考虑在汽车、城市摩托车和运输性拖拉机强制保险运行比较成熟后再推出农村摩托车和拖拉机的强制保险业务。在比较法上，日本1956年正式实行机动车强制保险，但轻便摩托车的强制保险是在10年后的1966年开始的；我国台湾地区1998年实施汽车强制保险，1年后开始实行机车的强制保险业务。

2. 规定保有人为强制保险的投保义务人

在比较法上，《日本机动车损害赔偿保障法》明确界定了"运行供用者"的概念，❶ 虽然没有明确规定强制保险的投保义务人为运行供用者，但也未规定其他人为投保义务人，因此，日本的强制保险投保义务人应为机动车的运行供用者；《韩国机动车损害赔偿保障法》明确规定机动车强制保险的投保义务人为保有人；❷《德国机动车保有人强制保险法》规定的投保义务人也是保有人。❸ 由此可见，上述国家机动车强制保险的投保义务人与侵权责任的责任主体完全一致。我国台湾地区1996年公布的"强制汽车责任保险法"第4条也将机动车强制保险的投保义务人设定为所有人，然

---

❶ 其与保有人概念并无实质差异。
❷《韩国机动车损害赔偿保障法》第5条。
❸《德国机动车保有人强制保险法》第1条。

而，经过几年的运行，2005 年年初修正后的"强制汽车责任保险法"大大扩大了强制保险的投保义务人，即其第 6 条第 1 款首先规定汽车所有人为投保义务人，紧接着于第 2 款又规定在汽车所有人未投保时，推定登记所有人为投保义务人。此外，在汽车牌照已经缴还、缴销或者注销，汽车所有人不明，因可归责于汽车使用人或管理人的事由导致汽车所有人无法管理或使用汽车等情形，以汽车使用人或管理人为投保义务人。显然，上述投保义务人的规定与其民法规定的机动车侵权责任主体驾驶人并不一致，不过，如前所述，我国台湾地区并未严格遵守强制责任保险原理。

我国既然应当实行强制责任保险机制，其投保义务人自应与侵权责任主体一致。根据前文论述，我国应当以机动车保有人为机动车侵权责任的承担人和强制责任保险的投保义务人。至于实践中经常争论的挂靠、以他人名义登记、承包和租赁等情形的机动车强制保险义务究竟应如何确定，我们认为同样应当坚持与侵权责任主体相一致的原则，即应由立法机关在未来的《侵权责任法》中予以明确，或者由最高人民法院通过司法解释的途径予以明确。而不宜在《交强险条例》中规定本应由民事实体法规定的内容。

3. 完善强制承保法律制度

在比较法上，《德国机动车保有人强制责任保险法》第 5 条第 3 款规定："订立汽车责任保险的要约到达后二星期内，保险公司未以书面形式对要保人作出拒绝的，视为承诺。拒绝的通知在寄送时发生效力。"第 4 款规定："要约仅在订立契约将与保险公司营业计划书的业务或地区限制抵触，或要保人曾经获得承保，而保险人已为下列行为之一时，可以予以拒绝：因胁迫或诈欺而撤销的；因违反契约成立前的告知义务或未交付第一期保险费而解除的；因保险费给付迟延或保险事故发生而终止的。"《日本机动车损害赔偿保障法》第 24 条（责任保险及责任互助契约的缔结义务）规定："（一）除有政令规定的正当理由外（包括免除强制投保义务车辆、明显未履行如实告知义务、未支付保险费等——笔者注），保险公司不得拒绝责任保险契约的缔结。（二）除有下述各项规定的情形及政令规定的正当理由外，合作社不得拒绝责任互助契约的缔结：1. 违反农业生产合作社法第 10 条第（二十六）款但书的规定时；2. 违反消费生活生产合作社法第 12 条第（三）款的规定时；3. 违反中小企业等生产合作社法第九条之二第（三）款但书包括同法第九条之九第（四）款准用的情形的规定时。"我国台湾地区"强制汽车责任保险法"第 18 条（拒保之情形）：规定"除要保人未交付保险费或有违反前条规定之据实说明义务外，保险人不得拒绝承保。保险人依前项规定拒绝承保时，应于接到要保书之日起 10 日内以书面为意思表示；届期未以书面表示者，视为同意承保。"由此可见，上述国家和地区都对保险公司的强制承保做了明确的规定，即除非投保人拒绝交纳保险费或不履行如实告知义务等少数情形外，保险公司都无权拒绝承保。不仅如此，德国及我国台湾地区还明确规定了保险公司承保的时间限制，即在一定期限内没有承保或无正当理由拒绝承保的，视为保险合同成立。相比较而言，我国《交强险条例》的规定显得比较简单、模糊。一方面，没有规定保险公司拒绝承保的事由，从而似乎对保险公司过于严苛；另一方面，又没有规定保险公司承保或拒绝承保的时间限制，从而为保险公司通过拖延战术将所谓的不良客户拒之门外提供了方便之门。笔者建议，应明确规定保险公司作出承保意思表示的时间限制，以及未按时作出承保意思表示的法律后果，以及明确规定拒绝承保的事由。

第四节　强制保险的赔偿制度

一、现行法律规定

赔偿制度是强制保险的核心制度，这一制度主要包括保险赔偿的实质要件和程序要件。在实质要件方面，主要涉及保险事故的认定标准，强制保险保障的受害人范围、损害范围和责任限额，强制保险的抗辩事由，强制保险的时效等。而在程序方面，又包括赔偿申请的提出、赔偿协议、赔偿支付等内容。

（一）保险事故

发生保险事故是保险公司支付保险赔偿的前提条件。《道路交通安全法》第75条规定："……肇事车辆参加机动车第三者责任强制保险的，由保险公司在责任限额范围内支付抢救费用……"第76条规定："机动车发生交通事故造成人身伤亡、财产损失的，由保险公司在机动车第三者责任强制保险责任限额范围内予以赔偿……"如前所述，这一规定是结合了责任保险的无过失保险规定，基本含义是保险公司在责任限额范围内向受害人直接支付保险赔偿金。因此，这里的保险事故就是道路交通事故。

《交强险条例》第21条第1款规定："被保险机动车发生道路交通事故造成本车人员、被保险人以外的受害人人身伤亡、财产损失的，由保险公司依法在机动车交通事故责任强制保险责任限额范围内予以赔偿。"比较《道路交通安全法》和《交强险条例》的上述规定，除了《交强险条例》将保障的受害人范围进行严格限定外，其他的不同在于《交强险条例》将交通事故限定为"道路交通事故"，并对保险公司的赔偿增加"依法"的限定语。至于机动车在道路以外的地方通行时发生的事故，《交强险条例》第43条规定比照适用该条例。其实，仅仅从《交强险条例》第21条的规定内容来看，很难发现其与《道路交通安全法》第76条有多大的差别。但是，如果综合条例关于保险赔偿的请求权人是被保险人而非受害人、保险赔偿限额又区分所谓有责限额与无责限额，以及保险公司诸多减责及免责抗辩事由的规定，就会发现《交强险条例》与《道路交通安全法》的差别很大，即《交强险条例》的思路是强制责任保险，而非无过失保险。只不过《交强险条例》同样没有责任限额范围内机动车侵权责任的直接规定，这一侵权责任基础只能理解为，是通过限制保险公司赔偿的方式反面规定的。因此，《交强险条例》规定的保险事故已经不是作为事件意义上的道路交通事故，而是与侵权责任结合的道路交通责任事故。

此外，关于道路交通事故，根据《道路交通安全法》第 119 条的规定，"道路"，"是指公路、城市道路和虽在单位管辖范围但允许社会机动车通行的地方，包括广场、公共停车场等用于公众通行的场所。"而"交通事故"，"是指车辆在道路上因过错或者意外造成的人身伤亡或者财产损失的事件。"这里交通事故一定是车辆"造成"的事件，"造成"强调的是侵害行为与损害后果之间的因果关系。与此不同的是，在比较法上，为了保障受害人，法国立法扩大了交通事故的范围，如法国《1985 年 7 月 5 日第 851677 号法律》就使用"牵连其中"替代"因果关系"。其原因在于，立法者认为，"牵连其中"概念较广，可以指称任何动力车辆，以任何方式，在任何时间，参与、牵扯或涉入交通事故的情形。例如，即使是合法停车状态的车辆，或是前面先发生交通事故后才不可避免追撞上去的车辆，只要以某种发生参与交通事故，即是"牵连其中"，不需探讨该车辆是否对损害发生具有原因力，是否扮演积极或消极角色等。❶

（二）交强险保障的受害人范围及保险赔偿请求权人

《道路交通安全法》第 76 条仅仅规定"机动车发生交通事故造成人身伤亡、财产损失的，由保险公司在机动车第三者责任强制保险责任限额范围内予以赔偿。"并没有对强制保险的受害人范围予以限定。当然，从该法第 17 条"国家实行机动车第三者责任强制保险制度"及该条"第三者责任强制保险责任限额范围内"等规定似可看出，《道路交通安全法》规定意义上的强制保险保障的

---

❶　陈忠五. 法国交通事故损害赔偿法的发展趋势——以 1985 年 7 月 5 日法律的改革为中心 ［J］. 台大法学论丛，2005，341：121.

受害人为"第三者"。此外，如前所述，由于该条规定的强制保险基本上采纳了无过失保险的做法，因此，保险赔偿的请求权人自然是受害人。

《交强险条例》第 3 条规定："本条例所称机动车交通事故责任强制保险，是指由保险公司对被保险机动车发生道路交通事故造成本车人员、被保险人以外的受害人的人身伤亡、财产损失，在责任限额内予以赔偿的强制性责任保险。"显然该条将强制保险保障的受害人严格限定为"本车人员、被保险人以外的受害人"。本来"第三者责任保险"的"第三者"本身就有广狭二义，广义上的"第三者"包括"本车人员"，而狭义上的"第三者"则不包括"本车人员"。《道路交通安全法》并未限定"第三者"为狭义"第三者"，《交强险条例》进行了明确限定。关于强制保险赔偿的请求权人，条例继续坚持《保险法》关于责任保险的基本规定，一方面规定保险赔偿的请求权人为被保险人；❶另一方面又赋予保险公司向被保险人或受害人支付保险赔偿的选择权。

而在交强险的具体实践中，一般明确规定被保险机动车发生交通事故的，应由被保险人向保险人申请赔偿保险金，❷并严格限定了保险公司向受害人直接支付保险赔偿的条件。如中国人民保险股份有限责任公司规定只有发生受害人人身伤亡，且存在被保险人出具书面授权书、人民法院签发的判决书或执行书以及被保险人死亡、失踪、逃逸、丧失索赔能力或书面放弃索赔权利三种情形之一的，方可直接向受害人支付赔款。❸

---

❶ 《交强险条例》第 28 条规定"被保险机动车发生道路交通事故的，由被保险人向保险公司申请赔偿保险金……"

❷ 中国人民财产保险股份有限公司车辆保险部. 机动车保险实务手册（06 版）［M］. 中国人民财产保险股份有限公司车辆保险部，2006：225.

❸ 中国人民财产保险股份有限公司车辆保险部. 机动车保险实务手册（06 版）［M］. 中国人民财产保险股份有限公司车辆保险部，2006：229.

（三）交强险赔偿的损害范围

《道路交通安全法》第 76 条将受害人的人身损害和财产损失都纳入了强制保险保障的损害范围。《交强险条例》及其配套规定不仅坚持了上位法的这一规定，同时明确将精神损害也纳入了强制保险的保障范围。不过，在具体赔偿时，对精神损害赔偿的顺序做了限制，如中国人民财产保险股份有限公司规定，对被保险人依照法院判决或者调解承担的精神损害抚慰金，原则上在其他赔偿项目足额赔偿后，在死亡伤残赔偿限额内赔偿。●

（四）交强险赔偿的责任限额

《道路交通安全法》仅仅规定保险公司在强制责任保险限额内承担赔偿责任。《交强险条例》首先设立了所谓有责任的赔偿限额和无责任的赔偿限额，然后在这两类限额中又划分出死亡伤残赔偿限额、医疗费用赔偿限额和财产损失赔偿限额 3 个分项限额，其结果是总共存在 6 个赔偿限额。

此外，2006 年 7 月 1 日生效的责任限额已经被 2008 年 2 月 1 日生效的新限额所取代，即原限额为：（1）被保险机动车在道路交通事故中有责任的赔偿限额为，死亡伤残赔偿限额 50000 元人民币；医疗费用赔偿限额 8000 元人民币；财产损失赔偿限额 2000 元人民币。（2）被保险机动车在道路交通事故中无责任的赔偿限额为，死亡伤残赔偿限额 10000 元人民币；医疗费用赔偿限额 1600 元人民币；财产损失赔偿限额 400 元人民币。修正后的新限额为：（1）被保险机动车在道路交通事故中有责任的赔偿限额为：死亡伤残赔偿限额 110000 元人民币；医疗费用赔偿限额 10000 元人民币；财产损失赔偿限额 2000 元人民币。（2）被保险机动车在道路交通事故中无责任的赔偿限额为，死亡伤残赔偿限额 11000 元人民

● 中国人民财产保险股份有限公司车辆保险部．机动车保险实务手册（06 版）［M］．中国人民财产保险股份有限公司车辆保险部，2006：228.

币；医疗费用赔偿限额 1000 元人民币；财产损失赔偿限额 100 元人民币。

（五）交强险赔偿的抗辩事由

《道路交通安全法》第 76 条规定保险公司直接向受害人承担支付保险赔偿的责任，至于在受害人故意造成交通事故情形保险公司可否免除保险赔偿，则有不同的主张。无论从保险和侵权责任原理讲，还是从防止道德风险的需要，都应当免除受害人故意情形下保险公司的赔偿责任。但是，从第 76 条的规定来看，似乎保险公司应当承担绝对赔偿责任。因为如果从形式上看，第 76 条第 2 款是对第 1 款的补充，因此，应当否定非机动车驾驶人、行人故意造成交通事故时保险公司的赔偿责任。但是，从内容上看，"机动车一方不承担责任"的表述很难理解为可以免除保险公司的责任。

《交强险条例》不仅在第 21 条第 2 款明确规定："道路交通事故的损失是由受害人故意造成的，保险公司不予赔偿。"同时其第 22 条进一步规定在驾驶人未取得驾驶资格或者醉酒、被保险机动车被盗抢期间肇事、被保险人故意制造道路交通事故三种情形，保险公司在机动车交通事故责任强制保险责任限额范围内垫付抢救费用，并有权向致害人追偿；同时，明确规定保险公司在此种情形下，不承担财产损失的赔偿责任。

（六）交强险赔偿的程序

《交强险条例》关于交强险赔偿程序的主要规定有：

1. 保险公司的及时告知赔偿程序义务

首先，被保险机动车发生道路交通事故，被保险人或者受害人通知保险公司的，保险公司应当立即给予答复，告知被保险人或者受害人具体的赔偿程序等有关事项。

其次，被保险机动车发生道路交通事故的，由被保险人向保险公司申请赔偿保险金。保险公司应当自收到赔偿申请之日起 1 日内，书面告知被保险人需要向保险公司提供的与赔偿有关的证明和资料。

2. 保险公司及时核赔义务

《交强险条例》第 29 条规定，保险公司应当自收到被保险人提供的证明和资料之日起 5 日内，对是否属于保险责任作出核定，并将结果通知被保险人；对不属于保险责任的，应当书面说明理由；对属于保险责任的，在与被保险人达成赔偿保险金的协议后 10 日内，赔偿保险金。

3. 保险公司对抢救费用的垫付

《交强险条例》第 31 条第 2 款规定："因抢救受伤人员需要保险公司支付或者垫付抢救费用的，保险公司在接到公安机关交通管理部门通知后，经核对应当及时向医疗机构支付或者垫付抢救费用。"在实践中，保险公司对垫付抢救费用的条件和程序都做了严格的限制。如在垫付抢救费用的条件方面，中国人民财产保险股份有限公司规定的垫付抢救费用的条件有：（1）符合《交强险条例》第 22 条规定的情形；（2）接到公安机关交通管理部门要求垫付的通知书；（3）受害人必须抢救且抢救费用已经发生，抢救医院提供了抢救费用单据和明细项目；（4）不属于应由道路交通事故社会救助基金垫付的抢救费用。❶ 在垫付抢救费用的程序方面，中国人民财产保险股份有限公司的规定是，交通事故属于保险责任，因抢救受害人需要保险人支付抢救费用的，保险人在接到公安机关交通管理部门的书面通知和医疗机构出具的抢救费用清单后，支付抢救费用。❷

---

❶ 中国人民财产保险股份有限公司车辆保险部．机动车保险实务手册（06 版）［M］．中国人民财产保险股份有限公司车辆保险部，2006：226.

❷ 中国人民财产保险股份有限公司车辆保险部．机动车保险实务手册（06 版）［M］．中国人民财产保险股份有限公司车辆保险部，2006：226.

二、现行制度存在的问题及立法完善

机动车强制保险的根本目的在于保障事故受害人，而检验这一目的是否达到的最为重要的指标，就是受害人获得保险赔偿的多寡和速度。现行强制保险赔偿制度在保障受害人立法目的的实现方面仍存在很多值得检讨的地方。

（一）现行制度存在的问题

1. 法律、法规之间的冲突

《道路交通安全法》第 76 条规定的强制保险基本上是结合了强制责任保险的无过失保险，但《交强险条例》却完全回归了强制责任保险模式，二者之间的矛盾是显而易见的。因为按照第 76 条的无过失模式设计，自然没有必要规定强制责任限额范围内的侵权归责基础，但是，《交强险条例》回归强制责任保险模式之后，由于《交强险条例》没有规定，事实上也无权规定强制责任保险限额范围内的侵权责任基础，因此，造成了强制责任保险限额范围内侵权责任基础的缺失。例如，根据《交强险条例》的规定，被保险机动车发生道路交通事故的，只有被保险人有权向保险公司申请赔偿保险金。保险公司既可以向被保险人给付赔偿，也可以向受害人给付赔偿。受害人并没有直接向保险公司请求赔偿的权利。因此，如果保险公司不向受害人支付保险赔偿，受害人只能向被保险人请求赔偿。不仅如此，《交强险条例》第 22 条规定，在驾驶人未取得驾驶资格或者醉酒、被保险机动车被盗抢期间肇事以及被保险人故意制造道路交通事故等情形，保险公司仅仅在机动车交通事故责任强制保险责任限额范围内垫付抢救费用，除了抢救费用之外的其他人身损害和财产损害，受害人只能向加害人请求赔偿。而在未保险机动车肇事及机动车肇事后逃逸的情形，社会救助基金仅仅垫付受害人的抢救费用和丧葬费用，其他费用受害人只能向加害人请求赔偿。《交强险条例》赋予了保险公司和救助基金，在一些特殊情形下向责任人追偿的权利，诸如翻车等单车事故的车上人员并未纳入《交强险条例》的保障范围。无论是受害人的侵权赔偿，还是保险公司和救助基金的追偿；以及车上乘客的侵权赔偿，❶ 都应当有请求权基础。然而，这一基础在《道路交通安全法》和《交强险条例》均未规定。

2. 交强险保障的受害人范围过窄

《交强险条例》将其保障的受害人限定为被保险车辆本车人员和被保险人之外的第三人，也就是排除了单方事故的车上人员。而正如第 3 章所介绍的那样，我国单方事故是大量发生的，因此，这一限定十分不利于机动车事故受害人的保护和强制保险立法宗旨的实现。

3. 交强险赔偿的损害范围过宽

损害包括人身损害、财产损害和纯粹经济损失。无论是责任严格化还是保险强制化，其核心领域都是人身损害赔偿，财产损害是否适用严格责任以及是否纳入强制保险保障范围不仅在理论上有争论，而且在立法实践中的差别也很大。至于纯粹经济损失赔偿，则是损害赔偿原理和实践逐渐认可的，并被严格限制赔偿的损害类型。在各国的强制保险立法实践中，只有个别国家对这一损害也给予适当的赔偿。❷

如在责任的严格化方面，1909 年《德国汽车交通法》对人身损害规定了严格责任，直到 1952 年《道路交通法》将财产损失纳入严格责任范围。1955 年《日本机动车损害赔偿保障法》第 3 条仅对机动车事故造成的人身损害规定了严格责任，财产损失依然适用民法一般侵权责任的规定。1975 年《以色列道路事故受害人赔

---

❶ 当然，由于《道路交通安全法》并未对单车事故进行特殊规定，因此，单车事故车上人员的侵权赔偿只有适用《民法通则》予以解决。

❷ 法国《1985 年 7 月 5 日第 851677 号法律》所保护法益的范围，只限于"人身"及"财物"的完整利益，不包括所谓"纯粹经济上的利益"在内。

偿法》对体伤规定了极其严格的责任，即对死亡或身体伤害［也扩展到因此而造成的经济损失（如收入损失）和非经济损失（如精神损失）］的赔偿。不仅排除了不可抗力的抗辩，而且完全排除了有过失的抗辩。然而，当发生财产损害时，财产的所有人是最好的损失分散者，这在机动车损毁的情形同样如此，因此，适用过错责任。法国《1985 年 7 月 5 日第 851677 号法律》严格责任的规定，同时适用于人身损害和财产损失，但受害人过失相抵的规定因人身损害和财产损失的不同而相异。❶

　　在强制保险方面，无论是责任保险机制，还是无过失保险机制，核心都是人身损害的保障。从各国机动车强制保险的立法历程来看，强制保险起初一般只保障人身损害，在强制保险发展到一定阶段后始将财产损失纳入强制保险保障范围。有些国家和地区甚至至今也未将财产损失纳入，如日本和我国台湾地区。此外，加拿大魁北克的纯粹无过失保险仅仅适用于人身损害，财产损失通过强制责任保险机制保障。

　　《道路交通安全法》不仅将财产损失也纳入强制保险保障的范围，同时对于财产损失和人身损害规定了同样的归责原则。这无疑是不合理的。第一，这有违责任严格化和保险强制化的基本理论和发展趋势。第二，财产损害纳入强制保险保障范围的最大问题在于不符合我国国情。我国机动车事故受害人规模之大、受害程度之严重、基本保障之缺乏、获得赔偿之艰难，都堪称世界之最。在基本抢救、医疗、生存费用得不到有效保障之前，断无将财产损害纳入强制保险保障的正当性可言。同时，将财产损害纳入保险保障也增加了投保人的保费负担，进而影响了投保率，最终将影响强制保险的顺利推进和受害人保障目的的落空。这一点在现行交强险的运行实践中已经突显出来。例如，2008 年 2 月 1 日生效的新的交强险责任限额，不升反降的责任限额只有一项，即无责任财产损失赔偿

――――――――――
❶　参见该法第 3 条、第 5 条。

限额，且数额只有 100 元。考虑到索赔手续和成本，这 100 元赔偿限额的存在除了嘲弄现行交强险制度将财产损害也纳入保障范围的不合理外，的确很难再找到其他的正当理由。

此外，交强险在具体赔偿项目中，将精神损害也纳入了赔偿的范围，这同样是值得质疑的。因为在责任限额不高的情况下，将精神损害纳入保险赔偿范围除了具有象征性意义或者提高保费借口的作用外，实在别无他用。从保险公司的实践来看，精神损害赔偿在顺序上一般都是在其他损害赔偿之后才给予赔偿的，而且精神损害赔偿的前提是受害人遭受了严重伤害。在大多数情况下，受害人遭受严重伤害时，目前的死亡伤残赔偿限额往往连精神损害之外的其他损害都无法保障，何谈精神损害赔偿。

4. 强制保险赔偿的责任限额设置不合理

首先，所谓有责任限额与无责任限额的制度设计没有法律根据。《道路交通安全法》第 76 条规定保险公司在强制保险责任限额范围内承担保险赔偿责任。对于该条规定的保险公司的赔偿责任有不同认识，如果理解为无过失保险，则保险公司的赔偿自然无须考虑侵害人是否有过失；如果理解为强制责任保险，保险公司承担保险赔偿则需要以被保险人承担侵权责任为前提，责任限额当然是被保险人有侵权责任时的保险限额。因此，所谓的强制责任保险的责任限额，只能是被保险人有侵权责任时的限额，根本不可能存在所谓的无责任限额。然而，《交强险条例》却在有责任限额之外创造性地规定了无责任限额，其合理性值得怀疑。就强制责任保险的原理而言，如果侵权责任不成立，保险公司自然就不承担保险给付义务，何谈限额？事实上，无论根据《民法通则》第 123 条，还是根据《道路交通安全法》第 76 条，受害人故意造成交通事故是唯一的免责抗辩事由。因此，《交强险条例》第 23 条规定中的"无责任"绝对不是《民法通则》第 123 条或者《道路交通安全法》第 76 条规定意义上的无侵权责任。这里"无责任"赔偿限额的规定不仅体现了《道路交通事故处理办法》的惯性思维，而且也是以前将交通管理部门认定的事故行政责任等同于民事侵权赔偿责任的再次体现。《交强险条例》实施后，保险公司往往直接以交通管理部门的事故责任认定书认定的事故责任，为保险赔偿的依据也充分说明了这一点。因为交通事故处理的事故责任分为全部责任、主要责任、次要责任和无责任四种，判断的依据是当事人行为对事故发生的作用以及过错的严重程度。各方均无导致交通事故的过错，属于交通意外事故的，各方均无责任。❶ 况且，已经废止的《道路交通事故处理办法》在基本实行过错责任原则的同时，在第44条规定了"机动车与非机动车、行人发生交通事故，造成对方人员死亡或者重伤，机动车一方无过错的，应当分担对方10%的经济损失"。由此可见，《交强险条例》规定的无责任限额中的"无责任"就是指交通管理部门认定的事故责任中的"无责任"或者根据过错责任原则认定的无责任。然而，无论属于何者，其不当之处都是显而易见的。第一，事故责任认定书仅仅是证据，以其代替法院认定的侵权民事责任是不合理的。第二，无论是机动车方无过错的无责任，还是双方均无过错的意外事故的无责任，在《民法通则》和《道路交通安全法》的归责原则下，都不能免除侵权人的侵权责任。在实行强制保险后，反而根据过错免除保险公司的赔偿责任自然是没有正当理由的。无论是对受害人的侵权赔偿，还是保险公司和救助基金的追偿，都应当有请求权基础。《道路交通安全法》缺乏责任限额内的侵权责任规定，《交强险条例》的规定不合理。笔者建议以《民法通则》第123条的规定对其予以填补。

其次，各分项责任限额，尤其是医疗赔偿责任限额过低，不足以满足受害人抢救医疗的需要。《交强险条例》规定了死亡伤残赔偿限额、医疗费用赔偿限额和财产损失赔偿限额三个分项限额，且不说所谓"无责任限额"本身就是有责任限额，甚至2008年提高后的新限额也无法满足受害人抢救医疗等基本需要，具体理由参见

---

❶ 《交通事故处理程序规定（公安部70号令）》第45条。

本书第三章。

最后，需要指出的是，财产损失责任限额是《交强险条例》遵守《道路交通安全法》的必然结果，虽然不合理，但这非《交强险条例》可以解决的问题。

5. 交强险赔偿的抗辩事由太多且不合理

交强险作为政府强制推行的政策性保险，其立法目的就是快速地救济受害人，而实现这一目的的措施之一就是限制保险公司的抗辩权。《交强险条例》除了规定受害人故意造成交通事故时保险公司不承担保险赔偿责任这一并无争议的抗辩事由外，还规定了驾驶人未取得驾驶资格或者醉酒、被保险机动车被盗抢期间肇事、被保险人故意制造道路交通事故三种情形，保险公司仅仅垫付抢救费用等并不正当的抗辩事由。因为在这三种情形，实际上都是被保险人存在故意或重大过失，被保险人有一般过错时被害人尚可得到保险保障，而在被保险人存在重大过失或故意时，被害人反而得不到有效保障，这显然违反强制责任保险的基本原理与公平原则。此外，《交强险条例》规定的所谓"无责任赔偿限额"，实际上扮演了以受害人过错减轻保险公司赔偿负担的抗辩事由的作用。

6. 欠缺关于受害人直接赔偿请求权的规定

机动车强制保险制度的生命力不仅在于保障受害人得到赔偿，而且在于快速、便捷地得到赔偿。这是无过失保险和强制责任保险制度的共同追求。所不同的是，无过失保险由于将责任保险中的保险人、被保险人和受害人的三方关系简化为保险人和受害人的两方关系，同时要求保险公司在向受害人支付保险赔偿时不需考虑当事人过失的有无，以及规定了一系列促使保险公司快速支付赔偿的限制性或激励性规定，从而较好地实现了该制度追求的立法目的。而在强制责任保险机制下，为了达到快速救济受害人的立法目的，各国、各地区的共同做法是赋予受害人向保险公司的直接赔偿请求权。遗憾的是，我国的《交强险条例》却连这一强制责任保险制度的基本核心制度也未规定。

7. 缺乏各种赔偿来源之间协调的规定

交通事故受害人可能得到的赔偿不仅仅是强制保险赔偿，还可能有基本医疗保险赔偿、工伤保险赔偿、意外伤害保险赔偿等。对于这些不同来源赔偿之间的关系，《道路交通安全法》和《交强险条例》均未做只言片语的规定，其他法律、法规也鲜有这方面的规定。因此，导致实践中经常发生大多数事故受害人保障不足，但部分事故受害人却保障过度的情形。

8. 交强险的赔偿程序复杂、烦琐

《交强险条例》没有赋予受害人对于保险公司的直接赔偿请求权，而是授权保险公司选择向被保险人或受害人赔偿保险金。这不仅增加了受害人的索赔成本，延长索赔的期限，还使受害人的赔偿没有制度保障。例如，如果允许被保险人在向受害人实际支付损害赔偿之前即可向保险公司获得保险金赔偿，则即使受害人最终获得针对加害人的胜诉判决，也很难保证其最终能够从被保险人处获得赔偿。

《交强险条例》没有规定有效制约保险公司快速支付或垫付抢救、医疗费用以及赔偿受害人的机制，尤其是保险公司在交强险运行实践中，关于垫付抢救费用的条件，不仅要求公安交通管理部门出具垫付通知书，而且要求医院出具医疗费用明细的做法，耽误了受害人的抢救。这些规定的实际效果是抢救费用只能在抢救之后垫付，从而意味着抢救医疗费用的风险负担由医院承担，其进一步的结果是，医院往往出于自身利益的考虑而拖延或不积极抢救。此外，《交强险条例》第28条、第29条关于限制保险公司快速赔偿的规定，实际上并不能保证受害人及时得到保险赔偿。如果被保险人不及时申请保险赔偿、不主动与保险公司协商并达成保险赔偿协议，受害人是没有任何救济措施的。由于受害人的赔偿往往涉及多家保险公司以及多个肇事人之间的复杂关系，目前不仅不同保险公司之间缺乏有效的协调机制，即使同一家保险公司之间，异地赔偿问题也没有有效地解决，这无疑影响了赔偿的速度，增加了索赔的成本。

（二）立法完善

1. 关于法律和法规之间的冲突问题

关于《道路交通安全法》与《交强险条例》之间的冲突问题，在立法部门对第 76 条再次修正之前，可能的途径不外乎由《民法通则》补位，或者将第 76 条关于强制保险责任限额范围外的侵权责任规定类推适用于强制责任限额范围内。由《民法通则》补位似乎并无障碍，一方面，《民法通则》第 123 条的规定虽然在《道路交通事故处理办法》实施后事实上基本不再在交通事故领域被适用，但《民法通则》的相关规定并未失效；另一方面，《民法通则》属于民事基本法律，在《道路交通安全法》没有特别规定时，应当适用《民法通则》的规定。但是，实际上由《民法通则》填补这一空白也有一定的困难，因为《民法通则》在《道路交通事故处理办法》实施后，基本不再在交通事故领域被适用，在《道路交通安全法》取代《道路交通事故处理办法》且事实上对交通事故损害赔偿问题给予特殊安排后，又要回过头来适用《民法通则》，不仅于理不通，而且限额之内适用《民法通则》限额之外适用《道路交通安全法》，也是与《道路交通安全法》的立法本意相违背的。考虑到强制保险保障事故受害人的立法目的及近年来交强险运行的实践，笔者建议规定强制保险限额范围内的侵权责任为无过失责任。

2. 关于强制保险保障的受害人范围

2004 年 4 月 30 日颁布，并于当年 7 月 1 日实施的《道路运输条例》第 36 条规定："客运经营者、危险货物运输经营者应当分别为旅客或者危险货物投保承运人责任险。"《交强险条例》将乘客排除在强制保险保障的范围之外。表面上看，这种制度安排能够保障绝大多数乘客利益，并无不当之处。然而，稍加分析我们就会发现，现行制度还是存在很大的问题。首先，《道路运输条例》规定的乘运人责任险虽然强制，但也仅仅限于强制投保，并无强制承保、保险责任限额、保险条款费率、保险赔偿以及违反强制投保义务的处罚等方面的具体规定，因此，很难在实践中贯彻执行。这一点已经在《道路运输条例》实施后充分表现出来。其次，即使《道路运输条例》规定的承运人责任险能够得到有效的实施，其也仅限于客运经营者，除此之外的车上乘客依然处于无保险状态。最后，交强险和承运人责任险的并存徒增了保险手续和成本，增加了承运人的保费负担。鉴于以上理由，笔者建议，我国的机动车强制保险制度，在借鉴其他国家和地区立法经验，并充分考虑我国机动车事故受害人保护需要的基础上，将乘客纳入交强险的保障范围。

3. 关于强制保险的损害范围

笔者建议再次修正《道路交通安全法》第76条，将财产损害彻底排除在强制保险保障的范围之外。在此基础上，修正《交强险条例》关于保障范围和责任限额的相关规定，同时在具体赔偿项目中排除精神损害的赔偿。至于纯粹经济损失，我国目前的立法尚未承认该项损失可以赔偿，因此，暂时没有必要对其给予规定。通过保险赔偿损害范围的限制，可以为提高保险责任限额、扩大受害人保障范围和降低保费奠定基础。

此外，在具体赔偿项目上，应当与人身损害赔偿的具体标准保持统一。

4. 关于强制保险的责任限额

首先，取消"无责任限额"以及有责任限额中财产损失限额的规定。

其次，将"有责任限额"改为"责任限额"，修改其中的每次事故责任限额为每人责任限额。考虑到我国目前医疗服务费用尚未建立严格控制性标准的现实，并借鉴我国台湾地区强制责任保险的做法，建议规定医疗费用责任限额、死亡赔偿责任限额和伤害残疾赔偿责任限额。伤害赔偿责任限额又根据残疾程度进行区分。提高责任限额标准，尤其是医疗费用责任限额的标准，以满足抢救医疗的基本需要。

最后，在死亡伤残赔偿限额中删除关于精神损害赔偿的规定。

5. 关于保险赔偿请求权人及保险公司的抗辩权

首先，修改《交强险条例》，赋予受害人对于保险公司的直接赔偿请求权。在性质上，"直接赔偿请求权兼具损害赔偿请求权及保险金请求权之双重性质，而前者占主要成分，亦即其主要系法定之债务共同承担而又加以保险法上之限制"❶。

其次，严格限制保险公司向受害人主张其对被保险人的抗辩权。可以借鉴的立法如《日本机动车损害赔偿保障法》第14条规定的"保险公司，除第八十二条之二（指重复保险的情形——笔者注）规定者外，仅对因要保人或被保险人之恶意所肇致之损害，免负填补之责。"前述欧盟第二个指令，即1983年12月30日的《理事会关于成员国有关机动车使用的法律协调的指令》（84/5/EEC）规定无驾驶执照者、非经同意驾驶者等肇事时，保险者免责的规定应对受害第三者无效，发生事故时对家族民事责任不可自保险除外等事项。

6. 关于各种赔偿之间的协调

首先，考虑到我国社会保险制度不健全，各种事故受害人保障不到位的现状，建议在社会保险补偿和机动车强制责任保险赔偿的关系上不采英国等国家实行的所谓并行来源规则，而建立相互排斥的制度。

其次，意外伤害保险赔偿与强制责任保险赔偿之间可以并行不悖。

最后，在强制责任保险赔偿与社会保险补偿的关系上，强制责任保险赔偿应当承担终局赔偿责任，故在社会保险先行支付的情形下，社会保险管理机构有权向强制责任保险的承保人追偿。

7. 关于赔偿程序

首先，为了保障受害人能够最终得到保险赔偿，建议规定在被

❶ 江朝国. 强制汽车责任保险法［M］. 台北：智胜文化事业有限公司，1999：287.

保险人向受害人支付赔偿之前，无权向保险公司请求保险赔偿。

其次，借鉴我国台湾地区机动车强制保险制度的"立法"经验和日本机动车强制保险制度的立法经验，以预付金制度替代抢救费用的垫付制度。我国《道路交通安全法》和《交强险条例》为了保障机动车事故受害人的抢救需要，规定了保险公司和救助基金的垫付抢救费用义务。并规定"因抢救受伤人员需要保险公司支付或者垫付抢救费用的，保险公司在接到公安机关交通管理部门通知后，经核对应当及时向医疗机构支付或者垫付抢救费用"❶。在交强险运行实践中，保险公司一般规定抢救费用的垫付以接到交通管理部门的垫付通知书和医院的抢救费用细目为前提。这一制度的突出问题是：（1）垫付的前提是没有人支付医疗费用，如果受害人或其家属出于紧急抢救的需要，应医院的要求提前预付了抢救费用，就免除了保险公司的垫付义务。其结果是给受害人或其家属以及保险公司拖延预付或垫付抢救费用的激励，不利于受害人的抢救。对于想尽办法预付抢救费用的受害人或家属也不公平，因为交强险对于受害人的保障并不以受害人及其家属是否有支付能力为前提。（2）目前的抢救费用垫付制度覆盖范围太窄。《交强险条例》对"抢救费用"❷的界定很严格，就事故受害人救治而言，抢救费用固然急迫，但医疗费用、丧葬费用也需要及时支付。（3）在垫付程序上，缺少垫付资金请求权人的规定。基于此，建议用预付金制度替代垫付制度，并扩大预先支付的范围及于医疗和丧葬费用。即使受害人或其家属已经预先支付抢救医疗费用的，保险公司也应

❶ 《交强险条例》第31条。
❷ 《交强险条例》第42条第3款规定："抢救费用，是指机动车发生道路交通事故导致人员受伤时，医疗机构参照国务院卫生主管部门组织制定的有关临床诊疗指南，对生命体征不平稳和虽然生命体征平稳但如果不采取处理措施会产生生命危险，或者导致残疾、器官功能障碍，或者导致病程明显延长的受伤人员，采取必要的处理措施所发生的医疗费用。"

当在医疗责任限额范围内预先支付抢救、医疗或丧葬费用。在支付程序上，明确赋予受害人或其家属以及医疗机构对于保险公司的预先支付费用请求权。并规定请求人应当提供交通管理部门、医疗机构出具的交通事故、抢救医疗或死亡的相关证明。此外，为了保证预先支付的金额确实发挥保障受害人抢救、医疗、丧葬的目的，抢救、医疗费用必须支付给医疗机构。

最后，加强同一保险公司内部以及不同保险公司之间的合作机制，切实加快保险赔偿的速度。

第五节　强制保险的监管制度

《交强险条例》确定的机动车强制保险业务的监督管理机构是国务院保险监督管理机构（以下称保监会），公安机关交通管理部门、农业（农业机械）主管部门（以下统称机动车管理部门）对参加机动车交通事故责任强制保险的情况实施监督检查。❶

一、现行法律规定

（一）强制保险的条款监管

《交强险条例》第6条规定："机动车交通事故责任强制保险实行统一的保险条款和基础保险费率……"这表明，机动车强制保险实行统一的保险条款。这意味着：（1）机动车交通事故责任保险在不同地区、不同保险公司之间实行统一的保险条款。（2）在机动车强制保险项下，不同投保人和被保险人享有相同的保险保障。保险条款是保险人与投保人之间的合同，因此，机动车强制保险实行统一条款的结果，必然是不同投保人和被保险人在机动车强制保

---

❶　《交强险条例》第4条。

险项下享有相同的保险保障。（3）机动车强制保险条款的统一，不仅是保险保障内容的统一，而且还是保险条款形式的统一，即保险条款的实质内容与表达形式均统一。

（二）强制保险的费率监管

《交强险条例》第6条规定："机动车交通事故责任强制保险实行统一的……基础保险费率……"对此规定，有三层含义：（1）机动车强制保险费率中统一的是基础保险费率。由于机动车强制保险费率由风险保费率和附加保费率两部分构成，而机动车强制保险费率中统一的仅为基础保险费率，因各保险公司经营成本不同，故其附加费率相应的也应不同，因此，机动车强制保险的费率仍有可能不同。（2）机动车强制保险实行统一的基础费率，是指各保险公司之间的基础保险费率相同。（3）机动车强制保险实行统一的基础费率，并不表明各地区，各使用性质、各车型机动车的基础费率均应统一。事实上，因不同地区之间经济发展水平参差不齐，故各地区的交通事故赔偿案件赔偿水平会存在显著差异；由于不同地区道路交通环境与交通管理水平存在差异，故不同地区交通事故发生概率存在显著差异，其结果是不同地区机动车强制保险的风险情况也应不同，因此，各地区机动车强制保险的基础保险费率应不相同。同样，不同车型的机动车、不同使用性质的机动车、不同驾驶人的机动车之间的风险状况也不同，故其基础保险费率也难统一。❶

关于费率的制定与审批，《交强险条例》第6条规定："机动

---

❶ 刘绍，杨华柏，郭左践. 机动车交通事故责任强制保险条例释义［M］. 北京：法律出版社，2006：16–22. 但是，考虑到强制保险在法律环境、赔偿方式等诸多方面与商业三责险不同，故保监会决定第一年先实行全国统一保险价格，在实践中积累经营数据，通过实行"奖优罚劣"的费率浮动机制，并根据各地区的经营情况，逐步在费率中加入地区差异化因素等，实行差异化费率。因此，我国于2006年6月首次公布的强制保险费率采取了不分地区、不分驾驶人、不分车况等，仅按机动车的车型与使用性质对费率进行区别。

车交通事故责任强制保险实行统一的……基础保险费率。保监会按照机动车交通事故责任强制保险业务总体上不盈利不亏损的原则审批保险费率。""保监会在审批保险费率时,可以聘请有关专业机构进行评估,可以举行听证会听取公众意见。"

关于费率的调整,《交强险条例》第 7 条规定:"……保监会应当每年对保险公司的机动车交通事故责任强制保险业务情况进行核查,并向社会公布;根据保险公司机动车交通事故责任强制保险业务的总体盈亏情况,可以要求或者允许保险公司相应调整保险费率。""调整保险费率的幅度较大的,保监会应当进行听证。"

关于费率浮动机制,《交强险条例》第 8 条规定:"被保险机动车没有发生道路交通安全违法行为和道路交通事故的,保险公司应当在下一年度降低其保险费率。在此后的年度内,被保险机动车仍然没有发生道路交通安全违法行为和道路交通事故的,保险公司应当继续降低其保险费率,直至最低标准。被保险机动车发生道路交通事故安全违法行为或者道路交通事故的,保险公司应当在下一年度提高其保险费率。多次发生道路交通安全违法行为、道路交通事故,或者发生重大道路交通事故的,保险公司应当加大提高其保险费率的幅度。在道路交通事故中被保险人没有过错的,不提高其保险费率……"这一规定表明我国机动车强制保险实行费率浮动机制。

（三）强制保险责任限额的监管

强制责任保险的基本结构是《交强险条例》规定的,即《交强险条例》第 23 条第 1 款规定:"机动车交通事故责任强制保险在全国范围内实行统一的责任限额。责任限额分为死亡伤残赔偿限额、医疗费用赔偿限额、财产损失赔偿限额以及被保险人在道路交通事故中无责任的赔偿限额。"因此,监管部门的监管权限主要体现为具体分项限额的确定。事实上,赔偿限额的高低不仅直接影响受害人保障的程度,而且关系到被保险人风险的分散程度和保险公司其他商业责任保险的空间。因此,这应该是强制保险及其监管中的核心问题。

（四）强制保险实施情况的监管

1. 强制投保的监管

强制投保的监管职责主要由机动车管理部门承担。主要的监管措施是：（1）对未投保车辆机动车管理部门不予登记，机动车安全技术检验机构不予检验。（2）机动车所有人、管理人未按照规定投保机动车交通事故责任强制保险的，由公安机关交通管理部门扣留机动车，通知机动车所有人、管理人依照规定投保，处依照规定投保最低责任限额应缴纳的保险费的 2 倍罚款。

2. 强制承保的监管

强制承保的监管职责主要由保监会承担。主要的监管措施是：保险公司违反本条例规定，有下列行为之一的，由保监会责令改正，处 5 万元以上 30 万元以下罚款；情节严重的，可以限制业务范围、责令停止接受新业务或者吊销经营保险业务许可证：（1）拒绝或者拖延承保机动车交通事故责任强制保险的；（2）未按照统一的保险条款和基础保险费率从事机动车交通事故责任强制保险业务的；（3）未将机动车交通事故责任强制保险业务和其他保险业务分开管理，单独核算的；（4）强制投保人订立商业保险合同的；（5）违反规定解除机动车交通事故责任强制保险合同的；（6）拒不履行约定的赔偿保险金义务的；（7）未按照规定及时支付或者垫付抢救费用的。

二、现行制度存在的问题及立法完善

（一）现行监管制度存在的问题

1. 保险条款、费率、责任限额制定主体的适格性

保险条款、费率和责任限额是直接关乎投保人、保险公司和受害人根本利益的重大事项。自从《交强险条例》施行以来围绕强制保险的争论基本都与此有关。从对相关规定的内容，到规定的制定主体，各种质疑声不断。那么，现行保险条款、费率和责任限额的制定主体是否适格呢？

如前所述，现行保险条款和费率是由中国保险行业协会制定、保监会审批的，责任限额是由保监会制定的。对此，有专家指出《道路交通安全法》第17条授权国务院规定机动车强制保险的具体办法，《交强险条例》进一步授权保监会及其他部门制定保险条款、费率和责任限额属于"层层转包行为"，违反立法法"被授权机关不得将该项权力转授给其他机关"的相关规定。● 究竟如何看待专家的质疑呢？

探讨《道路交通安全法》和《保险法》适用关系的必要性在于二者关于强制保险的规定。《道路交通安全法》第17条规定，国家实行机动车第三者责任强制保险制度，设立道路交通事故社会救助基金。具体办法由国务院规定。此外，《道路交通安全法》第76条对于强制保险的赔偿也做了原则性规定。而《保险法》关于强制保险的规定主要是第107条第1款："关系社会公众利益的保险险种、依法实行强制保险的险种和新开发的人寿保险险种等的保险条款和保险费率，应当报保险监督管理机构审批。保险监督管理机构审批时，遵循保护社会公众利益和防止不正当竞争的原则。审批的范围和具体办法，由保险监督管理机构制定。"在如何理解《道路交通安全法》第17条和《保险法》第107条第1款规定的适用关系上，有专家指出，根据新法优于旧法的原理应当适用《道路交通安全法》。❷ 其实，无论是新法优于旧法原则，还是特别法优于普通法原则，其适用前提都是存在两个效力等级一样、但规

● 郭永刚. 交强险办法制定层层转托是否合适［N/OL］. 中国青年报，2007 – 04 – 27［2008 – 12 – 10］http：//zqb. cyol. com/content/2007 – 04/27/content – 1747181. html.

❷ 刘莘. 交强险诉讼问题的三种问题和对策［EB/OL］. 2007 – 07 – 07［2008 – 06 – 02］http：//finance. qq. com/a/20070707/000147. html.

定内容冲突的法律或法规。《道路交通安全法》与《保险法》都是全国人大常委会审议通过的法律，二者都有关于强制保险的规定，但是二者规定的强制保险是否存在冲突呢？《道路交通安全法》规定机动车第三者责任强制保险制度的具体办法由国务院规定，《保险法》规定强制保险的条款和费率由保监会审批。因此，如果认为二者存在冲突，就意味着《道路交通安全法》要求强制保险的条款和费率等强制保险的具体办法都应当由国务院制定，而不是由保监会审批。事实上，由国务院制定强制保险的所有具体办法并不现实，造成目前交强险出现重大问题的真正根源在于《道路交通安全法》和《交强险条例》的基本制度设计，诸如费率形成机制、限额确定机制均不能保证公平合理的费率、责任限额的形成。

2. 保险费率制定过程的正当性

行政许可法第46条规定："法律、法规、规章规定实施行政许可应当听证的事项，或者行政机关认为需要听证的其他涉及公共利益的重大行政许可事项，行政机关应当向社会公告，并举行听证。"强制保险费率的审批属于行政许可行为，同时，这是关系亿万公众切身利益的事项，理应属于"涉及公共利益的重大行政许可事项"，因此，按照行政许可法，保监会在审批保险费率时，应当向社会公告，并举行听证。

然而，《交强险条例》第6条第2款规定："保监会在审批保险费率时，可以聘请有关专业机构进行评估，可以举行听证会听取公众意见。"将行政许可法规定的强制听证义务弱化成了"可以行使也可以不行使的权力"。事实上，保监会在审批强制保险费率时并没有行使《交强险条例》赋予的权力，其不当性显而易见。

3. 统一基础保险费率在执行中变成了统一保险费率

《交强险条例》规定："机动车交通事故责任强制保险实行统一的……基础保险费率。"保险费率由风险保费率和附加保费率两部分构成。所谓统一的基础保险费率，一般理解为与风险保费率相同。❶ 由于各保险公司经营成本不同，故其附加保费率应该不同，因此，相应的保险费率也应不同。但是，保监会公布的《机动车交通事故责任强制保险基础费率表及费率方案》规定，"在实行机动车交通事故责任强制保险费率浮动办法前，根据本费率方案第一项计算出的基础保险费就是最终保险费；在实行机动车交通事故责任强制保险费率浮动办法后，先根据本费率方案第一项计算出基础保险费，再根据机动车交通事故责任强制保险费率浮动办法计算出'与道路交通违法行为和道路交通事故相联系的浮动比率'"，并据此计算出最终保险费。可见，实践中，机动车强制保险的保险费率是统一的，即《交强险条例》规定的"统一基础保险费率"在执行中变成了统一保险费率。在机动车强制保险制度实施之初，为确保平稳过渡，统一保险费率或许是必要的，但这一现状不能长久维持下去；否则，既直接损害《交强险条例》的权威性，也不利于保险公司开展竞争，保障机动车强制保险制度的实施，从而实现机动车强制保险制度的立法目的。

4. 保险条款及费率制定主体缺乏合法性依据

《交强险条例》第 6 条规定机动车强制保险实行统一的保险条款和基础保险费率，但未明确如何实现此种统一。在实践中，由保险行业协会负责制定保险条款和费率并报保监会批准后，由各保险公司向保监会申请采用此种条款和费率。这固然解决了机动车强制保险条款和基础保险费率的统一问题。但是，无论是依《保险法》的规定，还是依《财产保险公司保险条款和保险费率管理办法》（中国保监会 2005 年 4 号令），保险行业协会均无权制定保险条款和保险费率，保险公司也不能申请使用其他保险公司或机构的保险条款和保险费率。

---

❶ 邹志洪. 机动车交通事故责任强制保险法律实务指引［M］. 北京：法律出版社，2006：27.

5. 强制保险费率过高，责任限额过低

交强险保险费率水平不仅绝对值高，而且相对于其可分散的风险水平来说，显得过分高。具体理由见本书第 3 章，此处不再赘述。需要进一步指出的是，即使是调整后的保险费率和责任限额，仍然存在费率高、保障低的问题。

6. 强制投保，承保措施不严，执法不力

在强制投保方面，《交强险条例》仅仅赋予了机动车管理部门扣留机动车和罚款的权力，目前并没有其他法律、法规规定限制未履行投保义务责任人人身自由的行政处罚和刑事处罚。❶ 这相对于其他国家和地区的处罚措施来讲，显然过轻。在强制承保方面，《交强险条例》规定的对于保险公司违反强制保险条例规定的处罚措施主要是 5 万元以上 30 万元以下罚款和情节严重时限制业务范围、责令停止接受新业务或者吊销经营保险业务许可证。显然，罚款额度过低；同时，缺乏对于保险公司负责人及直接责任人员处罚的规定。

此外，从强制保险的运行实践来看，造成强制保险投保率过低的原因很多，但其中一个原因是强制投保和强制承保的执法不力。一年多来，在强制投保率如此低的情况下，竟然很少有关于违反强制投保义务处罚的事例；同时，保险公司违法拒保、不执行《交强险条例》的现象并非少见，但保险监督管理部门的处罚同样很少见到。

（二）立法完善

1. 建立合理的强制保险条款、费率及责任限额形成机制

在比较法上，我国台湾地区"强制汽车责任保险法"第 45 条规定："本保险费率，由主管机关会同中央交通主管机关拟订，提经社会公正人士组成之费率审议委员会审议通过后发布之。前项费

---

❶ 当然，作为行政法规的《交强险条例》并无权力规定刑事处罚。

率拟订工作，得委托适当专业机构办理。""保险人应依主管机关会同'中央'交通主管机关依第一项规定发布之保险费率计收保险费。"

　　就我国内地而言，目前真正需要解决的问题是，通过修改《交强险条例》建立科学合理的保险条款、费率及责任限额形成机制，即改变现行由保险协会制定条款费率的不当做法，规定强制保险的条款、费率和责任限额由保监会会同公安部交通管理部门制定，并保证上述事项制定过程的公开性，按照《行政许可法》的规定履行听证义务；经听证后，由保险、法律及其他社会公正人士组成的独立委员会审议通过。

　　2. 在统一基础保险费率的基础上允许保险费率的差异性

　　从《交强险条例》的立法目的看，其统一的应仅为基础保险费率，但在执行中却变成了统一保险费率。究其原因，一方面在于执法机构对立法原意的把握失当；另一方面也反映了《交强险条例》在用语上可能有些模糊，为失当把握提供了可能。因此，将来《交强险条例》修改时可明揭此意，明确规定保险公司可根据自身经营管理水平确定附加费率，使各保险公司的机动车强制保险费率可有差异，促使不同保险公司之间加强竞争，提高强制保险服务质量。

　　3. 加重处罚力度，强化强制保险执法

　　首先，规定违反强制投保义务的限制人身自由行政处罚措施。

　　其次，提高对保险公司违反强制保险制度的罚款额度，并将保险公司负责人和直接责任人员纳入处罚的范围。

　　最后，公安机关交通管理部门和保险监管部门要切实履行职责，加强强制保险的执法力度。

第五章 我国机动车事故侵权损害赔偿机制的重构

一、机动车侵权损害赔偿机制重构应当考虑的因素

（一）正确对待目前机制的问题

重构的前提是认清问题。我国改革开放 30 年来机动车侵权责任机制不断地反复调整，但至今仍未能进入正常轨道，其根本原因在于没有认清问题。这一点在《道路交通安全法》第 76 条的修正过程中更是得到了集中体现。正如本书第三章所指出的那样，《道路交通安全法》第 76 条所确立的机动车侵权责任机制不仅存在问题，而且问题很多，很严重，尤其是在修正之后。目前的侵权责任机制是脱离我国国情的、没有协调好与强制保险机制、救助基金机制以及民事侵权机制的支离破碎的"烂摊子"，需要彻底地"重建"。在重建过程中，必须纠正两种不正确的观念。第一，第 76 条的问题决不仅仅是所谓的"撞了不白撞"的存废问题。从《道路交通安全法》立法、修正的整个过程中，很少有人讨论强制保险制度，很少有人讨论强制机制与侵权责任机制的衔接问题。而将所有的精力都集中在所谓"撞了白撞"与"撞了不白撞"的讨论上。其实，机动车侵权责任机制的建立不仅要"瞻前顾后"、而且要"左顾右盼"。对于交通事故受害人的救济来说，侵权赔偿仅仅是一个方面，就如同仅仅精雕细刻一个车轮无助于机动车车速的提高。重构我国机动车侵权责任机制必须考虑到我国的国情（下文专门讨论），必须考虑到我国国情下可行的强制保险制度、社会保障制度、商业保险以及相关机制之间的协调。第二，无论如何，"撞了不白撞"的立法思路值得肯定，第 76 条的修正不是进步，是倒

退。立法要尊重民意，但也要正确对待民意，如果立法完全跟着民意走，不尊重法律的科学性，很难有稳定、科学的法律。

目前，《侵权责任法》正在起草，这为机动车侵权责任机制的重构提供了机遇。机动车侵权责任机制属于民事基本法规范的范畴，《侵权责任法》没有理由不规范机动车侵权，在《侵权责任法》出台后，机动车侵权责任机制就没有必要再存在于《道路交通安全法》中。

（二）立足我国国情

建立我国机动车侵权责任机制必须考虑的基本国情有：首先，我国机动车事故受害人保护问题很严重，其严重性主要表现为不仅受害人数量多，伤亡程度严重，而且绝大多数受害人为收入低、社会保障未覆盖或保障程度低的群体。其次，机动车所有人的赔偿能力有限。在多数情况下，机动车事故受害人与加害人同属低收入、无保障的群体，且往往同属受害人。最后，保险市场分散风险的能力十分有限。责任的严格化程度往往是与责任保险机制的成熟程度相一致的。即使在发达国家，机动车事故的高额责任负担也没有完全让责任方承担，更多地是通过保险机制（包括强制保险和任意保险）予以分散的。然而，我国在机动车事故侵权责任负担急剧上涨的同时，保险市场有效地分解风险的能力却严重不足。长期以来，机动车保险保费收入一直占据财产保险公司七成左右的保费收入，而汽车保险中责任保险的保费占据相当的比重。由于受财产保险市场发育程度所限，我国的机动车保险保费一直维持在高位运行。这在我国正式推行交强险后也没有有效的改变。保险市场的现实发展状况决定了我国的机动车强制保险不可能提供充分保障，将强制责任保险的保障维持在较低的水平，从而为任意责任保险留出足够的发展空间是必然的选择。事实上，我国目前连这一点都没有做到，目前的机动车责任保险至少包括交强险、车上人员责任险、第三者责任险。不过，必须指出的是，目前的这样一种制度安排并非是我国保险市场分散风险能力的真实反映，我国的机动车责任保险市场应当被分解为强制责任保险与任意责任保险两大市场，车上人员责任险不应存在；同时，在强制责任保险与任意责任保险的比例上，强制责任保险的比例还有很大的上升空间。

（三）顺应机动车侵权责任严格化的国际立法趋势

1. 机动车事故侵权责任的严格化

机动车事故领域是最适宜课以严格责任的领域。各国机动车侵权责任机制的演变也的确反映了这一特征。考察世界其他国家和地区的机动车侵权责任立法，基本的特征就是责任的严格化，而且这种严格化体现出以下几个特点：

第一，严格化的时点——与机动车普及同步。机动车的历史并不长，最早的机动车为1769年诞生的蒸汽公路机车，第一辆真正意义上的汽车的出现是在1885年，汽车的大量生产更是肇始于20世纪初。然而，与各国机动车保有量基本呈现稳步增加的发展态势不同的是，机动车事故却经历了迅速恶化——逐渐被控——渐趋缓和的演变轨迹。在发达国家机动车普及之初的20世纪20年代，机动车事故造成的人身伤亡和财产损害已经达到了十分严重的程度。例如，在20世纪20年代后期美国四轮车的保有量突破千万辆、英国突破百万辆之时，美国机动车的死亡人数已经超过3万人，英国也突破了5000人。而在八十多年后的今天，虽然美、英等发达国家的机动车保有量增长了20倍左右，如美国超过了2亿辆，英国为3000万辆左右，但美国的机动车事故死亡人数仅4万多人，英国仅为3000多人（今天的受伤人数比80年前要多得多）。❶ 在如今的发达国家中，除日本的机动车普及及随之而来的受害人保护问题出现在20世纪中叶之外，法国、德国、加拿大等国的机动车发

---

❶ ROBERT Merkin, JEREMY Stuart - Smith. The law of motor insurance [M]. London：Sweet&Maxwell, 2004：2 - 6.

展及事故受害人问题的出现与英国基本一致。此外，发展中国家机动车时代的到来和机动车事故问题的凸显差不多比发达国家晚了五十年左右，但发展历程基本相似。为了应对日益突出的机动车事故受害人保护问题，发达国家在 20 世纪初即已开启了机动车事故侵权责任的严格化。如德国在 1909 年即通过《汽车交通法》这一特别立法方式，开始了机动车事故侵权责任从传统过错责任的脱离，规定汽车占有人于营运过程中致人死亡或者身体、健康损害的，应当承担损害赔偿责任，但能证明损害系由于不可避免的事故发生的除外。此后，法国等发达国家在 20 世纪 30 年代，日本于 20 世纪 50 年代，大量发展中国家在 20 世纪 70 年代之后，逐步实现了机动车事故侵权责任的严格化。

第二，严格化的方式——立法与判例。机动车事故侵权责任的严格化方式不仅仅是德国、日本、韩国等国的特别立法方式。法国这一成文法国家机动车侵权责任的严格化主要是通过判例方式推进的。早在 1930 年法国废弃法院在一起交通事故案件的判决中即适用了"无生物规则"，指出机动车事故实行严格责任。而直到法国通过《1985 年 7 月 5 日第 851677 号法律》，始以特别立法方式规定了机动车事故的严格责任。而与特别立法和判例方式不同的是，发展中国家中的越南、蒙古等国则是在民法典中规定机动车事故的严格责任。此外，虽然美国、英国等英美法系国家依然在机动车事故领域实行过错责任，但实际上也通过判例、立法等方式提高过失判断标准、倒置举证责任、废弃与有过失规则等途径突破了传统过错责任，实现了一定程度的责任严格化。

第三，严格化的趋势——越来越严格。考察各国机动车事故侵权责任的发展，基本的趋势是不仅严格化，而且越来越严格。如德国 1909 年《汽车交通法》虽然规定了严格责任，但免责事由十分宽泛。1952 年，德国将《汽车交通法》改名为《道路交通法》，仍沿用严格责任，但将赔偿的范围扩展到物损和营利性营运的乘客。而 2002 年《德国第二次损害赔偿法修订法》对《道路交通法》又进行了修正，即一方面将免除道路交通事故责任的儿童的年龄提高到了10周岁；另一方面《道路交通法》第7条中不可避免事件的抗辩事由，被修正为不可抗力的抗辩。法国虽然在1930年即在交通事故领域实行严格责任，但法院在具体案件的审判中对"无生物原则"常常进行严格解释，如对"不可抗力"和"被害人与有过错"两个免责事由进行宽泛解释，从而将诸如恶劣天气及突然窜出的野生动物造成的交通事故也被认为是不可抗力所致。❶然而，法国《1985年7月5日第851677号法律》对机动车侵权造成的人身损害和财产损害均规定了严格责任，受害人不受驾驶人或保管人以不可抗力及第三者行为抗辩的对抗。但是在受害人也有过失的场合，该法对人身损害和财产损害作出了不同规定，即为了贯彻该法首先保护行人和骑自行车者等"弱势"道路使用者的利益，该法第3条专门对人身损害的赔偿进行了规范。根据第3条的规定，不满16周岁、超过70周岁或至少已丧失80%谋生能力的"特别弱势"的非驾驶人受害人，除了自杀等轻率招致的损害以外，即使他们有成为"事故排他性原因力"的"不可原谅"的过错，也能向驾驶者和保有者主张权利。而对于除此"特别弱势"者外的其他非驾驶人受害人，原则上只有其本身的过错符合"不可原谅的共同过错"和"事故排他性原因力"特征时才会导致不利结果。而且在事故车辆保有者或驾驶人有过错时，受害人即使有不可原谅的共同过错，也不再加以考虑，因为受害人不可原谅的过错不构成事故排他性原因力，当然受害人故意招致的损害除外。但就财产损害而言，根据该法第5条第1款的规定，如果非驾驶人受害人有过失，对其财产损害的赔偿将被限制或免除。此外，根据该法第4条规定，如果驾驶人受害人有过失，对其损害赔偿将被限制

❶ 陈忠五等. 法国交通事故损害赔偿法的发展趋势——民法研究会第三十五次学术研讨会［J］. 法学丛刊，2004（196）：132-134.

或免除。❶

第四，严格化的基础——保险的可得性。不可否认，机动车侵权责任的严格化过程是与保险的强制化密不可分的。一方面，责任的严格化刺激了保险需求；另一方面，保险的发达，尤其是责任保险的强制化为责任的严格化奠定了基础。事实上，20世纪二三十年代不仅是机动车责任严格化的第一个高潮，同时也是保险强制化的第一个高潮。如丹麦于1918年即开始实行强制赔偿保险制度，后来挪威于1926年、瑞典于1929年、美国马萨诸塞州于1927年、英国于1930年、德国于1939年分别实施了强制责任保险制度。此外，与责任越来越严格一致的是，强制保险保障的范围也越来越广泛，从只保车外第三人到将乘客纳入，从仅仅保障人身损害到财产损害也被部分国家纳入，从基本保障到部分国家的充分保障，基本上为责任的严格化铺平了道路。因此，对各国机动车侵权责任的研究不应仅仅局限于侵权责任，而应当充分考虑到保险可得性因素。机动车严格责任的风险最终是通过成熟的保险市场予以化解的，而非由机动车保有人承担。

2. 机动车事故侵权责任严格化的正当性❷

过错作为责任基础，其正当性似乎是毋庸置疑的。我国台湾地区学者王泽鉴教授从道德观念、社会价值及人的尊严的角度全面论证了过错责任的正当性。❸或许正是由于过错责任深厚的道德基础及不容置疑的正当性，以及该原则长期主导侵权法责任原则的事实，使得过错责任标准被过分地伦理化、神圣化，甚至达到迷信的

❶ ［德］克雷斯蒂安·冯·巴尔. 欧洲比较侵权行为法（下）［M］. 焦美华，译. 北京：法律出版社，2001：490－491.

❷ B. A. Koch，H. KoziolEds. Unification of Tort Law：Strict Liability. Boston：Kluwer Academic Publishers，2002：402－414.

❸ 王泽鉴. 债法原理（三）：侵权行为法［M］. 北京：中国政法大学出版社，2001：13－14.

地步。然而，这一切并没有阻止严格责任标准逐步取得正统的地位。严格责任之所以能够在侵权责任形态中占据一席之地，其与过错责任一样有着不容置疑的正当性。一般认为，严格责任的正当性根据有危险来源、危险控制、享受利益及分散损失等。不过值得注意的是，与过错本身就是一个课以责任的正当性基础不同，严格责任的严格仅仅是一个比较性、相对性的概念，本身并不是一个归责标准。而且，由于严格责任仅仅是与过错责任不同的各种类型的责任形式汇集的产物，因而不同的严格责任类型的责任基础并不相同。如对产品课以严格责任的理由主要有：信息的不对称；保护消费者；生产者处于可以通过价格、保险等机制分散风险的优势地位；公平正义的要求；等等。而环境污染事故适用严格责任的理由主要有：信息不对称；单方预防——这是经济学家赞成严格责任的最为典型的例子（单方预防是指只有污染者才有可能预防污染事故的发生，而且严格责任在这种单方预防的情形是同样能够激励污染者采取最佳预防的）。奥地利和德国对基因工程进行了专门立法，包括对改变了基因的微生物的严格责任，如此做法是考虑到了对新技术担心的公众感情。

就机动车而言，在其发展的早期，道路事故实行严格责任主要是基于对新技术的担心，然而现代的观点已经发生了变化。概括而言，道路交通事故责任严格化的理由主要有：

第一，危险的存在。责任严格化的最为主要的理由是从损害原因考虑的，即危险程度越高，注意义务要求越高，责任越严格。因此，危险是课以严格责任的最为主要的因素，道路交通事故更是如此。不过，与早期视机动车本身为危险的态度不同，现代社会已经转向了使用汽车作为工具活动的危险性，即当越来越多的人们参与到交通中时，由于人都有犯错误的倾向，从而带来了越来越多的危险。也正是这种每个人都可能出现的犯错误的倾向，不仅大大弱化了交通事故案件的应受道德谴责性，而且使大多数受害者认为只要得到赔偿即可，而不论谁给他们赔偿。由此可见，危险的因素依然

是道路交通事故实行严格责任的一个主要理由。事实上，我国
《民法通则》和《俄罗斯联邦民法典》都将驾驶机动车作为高度危
险作业予以规范，并课以严格责任。与危险因素紧密相关的课以严
格责任的理由就是避免实际损害的能力大小，即哪一方实际上有机
会避免损害的发生。机动车事故实行严格责任往往使侵害人自动地
采用最佳活动量标准，如通过减少每年驾驶里程来降低危险。

第二，损害的类型。解释严格责任的根据时，我国学者强调的
比较多的是损害原因因素——危险，而对损害本身对严格责任的影
响重视不够。其实，物体或活动可能的损害后果在一定程度上也是
一个独立的考虑因素，这在人身损害的情形是正确的。这是因为防
止或至少是赔偿对身体的伤害被一般地认为是侵权法的最主要考
虑。而事实上各国道路交通立法也往往是将人身损害与财产损害区
别对待。如日本、比利时等国关于机动车交通事故的严格责任规
则仅仅适用于人身伤害，财产损害依然适用民事一般规则。法国虽
然将财产损害和人身损害在同一交通事故立法中予以规范，而且同
样规定了严格责任，但仍有严格程度的差异。即使是有些国家将财
产损害也纳入严格责任的范围，也是在国家发展到一定程度后逐步
纳入的。

第三，保护受害人。保护机动车事故受害人，尤其是非机动
车驾驶人、行人等弱势道路使用者是各国机动车侵权责任严格化
的一个很重要的原因。如前所述，机动车事故受害人保护问题在
20世纪20年代已相当严重。而据世界卫生组织的不完全统计，
2002年全球交通事故造成约2000万~5000万人伤害，约500万
人残疾，118万人死亡。❶ 因此，机动车事故受害人的保护是世界
性的课题。

第四，风险或损失的分散。对于机动车事故规定严格责任在

❶ 曾利明.去年十万人死于车祸［N/OL］.深圳商报，2004－04－07
［2008－12－15］http：//www.stc.gov.cn/News/InfoDetail.asp？id＝13766.

很大程度上是为了分散风险的需要，而不是惩罚驾驶人或车主的需要。从历史的角度来讲，责任保险的可得性在严格责任的产生和发展过程中发挥了决定性的作用。与此同时，由于机动车的保有人处于购买保险的最有利地位，所有的驾驶者从交通中获得了利益，因此，让机动车保有人像工厂所有人那样承担严格责任，并通过强制保险在所有的驾驶者当中分散一定个体的风险是合理的。事实上，各国对机动车实行严格责任的同时，一般也规定了强制保险。

综上所述，使用机动车的普遍危险性、保护交通事故中受害人人身损害的必要性、机动车的保有人或驾驶人可以通过责任保险机制比受害人更为方便和有效地分散风险等因素是机动车事故实行严格责任的正当化基础。

（四）以机动车保有人为责任主体

1. 世界其他国家和地区关于机动车侵权责任主体的规定

比较法上关于机动车损害赔偿严格责任主体的规定存在三种不同的立法模式：（1）机动车的保有人和驾驶人都属于严格责任调整的主体，机动车的保有人与驾驶人承担连带责任。采此种模式的国家有法国、希腊、意大利、西班牙等。（2）危险责任仅适用于机动车保有人，非保有人的机动车驾驶人只承担过错责任或者过错推定责任。丹麦、荷兰、葡萄牙、奥地利、卢森堡、德国、日本采取此种模式。（3）只有机动车的驾驶人才是机动车损害赔偿责任的主体，适用法律特别规定的过错推定责任，其他人即便是机动车的所有人、占有人除非适用雇主责任，否则仅承担过错责任。我国台湾地区采取此种模式。❶

不过，从世界各国、各地区的立法来看，基本的趋势是将保有

---

❶ 程啸. 机动车损害赔偿责任主体研究［J］. 法学研究, 2006（4）: 129.

人规定为机动车严格责任的责任主体。在奥地利，寻找可能被告时所有权并不是决定性的，但是可以作为辨别占有人的线索。在大多数严格责任法律下，实际控制是决定性的因素，即实际控制危险的人是应当负责的人。实质性地从物品或活动中获益的人也应该承担责任，即使其他人实际上控制着危险源。在英国，一般的做法是，无论是在成文法还是普通法，将"占有"（occupation）或"保有"（possession）作为责任的充分基础，而不再要求所有权。在德国，民法上的所有权很少是严格责任法规定寻找适当被告的因素。责任人往往被界定为"控制者"或者"保有人"等，这些术语包含两个基本的因素：责任人必须对机动车拥有自由处分权利及为了自己的利益使用或运行机动车。实际的占有是很重要的寻找责任人的证据（虽然所有权可以满足）。❶《荷兰道路交通法》第185条虽然也将所有权人列为责任主体，但1997年11月26日的交通事故立法草案，为服务于荷兰新民法典第8篇之规定，废除了道路交通法第185条的规定，未再将所有权人规定为责任主体。该国民法典第8篇第1203～1205条下责任将限于缺乏保有者情形下的占有者。保有者是第一责任人，占有者只是补充责任人。意大利的趋势也是越来越多地将保有者放到了中心位置。❷ 在捷克共和国，道路交通事故的责任人是运行人（operator），运行人是拥有永久性的法律上和实际上的处分交通工具权利的人。这种责任包括但不限于运行、维护、与运行有关的费用的责任。在运行人和所有人不相同时，运行人必须建立在长久性因素之上，即运行人所反映的是一种长期的身份（一种永久的地位）。在运行人（所有人）将机动车短期借给他人的情形，所有人依然是运行人。运行人必须与此同时是领有执照

❶ B. A. Koch，H. KoziolEds.）．Unification of Tort Law：Strict Liability. Boston：Kluwer Academic Publishers，2002：20，23，116，161，418－419.

❷ ［德］克雷斯蒂安·冯·巴尔．欧洲比较侵权行为法（下）［M］．焦美华，译．北京：法律出版社，2001：486－487.

的人（注册的使用人）。❶ 在西班牙，基于法律规定当地的法院确实只能对驾驶者适用严格责任，但通过法院的努力，西班牙也认定了机动车辆占有者的风险（严格）责任。由此，西班牙也应被归入适用保有者严格责任的法律制度行列内。❷ 在日本，1955 年《机动车损害赔偿保障法》第 3 条明确规定了机动车事故损害赔偿责任主体为运行供用者。❸ 何为运行供用者，当时的立法并没有明确界定。不过依日本学界的通说，运行供用者是根据运行支配和运行利益两项标准加以把握和解释的，即所谓运行供用者，系指机动车的运行支配与运行利益的归属者。所谓运行支配，通常指可以在事实上支配管领机动车运行的地位。而所谓运行利益，一般认为仅限于因运行本身而生的利益。不过值得注意的是，在这两项基准提出初期，学者关于该两项基准的含义是从狭义上把握的，但后来却出现了与此相反的扩大解释的情况，正是这种情况导致了运行支配与运行利益基准的弹性化、扩大化。❶ 《韩国机动车损害赔偿法》第 3 条规定了 "机动车运行者责任"。"机动车运行者" 既不同于机动车保有人（在韩国，机动车保有人是指如机动车所有人、租赁人等有权利使用机动车者），又不同于驾驶员。构成运行者的要件为运行支配性与运行利益。判例将 "运行支配性" 解释为除了实

---

❶ B. A. Koch, H. KoziolEds. Unification of Tort Law: Strict Liability. Boston: Kluwer Academic Publishers, 2002: 87.

❷ ［德］克雷斯蒂安·冯·巴尔. 欧洲比较侵权行为法（下）［M］. 焦美华，译. 北京：法律出版社，2001：487 – 488.

❸ 德国法中的 "保有者" 不包括擅自驾驶者，而在日本法，擅自驾驶者是运行供用者的一种或一部分。在日本法也有 "保有者" 的概念，但依《日本自动车损害赔偿保障法》第 2 条第 3 款规定，所谓 "保有者"，指机动车的保有者及有权使用机动车的人（李薇. 日本机动车事故损害赔偿法律制度研究［M］. 北京：法律出版社，1997：25）。

❶ 李薇. 日本机动车事故损害赔偿法律制度研究［M］. 北京：法律出版社，1997：29.

际的管理和运营的事实状态外，还包括客观上的可支配或应当支配的状态。"运行利益"指使用机动车而归属于自己的利益，其不仅包括经济的和直接的利益，而且包括精神上的满足等间接的利益。●

由此可见，机动车侵权责任的主体应当是对机动车享有运行支配和运行利益的人，其名称可能有"保有人"、"运行供用者"等不同称谓，但其具体含义差别不大。如日本法中的"运行供用者"包括擅自驾驶者，而德国法中的"保有者"不包括擅自驾驶者，●但其主要含义及判断标准十分相近。机动车所有人并不是机动车侵权责任的适当概念，各国对于所有人侵权责任的规定也往往不同于保有人。1911 年《希腊机动车辆赔偿责任法》第 4 条规定，当所有权人不是车辆保有者时，他以车辆价值为限承担责任；如果"所有权人将车辆转移给了受害人，法院可以酌定免除其责任。"●《荷兰道路交通法》第 185 条规定，保有者和所有权人对由机动车辆所导致的物损，"以车辆在事故发生时的实际价值为限"承担责任，除非该价值小于 500 荷兰盾。在这种情况下以 500 荷兰盾为赔偿限额（只有在缺乏保有者时机动车辆所有权人才承担责任）。●《意大利民法典》第 2054 条以下的规定，是否是严格责任在意大利争议很大。但条文明确规定了机动车辆的受益者和所有权保留买卖下的买方，先于所有权人承担责任。

至于车辆的驾驶人应当承担何种责任，各国法律的规定很不一致。法国《1985 年 7 月 5 日第 851677 号法律》第 2 条规定，"监管者和驾

● 崔吉子．析交通事故的损害赔偿责任主体——以韩国机动车运行者责任为中心［G］//梁慧星．民商法论丛．第 31 卷．北京：法律出版社，2004：370－372.

● 李薇．日本机动车事故损害赔偿法律制度研究［M］．北京：法律出版社，1997：25.

● ［德］克雷斯蒂安·冯·巴尔．欧洲比较侵权行为法（下）［M］．焦美华，译．北京：法律出版社，2001：486.

● 如前所述，这一制度已被改变。

驶者均不能适用不可抗力和第三人介入的抗辩事由对抗受害人。"1911
年12月《希腊关于机动车辆的刑事和民事责任法》第4条明确规定，
在所有权人和保有者之外的驾驶人也是责任主体，后者也就"机动车
辆运行过程中导致的损害"对第三人承担损害赔偿责任。《意大利民法
典》第2054条第1款集中规定的就是"非在轨道上运行车辆之驾驶
者"的责任，该条第3款才涉及了其他责任主体。与此不同的是，
1986年2月17日第58号《丹麦道路交通法》第104条第2款规定：
"驾驶者（仅）根据有关损害赔偿的一般规定承担责任。"从《荷兰道
路交通法》第185条第5款可以看出，驾驶者的个人责任是根据民法
的一般规定加以认定的。《奥地利铁路及机动车辆赔偿责任法》也采用
了同样的观点，仅保有者承担严格责任，驾驶者只承担过失责任，但
在未获得真正保有者同意的情况下，机动车辆使用者——即所谓驾黑
车者，会获得准保有者身份，倘若真正的保有者也必须承担责任。在
德国，新《道路交通法》第7条规定："（1）驾驶动力车辆或由动力
车辆拖曳之拖车，使人死亡，身体或健康受伤，或使物受损，车辆占
有人对于受害人应赔偿其损害。（2）如意外系由不可抗力所造成者，
（占有人）不负赔偿责任。（3）驾驶人违反动力车辆占有人之意思，
而擅自使用车辆，该驾驶人取代占有人而负损害赔偿责任，除此之外，
由于车辆占有人之过失，使驾驶人得以使用该车辆者，占有人仍应负
责。第1句之规定，如驾驶人系为使用该车辆之占有人所雇佣者，或
由车辆占有人交付其使用者，不适用之。第1句及第2句之规定，对
于拖车之使用准用之。"❶

❶ 黄立. 德国民法损害赔偿规范之研究［J］. 政大法学评论，2006
（73）：87. 此外，《道路交通法》第7条所规范的危险责任只针对车辆的占有
人，不包括被保险人或所有人。与占有人只有证明不可抗力方可免责不同的
是，车辆驾驶人只有证明损害非由其过失所致，即可免责（黄立. 德国民法
损害赔偿规范之研究［J］. 政大法学评论，2006（73）：88）。而在多数车辆
占有人之间，不可避免事件仍可免责（黄立. 德国民法损害赔偿规范之研究
［J］. 政大法学评论，2006（73）：91）。

2. 我国司法实践关于机动车侵权责任主体的认定

本来《道路交通安全法（第一次审议稿）》第 49 条规定了机动车驾驶人、所有人、管理人在机动车道路交通事故中的民事责任。但这一规定在审议时遭到了广泛的反对，如有的委员提出，机动车事故发生后，确定机动车方有关人员的民事赔偿责任问题比较复杂，建议本法不做规定，可在民事侵权法律中做具体规定。❶《道路交通安全法（第二次审议稿）》第 71 条规定："对机动车在道路交通事故中的民事责任，按照下列规定承担：（一）驾驶人是机动车所有人、管理人的，由驾驶人承担；（二）经机动车所有人、管理人授权驾驶机动车的，由机动车驾驶人或者所有人、管理人承担；（三）未经机动车所有人、管理人授权驾驶机动车的，由驾驶人承担；（四）驾驶人与机动车所有人、管理人就机动车事故责任的负担事先已有书面约定的，从其约定。机动车所有人、管理人依据前款第（二）项承担赔偿责任后，有权向驾驶人追偿。"对于这一规定，在审议时还是遭到了质疑，理由依然是认为这一问题比较复杂，只能在实践中根据民法的有关规定和案件的具体情况确定，因此，建议《道路交通安全法》不做规定。正是在这种情况下，法律委员会最终建议删去这一条。❷

考察我国的司法实践，机动车侵权责任主体的确是一个很复杂的问题，而且是道路交通事故损害赔偿案件中最为复杂的问题之

---

❶ 全国人大法律委员会．关于《中华人民共和国道路交通安全法（草案）》修改情况的汇报［M］//公安部交通管理局编．中华人民共和国道路交通安全法适用指南．北京：中国人民公安大学出版社，2003：43.

❷ 全国人大法律委员会．关于《中华人民共和国道路交通安全法（草案）》修改情况的汇报［M］//公安部交通管理局编．中华人民共和国道路交通安全法适用指南．北京：中国人民公安大学出版社，2003：46 - 47.

一，从最高人民法院就个别问题的复函，❶ 各高级人民法院，乃至中级人民法院、基层人民法院的指导意见来看，机动车侵权责任主体的界定很不统一。❷ 不过，无论是理论界，还是司法实务界，关于机动车侵权责任主体应当为机动车保有人，保有人的判断标准为运行支配和运行利益二元标准这一点是没有分歧的。最高人民法院《关于被盗机动车肇事后由谁承担损害赔偿责任问题的批复》（法释［［1999］13 号）和《关于购买人使用分期付款购买的车辆从事运输因交通事故造成他人财产损失保留车辆所有权的出卖方不应承担民事责任的批复》（法释［2000］38 号）两个批复已经明显地体现了这一标准，而最高人民法院民事审判第一庭作出的《关于连环购车未办理过户手续，原车主是否对机动车发生交通事故致人损害承担责任的复函》则最为明确地采用了运行支配与运行利益的判断标准。该复函指出："连环购车未办理过户手续，因车辆已交付，原车主既不能支配该车的营运，也不能从该车的营运中获得利益，故原车主不应对机动车发生交通事故致人损害承担责任。"❸

（五）理顺与强制保险机制的关系

如前所述，我国应当建立的机动车强制保险制度是：在功能上，以给事故受害人提供基本、快速保障为宗旨；在模式上，坚持强制责任保险，而不应是无过失保险或二者的混合；在保障的损害范围上，以受害人人身损害为限，不保财产损失和精神损害；在保障的受害人范围上，除被保险人外的第三人（包括车上人员）都

---

❶ 最高人民法院《关于被盗机动车肇事后由谁承担损害赔偿责任问题的批复》（法释［1999］13 号）；《关于购买人使用分期付款购买的车辆从事运输因交通事故造成他人财产损失保留车辆所有权的出卖方不应承担民事责任的批复》（法释［2000］38 号）。

❷ 程啸. 机动车损害赔偿责任主体研究［J］. 法学研究，2006（4）：132 – 138.

❸ 程啸. 机动车损害赔偿责任主体研究［J］. 法学研究，2006（4）：132.

纳入强制保险的保障范围。

强制责任保险属于责任保险的范畴，理应以侵权责任为其基础。为了与上述强制责任保险制度相协调，《道路交通安全法》首先应对机动车交通事故的侵权责任进行规定，在此基础上再规定强制保险制度；同时，《道路交通安全法》只就机动车事故人身损害的侵权责任进行特殊规范，财产损害适用民法侵权责任的基本原则即可。此外，考虑到机动车交通事故侵权责任严格化和受害人保护的特殊需要，以及平衡受害人保护与加害人保费负担、保险公司承受能力，应当建立强制保险责任限额内外不同的侵权责任机制。

（六）商业保险的可得性

除了前述的机动车责任保险外，与交通事故侵权责任机制密切相关的，还有机动车责任人自身保险的可得性问题。因为在机动车事故发生后，机动车事故的责任人往往也是事故的受害者。由我国的国情所决定，我国不可能实行保障包括机动车责任人在内的所有事故受害人的无过失保险制度，所以机动车责任人只能通过投保人身保险解决自身的事故风险问题。然而，从目前的保险实践来看，车主为自己投保事故风险的比例很低，估计短期内这一状况不会得到明显改观。事故责任人自身保险保障的缺乏将进一步降低其承担侵权责任的资力，这也是我国完善机动车侵权责任机制应当考虑的一个因素。

二、机动车侵权损害赔偿机制重构的基本思路与具体建议

（一）基本思路

1. 区分人身损害和财产损失进行立法

如前所述，人身损害与财产损失区分规范是世界各国、各地区的普遍做法。机动车强制保险和侵权严格责任的核心都在于事故受害人人身损害领域。我国目前的国情尚不允许强制保险对受害人提供充分保障，机动车车主的经济赔偿能力有限，保险分散责任负担

的渠道不畅通，因此，有必要对人身损害和财产损失予以区别规范。财产损失应适用一般侵权行为的过错责任归责，并将其排除强制保险的保障范围。《道路交通安全法》应主要针对人身损害的侵权责任基础和强制保险问题进行原则性的规定。事实上，《合同法》已经充分贯彻了人身损害与财产损害区别对待的原则。《道路交通安全法（第一次审议稿）》第48条本来就是以人身损害和财产损害区分为基础立法的，而且强制保险保障的范围仅仅限于人身损害。只不过对于强制保险保障范围之外的人身损害和财产损失都规定了过错责任原则。❶

2. 建立以给受害人提供快速、基本保障为目的的强制责任保险制度

考虑到我国机动车保有人保费负担能力有限、受害人迫切需要抢救医疗费用等现实情况，机动车强制保险目前应当以"给受害人提供快速基本保障"为宗旨。因此，建议将除被保险人之外的车上人员纳入强制保险的保障范围；明确赋予受害人向保险公司的直接赔偿请求权。至于目前机动车强制保险中存在的其他问题，应当通过修改完善《交强险条例》来解决，如规定被保险人向受害人赔偿之前保险公司不得向被保险人支付保险金；严格限制保险公司的免责和减责抗辩事由，只有受害人故意造成交通事故时保险公司方可免除保险赔偿责任，同时，规定保险公司不得向受害人主张其对于被保险人的抗辩事由，如无驾驶执照、酒后驾车等。当然，保险公司在向受害人给付保险赔偿后，可以向被保险人追偿。

3. 人身损害的侵权责任区分强制保险责任限额内外进行规定

在交通事故处理中，由于大量事故有公安机关交通管理部门的现场勘察记录、调查访问笔录、检验鉴定结论和交通事故认定书

---

❶ 公安部交通管理局编. 中华人民共和国道路交通安全法适用指南[M]. 北京：中国人民公安大学出版社，2003：42.

等，事实上大大降低了举证责任方的举证难度。● 因此，通过过错推定原则加强受害人保护的意义并不大。真正有意义的是在无过错责任机制下，加害人免责或减责抗辩事由的多少。考虑到我国受害人保护的需要，以及机动车一方通过保险有效地分散高额风险的可能性并不高的现实，应当借鉴地方性立法弱化原第76条"撞了不白撞"严格立法的思路，但完全回归《道路交通事故处理办法》的做法并不可取。

基于以上分析，笔者主张应当规定所有的人身损害都适用严格责任，但规定不同的抗辩事由，即强制责任保险限额内的部分只规定受害人故意造成交通事故为唯一的免责事由，不规定减轻责任的抗辩事由；而强制责任保险限额之外的人身损害，不仅受害人故意造成交通事故的可以免责，而且受害人有重大过失的，应当减轻机动车方的责任。

4. 以学界和实务部门普遍接受的机动车保有人为责任主体

将机动车事故的责任主体明确规定为机动车保有人。所谓保有人，是指为自己利益支配机动车并通过机动车的运行获得运行利益之人。其不仅包括有权利使用机动车的保有人，而且包括擅自驾驶者、盗窃驾驶者等无权支配机动车之人。

5. 责任限额范围内的损害部分仅仅适用侵权责任制度，排除与违约责任的竞合

一方面，侵权责任与违约责任的竞合表面上似乎给受害人更多的选择机会，有利于保护受害人，但实际上在实践中很少发挥作用，机动车事故受害人主要还是通过侵权机制获得救济；另一方面，将乘客纳入强制责任保险保障范围之后，对于强制保险责任限额内的损害，自无维持二元机制之理。

● 公安部交通管理局编．中华人民共和国道路交通安全法适用指南[M]．北京：中国人民公安大学出版社，2003：286.

（二）具体建议

基于以上论述，建议将第 76 条修正如下：

道路交通事故致他人人身损害的，机动车保有人应当承担损害赔偿责任，但因受害人故意造成交通事故的除外。

道路交通事故致他人财产损害的，机动车保有人根据其过错大小承担损害赔偿责任。

强制责任保险限额内的除被保险人之外的人身损害，交通事故的损害赔偿请求权人有权请求保险公司或者道路交通事故社会救助基金给予赔偿。保险公司或社会救助基金不得以其对被保险人的抗辩事由对抗受害人。

强制责任保险保障范围之外的人身损害，机动车事故受害人有重大过失的，可酌情减轻机动车保有人的赔偿责任。

三、机动车侵权损害赔偿机制的重构

从我国的司法实践来看，机动车侵权损害赔偿案件是所有侵权案件中数量最多的。在 2004 年《人身损害赔偿司法解释》之前，《道路交通事故处理办法》规定的损害赔偿范围及标准一度成为人身损害赔偿的一般标准。《人身损害赔偿司法解释》的最大贡献是基本实现了人身损害赔偿标准的统一，基本反映了提高人身损害赔偿标准的现实需求，但是赔偿标准的过快提高以及城乡的简单区分标准显然不符合我国国情和损害赔偿的基本原理。"同命不同价"的说法固然不成立，因为《人身损害赔偿司法解释》明确将死亡赔偿金和残疾赔偿金视为劳动能力的赔偿，而非精神损害赔偿，该司法解释在死亡赔偿金、残疾赔偿金之外，还明确肯定了精神损害赔偿的存在。但是，城乡分治的立法技术过于粗糙，根本不能准确地反映个案中事故受害人的劳动能力水平。

机动车侵权损害赔偿标准没有理由独立化，应当适用民事侵权损害赔偿的一般规定。目前，我国正在制定《侵权责任法》，不管未来的《侵权责任法》对侵权损害赔偿问题如何规范，损害赔偿的具体制度是上升到基本法的层面，还是在《侵权责任法》对侵权损害赔偿作出原则规定后，仍然由行政法规或司法解释进一步详细规定，这都是立法技术的问题。真正需要解决的是未来损害赔偿标准的具体化，即要在总结司法实践经验的基础上，借鉴其他国家和地区的做法，具体类型化损害赔偿标准。首先，需要类型化的是与伤残等级相应的残疾赔偿金。其次，在具体受害人死亡或残疾赔偿金的计算标准上，既然死亡或残疾赔偿金是对劳动能力损失的赔偿，就应当以具体受害人的劳动能力水平为准。在具体操作上，对于有固定收入的劳动者，可以参照劳动合同法经济补偿的计算方法进行计算；对于无固定收入的个体劳动者、自由职业者，则可以根据一定期限内的收入平均数为准，同时限定赔偿限额；对于农民等无法计算收入水平的受害人，可以根据受理案件所在地的农民人均收入水平进行计算；对于学生、达到退休年龄的人员等特殊群体，其赔偿标准要按照一定比例进行折算。

第六章 我国机动车事故救助 基金制度的重构

第一节 完善救助基金制度的基本思路

一、必须充分认识我国建立救助基金制度的必要性

我国机动车事故受害人救济问题的严重性早已揭明。同时，受制于投保人保费负担能力、投保人投保意愿、投保人赔偿负担能力、受害人抢救医疗费用和肇事逃逸案件居高不下、未投保车辆监管及保险公司监管的有效性等多种因素，我们必须对未来机动车交通事故社会救助基金的负担问题有清醒的认识。当然，有关部门或许早已意识到这一问题的严重性，所以才导致《交通事故救助基金办法》至今未能出台。然而，救助基金制度迟迟不能到位，严重影响了交通事故受害人的救济和交强险功能的发挥，甚至影响了《道路交通安全法》第76条的不当修正。

二、必须充分认识目前救助基金制度框架存在的问题

正如本书第三章所论述的那样，目前《交通事故救助基金办法》至今未出台，但《道路交通安全法》第75条和《交强险条例》已经构建了救助基金的基本框架。目前这一框架存在的问题有：救助基金的功能定位不准、救助基金制度与其他制度不协调以及救助基金的来源有限等。对于这些问题，必须在修正《道路交通安全法》和《交强险条例》时予以修正，否则即使《交通事故

救助基金办法》实施后，救助基金也难有作为。

三、适当借鉴其他国家和地区的立法经验

道路交通事故社会救助基金系借鉴各国、各地区先进立法经验而创设的、保护道路交通事故受害人的社会救助制度，研究各国和各地区补充机动车强制保险的保护道路交通事故受害人的制度，对于完善我国道路交通事故社会救助基金制度具有重要的参考价值。

在比较法上，补充机动车强制保险的保护道路交通事故受害人制度一般有两种立法模式：一种是美国的未获判决补偿基金，道路交通事故受害人向基金提出补偿请求，须以获得胜诉判决为前提。另一种是德国、日本、法国、我国台湾地区所设立的各种道路交通事故补偿基金或救助基金，道路交通事故受害人向基金提出补偿请求，只须满足法定情形要求即可，无须获得胜诉判决。

在第二种立法模式中，德国和日本均是成立公法上的法人组织，由政府办理机动车损害赔偿保障事业；同时，又都以立法授权的方式，将损害赔偿基金事务授予民间机构办理。而我国台湾地区则是成立独立于政府机构之外的财团法人，以私法人的形式运营汽车交通事故特别补偿基金。所以，在救助基金具体的运行方式上，二者有一定的趋同性。

虽然各种补偿基金或救助基金的名称不尽相同，但是这些基金的设置目的，都是为了避免因为法律上或者保险技术上的漏洞，导致道路交通事故的受害人无法向保险人求偿，从而难以受到机动车强制保险保障的情形。因此，在补偿基金或救助基金给予受害人补偿或救助时，应实行补充性原则，即基金的补偿义务，对于保险人、加害人或者其他赔偿义务人而言，居于补充地位。❶ 道路交通事故请求权人只有在法律规定的特定情形下，即不能向机动车强制

❶　江朝国.强制汽车责任保险法［M］.台北：元照出版有限公司，2006：545.

保险的保险人请求保险赔偿时，才可以向补偿基金或救助基金请求补偿。

第二节 完善救助基金制度的建议

我国的救助基金制度至今未能建立，其主要的原因是救助基金管理办法未出台。不过，由于机动车强制保险制度存在重大的缺陷，《道路交通安全法》和《交强险条例》关于救助基金制度的原则规定也存在重大的问题。因此，不可指望未来的《交通事故救助基金办法》建立科学合理的救助基金制度。下面结合机动车强制保险制度的修正，提出构建我国机动车道路交通事故社会救助基金制度的若干建议。

一、理顺与交强险的关系

从功能上讲，救助基金制度是强制保险制度的辅助性制度，在受害人保障方面只能扮演次要角色。因此，救助基金制度的健康运行必须以强制保险的高投保率、❶ 低肇事逃逸率为基础。在我国目前强制保险投保率未达 50% 、医疗费用责任限额无法满足抢救医疗基本需要、肇事逃逸率居高不下的背景下，是无法建立行之有效的救助基金制度的。基于此，建议在修改完善机动车强制保险制度的基础上，构建符合我国国情的救助基金制度。具体的修改完善机动车强制保险制度的建议已在前面章节有详细论述，此处不再赘述。

二、赋予救助基金私法人地位

《道路交通安全法》第 17 条虽然规定国家设立道路交通事故

---

❶ 一个健康运行的强制保险制度，投保率至少在 90% 以上。

社会救助基金，具体办法由国务院规定，但是，没有规定救助基金是否具有法人地位，能否成为独立的民事主体。《交强险条例》对此也没有明确规定。迄今为止，国务院关于道路交通事故社会救助基金的具体办法尚付阙如。救助基金是否具有法人地位，以何种法律形式运行，对于救助基金能否实现其设立目的至关重要。比如，虽然《交强险条例》第24条和第25条规定了救助基金管理机构有向道路交通事故责任人追偿垫付的抢救费用和丧葬费用的权利，但是，救助基金管理机构能否以独立法人身份通过诉讼方式向道路交通事故责任人追偿，还不明确。在已经建立救助基金制度的深圳市和中山市，《深圳办法》设立深圳市道路交通事故社会救助基金管理委员会作为救助基金的管理机构，规定市公安交管部门是本市道路交通事故社会救助的主管部门，并作为市基金管理委员会的办事机构；同时，还明确了市财政部门、市卫生部门、深圳保险监管机构以及市保险行业协会的相应职责。而《中山办法》规定的救助基金的管理部门是市财政部门，救助基金的管理机构是市交警部门，并规定了监察部门、审计部门和卫生部门的相应职责。那么，全国性的救助基金制度究应采行何种组织形式呢？

救助基金系基于社会政策的考量为社会公益目的而创设，应受到《道路交通安全法》、《交强险条例》和相关法规的规范，并接受相关主管机构的监督。但是救助基金应在法律上采取何种组织形式以及行为方式，值得探讨。从法理和实践操作的角度考虑，救助基金应当采取私法人的组织形式，以私法性质的请求权为行为方式。主要有以下三点理由：

第一，救助基金所承担的救助义务，本质上是私法权利义务关系，而非公法关系。德国虽然将机动车事故损害赔偿基金规定为公法组织，但是，德国学说认为，就该基金给付义务之法本质而言，受害人对于基金之请求权，系一种"法定债务共同承担的特殊情况"。也就是说，补偿基金所承担的义务，实质上系与加害人对受害人的赔偿义务同一，本质上为私法权利义务关系，不因补偿基金为公法组织而即认为属公法关系。^❶ 在我国台湾地区，"强制汽车责任保险法"更是直接地把汽车交通事故特别补偿基金规定为私法性质之财团法人组织，并且设计了具有私法性质的补偿请求权行为方式。比如，关于补偿基金是否予以补偿，并非适用行政程序法上之行政处分规定，反而系在"强制汽车责任保险法"第7条规定受害人直接对补偿基金有补偿请求权；补偿基金补偿后之代位权规定等，都是以私法上法律关系加以解决。^❷ 我国《道路交通安全法》和《交强险条例》虽然没有明确规定救助基金的组织形式，但两部法规均规定了救助基金管理机构，有向道路交通事故责任人追偿垫付的抢救费用和丧葬费用的权利，这在一定程度上暗含了救助基金所承担的义务本质上为私法权利义务，相应地，救助基金也应采用私法人的组织形式。

第二，救助基金与相关请求权人之间的纠纷，应当依照民事纠纷解决程序处理。由于救助基金所承担的救助义务，本质上是私法权利义务关系，所以受害人因直接请求权法律关系所发生的纠纷，应当依照民事纠纷解决程序处理。救助基金在处理补偿事务、行使代位求偿权时，需要获得诉讼当事人的法律地位，所以救助基金以私法人形式成立为宜。

第三，以私法人的形式设立具有公益目的的基金在我国已有先例。2005年，为了在防范和处置证券公司风险中更好地保护证券投资者利益，国家设立了证券投资者保护基金，用于对债权人的偿付。基金管理机构采用私法人形式，设立国有独资的中国证券投资者保护基金有限责任公司，负责基金的筹集、管理和使用。中国证券投资者保护基金有限责任公司具有独立的诉讼主体地位，依照民

---

❶ 江朝国. 强制汽车责任保险法 [M]. 台北：元照出版有限公司，2006：489.

❷ 江朝国. 强制汽车责任保险法 [M]. 台北：元照出版有限公司，2006：489.

事纠纷解决程序处理与债权人和被处置证券公司之间的法律关系。实践证明，以私法人形式建立的证券投资者保护基金较好地实现了保护证券投资者的社会政策目的，这一成功经验值得我们在完善道路交通事故社会救助基金制度时借鉴。

三、重新规定救助条件

《交强险条例》第24条规定的救助条件包括抢救费用超过道路交通事故责任强制保险责任限额，肇事机动车未参加道路交通事故责任强制保险，以及机动车肇事后逃逸三种情形。在这三种情形中，"抢救费用超过道路交通事故责任强制保险责任限额"可以通过提高强制保险医疗费用赔偿限额，并改每次事故责任限额为每人责任限额来解决，因此，不应再作为申领救助基金的条件。第二种"肇事机动车未参加道路交通事故责任强制保险"的规定合理，自无争论余地。第三种"机动车肇事后逃逸"作为救助基金的救助条件界定不严密。因为肇事后逃逸若能够确认机动车已经投保强制保险的，理应由强制保险给予赔偿，而不应由救助基金补偿，只有肇事后逃逸且无法确定是否投保强制保险的，方应由救助基金补偿。此外，应当增加强制保险的保险公司无支付能力，以及事故汽车全部或部分为无须订立强制汽车责任保险契约的汽车等两种救助基金应当给予补偿的情形。

需要说明的是，与保险公司向受害人支付强制保险赔偿的前提是被保险人对受害人承担侵权责任一样，救助基金向受害人承担补偿责任也应以侵害人向受害人承担侵权责任为前提。受害人故意造成交通事故的，自无权从救助基金中获得补偿。

四、救助范围扩大至人身损害

正如本章第一节所述，《交强险条例》第24条扩大了《道路交通安全法》第75条规定的救助基金可以先行垫付的费用的范围，规定救助基金除可以先行垫付道路交通事故中受害人的部分或者全部抢救费用外，还可以垫付人身伤亡的丧葬费用。但是，救助基金对受害人补偿的范围仍然过窄，受害人的人身损害不在补偿范围之内。这样的规定不仅与法理相悖，也会带来实际的不公平。

首先，受害人对于救助基金的请求权是法定债务的共同承担，即救助基金与交通事故责任人对受害人的同一损害依法负担不真正的连带债务。因此，救助基金的补偿义务及范围，取决于交通事故责任人依法应负的损害赔偿责任范围。但是，《交强险条例》和《道路交通安全法》将救助基金的补偿范围限定为丧葬费用和部分或全部抢救费用，此项范围窄于侵权法上的人身损害赔偿项目，诸如抢救后的医药费、治疗费、康复费、营养费、护理费、残疾赔偿金和死亡赔偿金等均不在救助基金的补偿范围之内。❶

其次，救助基金只垫付抢救费用或者人身死亡的丧葬费用，而不是补偿机动车强制保险责任限额内的全部人身损害赔偿费用，会产生适用结果上的不公平。与机动车投保了强制保险的情形相比较，同样是道路交通事故的受害人，但是受害人之间却因为自己不可掌控的原因导致所获得的损害赔偿金额不同，这对于处于弱者的受害人来说不公平。❷

最后，发达国家和地区的通常做法是救助基金在强制保险责任限额内承担补偿义务。例如，《日本机动车损害赔偿保障法》第72条规定："因汽车运行危害他人生命或身体，受害人因不知保有人而不能提出第3条规定的损害赔偿请求时，政府应依受害人请求，在政令所定金额限度内，填补其所受损害……"可见，日本的机动车损害赔偿保障事业对受害人的赔偿与机动车强制保险一致。我国台湾地区强制汽车责任保险"给付标准"明确规定，强制汽车责任保险与汽车交通事故特别补偿基金，对受害人死亡、残疾、伤

❶ 李理．交通事故社会救助基金立法的若干问题［J］．中国青年政治学院学报，2005（3）：94.

❷ 张新宝，陈飞．机动车交通事故责任强制保险条例理解与适用[M]．北京：法律出版社，2007：221.

害适用相同的给付标准。

因此，救助基金的救助范围原则上应等同于强制保险的保障范围。如前所述，强制保险的保障范围应当以给受害人提供基本保障为宗旨，其保障范围应限于受害人的人身损害且不包括精神损害。救助基金的救助范围也应同一。

五、拓展救助基金来源

从世界范围来看，救助基金最重要的来源是从机动车强制保险的保费中按比例提取的资金。法国机动车年保费收入的 0.1% 上缴基金会。我国台湾地区特别补偿基金的分担额，系从强制汽车责任保险费中提拨 6% 。日本由保险公司在收取机动车强制责任保险保费时，一并征收纯保费附加 0.55% 的"纯赋课金"，并于一定时期内向政府缴纳，逾期交纳的加收滞纳金；一些无须参加强制保险的汽车，也须缴纳此项"纯赋课金"；政府车辆、美军及联合国车辆，由政府编制预算拨付。新西兰交通事故基金经费为机动车每年法定的强制保险经费。另外，新西兰对车辆收 2% 的汽油费，并将它作为无过失保险的基金。[1] 我国《交强险条例》第 25 条除规定了上述来源外，还规定了救助基金的其他来源：对未办理强制保险车辆所处的罚款、救助基金孳息以及救助基金行使代位求偿权所得，并规定了兜底性的"其他资金"。

我国道路交通事故频发的现状要求救助基金有充足且稳定的资金来源，法律规定的现有资金来源有可能仍然满足不了救助基金保障受害人的公益目的，需要进一步加以拓宽。前述《深圳办法》规定救助基金来源包括：（1）按照本市年度交强险保险费的 2% 提取的资金；（2）依法追偿的垫付资金；（3）社会捐赠；（4）救助基金孳息；（5）财政补贴；（6）其他资金。同时，深圳市财政安

---

[1]　李丹丹，朱新化，欧婷婷. 道路交通事故社会救助基金的来源 [J]. 科技论坛，2007（3）：283.

排 1000 万元正式启动深圳道路交通事故社会救助基金。而《中山办法》规定的救助基金的来源包括：（1）小汽车号牌竞价发放所得收入；（2）按照一定比例对机动车交通事故责任强制保险的保险费提取的资金；（3）捐赠收入；（4）救助基金利息；（5）救助基金管理机构依法向道路交通事故责任人追偿的资金；（6）对未按照规定投保交通事故责任强制保险的机动车所有人、管理人的罚款。救助基金启动资金为 500 万元，在小汽车号牌竞价发放所得收入中安排。

笔者认为，考虑到我国的实际，借鉴上述地方的做法，应当对救助基金的来源做如下完善：

（一）将《交强险条例》第 35 条第 3 项"救助基金管理机构依法向道路交通事故责任人追偿的资金"修正为"救助基金追偿的资金"的理由

第一，追偿的主体不应确定为救助基金管理机构。因为救助基金应当成立私法人团体运行。

第二，根据前述救助基金补偿条件和范围的修改建议，救助基金补偿后追偿的对象不仅仅限于事故责任人。如在肇事逃逸无法查明肇事车辆的情形，救助基金补偿后，如果发现该肇事车辆已经投保了强制保险的，救助基金有权向肇事车辆投保的保险公司追偿。

（二）增加以下六类资金作为救助基金的来源

第一，公安机关交通管理部门和保险监管机构的有关罚没所得。《交强险条例》第 25 条规定了救助基金可以来源于对未按照规定投保机动车交通事故责任强制保险的机动车所有人、管理人的罚款，相应地，公安机关交通管理部门和保险监管机构的其他罚没所得也可以作为救助基金的来源。这些罚没所得包括：（1）公安机关交通管理部门对上道路行使但没有放置保险标志的机动车的罚款；（2）公安机关交通管理部门对伪造、变造或者使用伪造、变造的保险标志，使用其他机动车的保险标志行为的罚款；（3）保险监管机构对非法从事机动车交通事故责任强制保险业务行为的罚款和没收违法所得；（4）保险监管机构对保险公司未经批准从事机动车交通事故责任强制保险业务行为的罚款和没收违法所得。

这些罚没所得可以作为救助基金的来源，正如一些学者所言，是因为这些款项被罚没以后，游离于机动车交通事故责任强制保险制度之外。但是，从实际情况而言，这些资金的前手都是机动车的所有人或者管理人，而这些资金本来是或者应该是用于投保机动车交通事故责任强制保险以保护被保险人和受害人的，现在将这些资金放回到救助基金中，实际上只是让这些资金发挥本来应该发挥的作用而已，国家不应该将其收去作为财政资金。❶

第二，政府征收的燃油税。救助基金具有公益性质，作为社会救助基金，政府应当提供一定的资金。在新西兰，政府将汽油税收和机动车费用纳入意外事故补偿基金的来源范围，用于交通事故的赔偿。❷ 这种做法值得借鉴。

第三，从交通违法行为罚款中提取的资金。交通参与者的交通违法行为是交通事故的最大隐患，从对交通违法行为罚款中按比例提取一部分纳入救助基金，体现了社会正义理念。❸

第四，拍卖车辆牌照所得款项和有偿自选车牌号码所得款项。将这些款项纳入救助基金并不违反现行法律，可以通过法律明确相关程序后实施。❶

第五，明确规定社会捐赠为救助基金的资金来源。

第六，明确规定财政补贴为救助基金的资金来源。

---

❶ 张新宝，陈飞．机动车交通事故责任强制保险条例理解与适用 [M]．北京:法律出版社，2007：230.

❷ 丁凤楚．机动车交通事故侵权责任强制保险制度 [M]．北京：中国人民公安大学出版社，2007：221.

❸ 丁凤楚．机动车交通事故侵权责任强制保险制度 [M]．北京：中国人民公安大学出版社，2007：221.

❶ 罗世闯．交通事故社会救助探讨 [J]．广西警官高等专科学校学报，2005（1）：91.

救助基金为保障受害人而设，理应得到政府的支持。同时，考虑到我国广大农村地区的摩托车、拖拉机等完全纳入强制保险尚须时日，政府有义务为此部分肇事车辆的受害人提供保障。

六、明确规定救助基金的追偿权

关于救助基金的追偿权，《道路交通安全法》第75条规定对于垫付的抢救费用"道路交通事故社会救助基金管理机构有权向道路交通事故责任人追偿"；《交强险条例》第24条规定，对于垫付的抢救费用或丧葬费用"救助基金管理机构有权向道路交通事故责任人追偿。"显然，该两条规定的追偿主体为救助基金管理机构，追偿范围主要为抢救费用，追偿对象为道路交通事故责任人。

然而，根据前述完善救助基金制度的思路，救助基金的补偿范围应与强制保险赔偿范围一致，救助基金的运行主体应为私法人，救助基金的补偿条件包括了保险公司无支付能力，因此，救助基金补偿后的追偿制度也应当作出相应的调整，即（1）代位追偿的范围。救助基金向受害人实际补偿的数额自然在追偿范围内，有争议的是对于自救助基金向受害人补偿时起的利息，以及为调查肇事逃逸案件而支出的合理调查费用能否要求追偿对象一并偿还。对此，《德国机动车保有人强制保险法》持肯定态度，而我国台湾地区"强制汽车责任保险法"则持否定态度。从平衡救助基金的财务收支、保障财务稳定的角度考虑，宜借鉴肯定德国的立法例。❶（2）关于代位追偿的对象，在肇事机动车无强制保险保障时，代位追偿的对象为交通事故责任人。机动车肇事后下落不明的，若最终查获肇事车辆，且属已投保强制保险车辆时，应以强制保险人为追偿对象；若为未投保车辆，仍以交通事故责任人为追偿对象；强制保险人无支付能力的，不能以交通事故责任人为追偿对象。救助基金应

---

❶ 李理. 交通事故社会救助基金立法的若干问题［J］. 中国青年政治学院学报，2005（3）：95.

向保险人的破产管理人及保险保障基金追偿。❶（3）代位追偿权的落实与交通管理的配合。修正前的我国台湾地区"强制汽车责任保险法"第 39 条规定，特别补偿基金于加害人或汽车所有人偿还全部补偿金额前，得通知公路主管机关吊扣其汽车牌照或驾驶执照，并停止办理车辆异动。此项规定值得借鉴。❷

在此还要注意救助基金与其他给付的竞合关系。救助基金仅在受害人从其他给付渠道均无法获得补偿时，才提供最后的救济。因此，为避免双重给付，受害人从社会保险、商业保险可获支付的金额，救助基金于补偿时应予扣除。受害人已从交通事故侵权责任人处获得赔偿的，救助基金于补偿时也可扣除。上述扣除额已由救助基金给付的，有权向受害人追偿。❸

---

❶ 李理. 交通事故社会救助基金立法的若干问题［J］. 中国青年政治学院学报，2005（3）：95.

❷ 李理. 交通事故社会救助基金立法的若干问题［J］. 中国青年政治学院学报，2005（3）：95.

❸ 李理. 交通事故社会救助基金立法的若干问题［J］. 中国青年政治学院学报，2005（3）：95.

第七章 我国社会保障及纠纷解决机制的重构

第一节 社会保障机制的重构

一、正视我国社会保障制度建设中存在的问题

我国社会保障制度存在的主要问题有：社会保障覆盖率低（主要未覆盖到城市低收入或无收入群体和农民）、社会保障水平低（保障水平依收入递减而降低）、社会保障分配不公（真正需要保障的群体没有社会保障或保障严重不足）、社会保障的"社会性"不足（强制性和筹资方式均与社会保障的社会性不完全吻合）以及社会保障管理不规范、社会保险制度建设滞后、交通事故受害人基本没有纳入医疗保障的范围等。

我国的社会保障建设必须以上述问题为建设目标。目前，城镇基本医疗保险正向低收入或无收入阶层拓展，农村新型合作医疗的参保率大幅度提高，主要的问题集中在农村和城市低收入群体的养老保险制度缺乏。

二、坚持正确的发展方向

目前，世界各国的社会保障主要有三种模式，即福利国家以财政为支撑的无所不包的全民福利制度；德国、法国等多数工业化国家等是以缴费型社会保险为主体的全民保险制度；一些发展中国家

的有限的残补型保障制度。❶ 我国的社会保障只能从国情出发，吸收借鉴他国经验。长期处于社会主义初级阶段、地区城乡发展不平衡的基本国情，客观上制约了我国在相当长的时期内不可能走财政税收支撑的全民福利道路。而经济持续发展、社会主义性质、执政党的自觉追求、城乡居民的呼声，又决定了我国更不可能选择残补型的社会保障制度。因此，适合我国的社会保障体系，其实只能是借鉴德国等国的经验，以缴费型社会保险为主体，同时，迅速巩固面向困难群体的社会救助制度，适时发展各项福利事业。❷

我国的社会保障体系虽然还没有最终建立，但社会保障体系的基本轮廓已经显现。完善我国的社会保障制度必须以现有框架为前提，以党的十七大提出的 2020 年基本建立覆盖城乡居民的社会保障体系为目标，以社会保险、社会救助、社会福利为基础，以基本养老、基本医疗、最低生活保障制度为重点，全面推进城镇职工基本医疗保险、城镇居民基本医疗保险、新型农村合作医疗制度建设；完善城乡居民最低生活保障制度，逐步提高保障水平。同时，要坚持党的十七届三中全会中共中央《关于推进农村改革发展若干重大问题决定》提出的广覆盖、保基本、多层次、可持续原则，加快健全农村社会保障体系。

三、加快社会保险制度建设

世界各国的社会保险制度都是通过立法来确立的，先立法后实施是这一制度的内在要求。这主要是因为社会保险制度主体各方的

❶ 郑功成．社会保险制度建设与社会保险立法［EB/OL］．2007 – 12 – 29［2008 – 12 – 20］http：//www. npc. gov. cn/npc/zt/2007 – 12/29/content – 1387569. html.

❷ 郑功成．社会保险制度建设与社会保险立法［EB/OL］．2007 – 12 – 29［2008 – 12 – 20］http：//www. npc. gov. cn/npc/zt/2007 – 12/29/content – 1387569. html.

责任，只有通过立法机关的讨论才能实现合理的分担，这一制度的公平性、强制性与可靠性更是需要通过上升到法律规范才能得到保证。政府作为社会保险制度责任主体的一方，可以主导这一制度，但不能包办这一制度，其制定的社会保险法规也不足以确立这一制度，其强制性不足以促使用人单位全部参与，公平性则因为政府也有自己的利益问题而可能导致失衡。因此，社会保险制度不通过立法机关的法律规范，便不可能走向定型与稳定。❶

十届全国人大常委会第三十一次会议首次审议了社会保险法草案，标志着我国社会保险制度建设开始由试点阶段进入制度定型发展阶段。❷ 十一届全国人大常委会第六次会议再次进行了审议。这意味着我国的社会保险法即将出台。社会保险立法要贯彻社会保险的强制性与公平性原则，切实消除目前社会保险领域的不公平现象和短期行为、不规范行为。立法中必须明确相应的法律强制手段，包括赋予社会保险经办机构强制权、社会保险监督机构强制权以及司法机关的司法监督权。赋予社会保险经办机构、监管机构与司法机关必要的强制权，是确保社会保险制度良性运行与可持续发展的基本保证。❸

四、整合现有医疗保障资源

我国短期内基本医疗保障体系应当包括城镇职工基本医疗保

---

❶ 郑功成．社会保险制度建设与社会保险立法［EB/OL］．2007 - 12 - 29［2008 - 12 - 20］http：//www. npc. gov. cn/npc/zt/2007 - 12/29/content - 1387569. html.

❷ 郑功成．社会保险制度建设与社会保险立法［EB/OL］．2007 - 12 - 29［2008 - 12 - 20］http：//www. npc. gov. cn/npc/zt/2007 - 12/29/content - 1387569. html.

❸ 郑功成．社会保险制度建设与社会保险立法［EB/OL］．2007 - 12 - 29［2008 - 12 - 20］http：//www. npc. gov. cn/npc/zt/2007 - 12/29/content - 1387569. html.

险、城镇居民基本医疗保险、新型农村合作医疗及医疗救助。目前，公民医疗保障不足的主要原因是医疗保障资源匮乏，但这不是唯一原因。包括公费医疗、城镇职工基本医疗保险、农村新型合作医疗、工伤保险中的医疗费用补偿、生育保险中的医疗费用补偿，正在推行的城市居民基本医疗保险、补充医疗保险、医疗救助等名目繁多的医疗保障，都没有真正有效地保障多数公民的医疗问题。另一个很重要的原因是，医疗服务的公平性下降和卫生投入的宏观效率低下。❶ 可以毫不夸张地说，由于制度设计及制度运行等问题，我国十分有限的医疗资源并没有用好，保障不足与保障过度并存，浪费严重，管理多头、随意、成本高昂。无数事实表明，现实生活中不仅存在医疗资源分配不公平的问题，也同时存在医疗资源的浪费、流失及投入效率低下等问题。如果能够通过体制改革解决这些问题，甚至通过更低的投入解决公众的基本健康保障都是没有问题的。❷

五、加快推进医疗体制改革

机动车事故受害人保护的首要环节是抢救、医疗费用的保障。近二十年来医疗费用的暴涨不仅加重了受害人的医疗负担，影响了受害人的生存与发展，而且也严重制约了医疗保险、交强险、道路交通事故社会救助基金等制度的建设。

我国近二十年来推行的医疗体制改革已经被证明是总体上不成

---

❶ 国务院发展研究中心课题组．对中国医疗卫生体制改革的评价与建议［EB/OL］．［2008 - 12 - 10］http：//www. chinareform. org. cn/cirdbbs/dispbbs. asp？BoardID = 6&ID = 61828.

❷ 国务院发展研究中心课题组．对中国医疗卫生体制改革的评价与建议［EB/OL］．［2008 - 12 - 10］http：//www. chinareform. org. cn/cirdbbs/dispbbs. asp？BoardID = 6&ID = 61828.

功的,● 不成功的首要表现就是医疗费用的失控和医疗资源分配的严重不公。首先,医疗费用上涨失控。据上海市调查统计,从1983年到1993年的11年间,上海医疗费用平均递增31.8%,超过同期国内生产总值(Gross domestic Product,GDP)增长率16.1个百分点。1991~1993年医疗费用年增长率加快到39.1%,1993年高达57.5%。● 从1998年到2003年农民人均收入年均增长2.48%,但医疗卫生支出年均增长11.48%,后者的增长竟然是前者的近五倍。●

　　医疗费用上涨过快固然与人口老龄化以及公民医疗需求随经济发展而同时提高有关,但根本的原因还是医疗体制问题,通过提高患者自负比例、起付线,以及设置最高限额等手段来约束医疗费用上涨不是妥善之举。另一个原因是卫生资源分配严重不公。农村人均可用卫生资源有限。农村每千人乡镇卫生院床位数1990年为0.81,2004年降为0.77。从1990年到2004年,14年间国民经济在快速发展,但农村每千人乡镇卫生院床位数不升反降。每千人乡镇卫生院人员数也增长缓慢。1990年到2004年,14年间只增加了1.19倍。在人均卫生费用方面,1990年城市为158.8元,农村为38.8元,农村只占到城市的24%。到2002年,城市为932.9元,农村为268.6元,农村占到城市的28.79%,只比1990年有缓慢增长。有数据表明,农村人口占全国人口的近70%,而公共卫生资

　　● 国务院发展研究中心课题组.对中国医疗卫生体制改革的评价与建议[EB/OL].[2008-12-10]http://www.chinareform.org.cn/cirdbbs/dispbbs.asp?BoardID=6&ID=61828.
　　● 医疗费用过度增长原因及其控制措施[M/OL]//丁涵章等.现代医院管理全书.浙江:杭州出版社,1999[2008-12-10]http://www.37c.com.cn/literature/literature06/manage03.asp?filename=019/04/0190405.html.
　　● 赵志全.解决农民看病难、看病贵问题政府需要承担更多责任[EB/OL].2006-03-02[2008-12-11]http://health.sohu.com/20060302/n242105304.html.

源不足全国总量的 30%。^❶据统计，目前 80% 的医疗资源集中在城市，其中 2/3 又在大医院，而社区基层卫生服务和农村医疗卫生资源则严重不足。根据对发达国家医疗服务结构的研究，它们 85% 的医疗服务需要都是在社区医疗机构中得以满足的。而我国，包括门诊部（所）在内的大量基层初级卫生机构仅使用了相当于各级医院使用卫生费用总额的 1/3，特别是农村医院床位，在 1982 年至 2001 年间，不但没有增加，反倒从 122.1 万张下降到 101.7 万张，降幅为 16.7%。^❷世界卫生组织提供的 2002 年部分国家医疗支出资金来源统计表明，我国政府的公共投入为 16%，而私有化程度很高的美国达 44%，澳大利亚为 66%，德国为 82%，日本为 85%，丹麦则高达 87%。从纵向比较，1980 年我国政府在医疗卫生方面的投入占 40%。这一数字的下滑程度显然是惊人的。看到这组数字我们就不难理解，在世界卫生组织进行的成员国医疗卫生筹资和公平性排名中，我国为何排在第 188 位，名列 191 个成员国的倒数第四。^❸"农民看病难、看病贵，医疗资源分配不合理是病根。"^❹

---

❶　赵志全. 解决农民看病难、看病贵问题政府需要承担更多责任［EB/OL］. 2006 – 03 – 02 ［2008 – 12 – 11］ http：//health. sohu. com/20060302/n242105304. html.

❷　赵志全. 解决农民看病难、看病贵问题政府需要承担更多责任［EB/OL］. 2006 – 03 – 02 ［2008 – 12 – 11］ http：//health. sohu. com/20060302/n242105304. html.

❸　赵志全. 解决农民看病难、看病贵问题政府需要承担更多责任［EB/OL］. 2006 – 03 – 02 ［2008 – 12 – 11］ http：//health. sohu. com/20060302/n242105304. html.

❹　赵志全. 解决农民看病难、看病贵问题政府需要承担更多责任［EB/OL］. 2006 – 03 – 02 ［2008 – 12 – 11］ http：//health. sohu. com/20060302/n242105304. html.

六、医疗保险制度的完善

有限的医疗卫生资源如何在社会成员之间，以及不同的医疗卫生需求之间进行合理的分配？换句话说，必须首先解决保障谁和保什么的问题。[1]

目前，相对成熟的医疗保障模式主要有三种，即俾斯麦模式、贝弗里奇模式和商业保险模式。俾斯麦模式主要通过强制性的社会保险进行筹资，实行社会成员之间的同舟共济；贝弗里奇模式以税收为主要筹资形式，主要由公立医疗机构提供服务，带有一定中央计划色彩；商业保险模式由商业保险公司根据保险精算原则计算保费，承保个人的医疗风险，政府往往提供针对老龄人口和贫困人口的公共保险来补充覆盖程度的不足。我国与主要发达国家实施医疗保障改革的历史条件有很大差异，不能简单地照搬其他国家的模式。[2] 一些国家的医疗保险惠及其家属，有的发展到了覆盖全民的健康保险。我国是人口众多的大国，在目前条件下不可能实行有效且公平的全民医疗服务。[3]

我国医疗保险制度改革应当重点突破以下三个方面：

首先，应当尽快、彻底改革现行公费医疗制度。我国的公费医疗制度自上 20 世纪 50 年代初建立，在计划经济时期比较成功，但在改革开放以来，弊端逐渐暴露出来。实践已经充分证明，我国现行的公费医疗制度是现有医疗保障制度中浪费医疗资源最多、效果

---

[1] 国务院发展研究中心课题组. 对中国医疗卫生体制改革的评价与建议 [EB/OL]. [2008 - 12 - 10] http：//www. chinareform. org. cn/cirdbbs/dispbbs. asp? BoardID = 6&ID = 61828.

[2] 孙祁祥，朱俊生，郑伟，等. 中国医疗保障制度改革：全民医保的三支柱框架 [J]. 经济科学，2007 (5)：9.

[3] 菲利普·史蒂文. 英国全民健康保险体制对中国医疗改革的启示 [EB/OL]. 蔡晶晶，译. 2008 - 10 - 16 [2008 - 12 - 10] http：//www. qd12 - 333. gov. cn/news/newsview. aspx? id = 5347.

最差、最为不公的制度。早在1988年，根据国务院指示，成立了由卫生部牵头，劳动部、财政部等8个部门参加的医疗制度改革研讨小组，专门探讨公费医疗、劳保医疗制度的改革问题。该小组起草了《职工医疗保险制度改革设想（草案）》，提出了我国职工医疗制度改革方向。同时指出：公费医疗由各级财政和个人筹集，劳保医疗由企业和个人筹集。1989年3月，经国务院批准，在四平、丹东、黄石、株州4个城市进行医疗制度改革试点。❶ 如今，劳保医疗已被彻底改革，但公费医疗制度改革依然没有取得突破性进展。《北京市"十一五"时期就业和社会保障发展规划》明确提出，"根据国务院的安排，启动中央及地方所属机关、事业单位参加基本医疗保险工作，完成公费医疗制度向医疗保险制度并轨"，但"十一五"规划期已过3年，这项工作并未见实质性进展。

其次，加快建立城市无职业居民医疗保障制度建设。2007年，国务院发布了《关于开展城镇居民基本医疗保险试点的指导意见》（国发〔2007〕20号）（以下简称《指导意见》），《指导意见》认为，"目前没有医疗保障制度安排的主要是城镇非从业居民。为实现基本建立覆盖城乡全体居民的医疗保障体系的目标，国务院决定，从2008年起开展城镇居民基本医疗保险试点"。试点目标是，2007年在有条件的省份选择2~3个城市启动试点，2008年扩大试点，争取2009年试点城市达到80%以上，2010年在全国全面推开，逐步覆盖全体城镇非从业居民。试点原则与农村新型合作医疗的原则类似。参保范围包括：不属于城镇职工基本医疗保险制度覆盖范围的中小学阶段的学生（包括职业高中、中专、技校学生）、少年儿童和其他非从业城镇居民都可自愿参加城镇居民基本医疗保险。

最后，尽快实现医疗保险制度的"三合一"，以节约医疗保险

---

❶ 韩良诚. 医疗保险解答 ［EB/OL］ ［2008 - 12 - 10］ http：//www. lantianyu. net/pdf17/ts062010. html.

运行成本，统一保障标准。公费医疗并入"基本医疗保险"仅仅是我国医疗保障制度改革的第一步。我国医疗保障制度的实质性改革应当是，在尽快推进城市非职工医疗保险的基础上，实现城镇职工基本医疗保险、城市非职工医疗保险和农村新型合作医疗的"三合一"，真正建立符合我国国情与医疗保险基本原理的、公正合理的医疗保险制度。医疗保险的最终统一，不仅仅是医疗保险自身规范管理、节约成本、公平公正、有序流转、持续发展的需要，而且也是我国户籍制度改革的现实选择。目前，我国已有河北、辽宁、江苏、浙江、福建、山东、重庆、四川、湖北、湖南、广西、陕西等13个省、自治区、直辖市相继出台了以取消"农业户口"和"非农业户口"性质划分、统一城乡户口登记制度为主要内容的改革措施。户籍制度的改革意味着依附于该项制度的区别对待（包括社会保障）将逐渐统一。

七、医疗救助制度的完善

社会救助是维护底线公平的基础性保障制度，它由财政负责供款，面向低收入或贫困阶层，负责为符合条件者提供生活救助、灾害救助及其他专项救助，是政府责无旁贷的职责与任务。❶

（一）加强制度衔接

为了做好城市医疗救助与城镇居民基本医疗保险制度的衔接，更好地帮助城市困难群众解决医疗难的问题，部分地方积极探索通过帮助困难群众参加城镇居民基本医疗保险的方式，实现两种制度的初步对接。例如，海南省专门下发了《关于做好城市医疗救助制度与城镇居民基本医疗保险制度衔接工作的通知》，文件中明确要求积极帮助城市医疗救助对象参加城镇居民医疗保险，努力提高

---

❶ 郑功成. 社会保险制度建设与社会保险立法［EB/OL］. 2007 - 12 - 29［2008 - 12 - 20］http：//www. npc. gov. cn/npc/zt/2007 - 12/29/content - 1387569. html.

两项制度的普及性和有效性；重庆市最新出台的重庆市人民政府《关于全面建立和完善城乡医疗救助制度的意见》，明确了城市医疗救助与城镇居民医疗保险的衔接办法，具体内容是首先要帮助城市困难群众参加城镇居民基本医疗保险，同时开展日常医疗救助、大病医疗救助和临时医疗救助；辽宁省在最新出台的文件中规定，凡实施城镇居民基本医疗保险的地区，城市医疗救助的运行管理原则上要与城镇居民基本医疗保险统一组织，使用同一网络平台，实行同步启动、同步实施、同步结算的运行管理体制。❶

（二）提高救助标准

随着城市医疗救助资金投入力度的不断加大，城市医疗救助的救助标准也得到了较大提高。比如，浙江省在浙江省民政厅《关于进一步做好低保和医疗救助工作的通知》中明确要求，要逐步提高筹资水平和救助额度，医疗救助筹资标准一般不低于人均6元，并逐年增长；要同步提高医疗救助比例，各县（市、区）医疗救助的封顶线要达到3万元以上，未达标的地方应在两年内调整到位，年度医疗救助资金结余率不得超过20%。❷

（三）降低救助门槛

为了解决城市救助对象无力预付医疗费用的问题，部分地方积极探索通过"医前救助"，或对特别贫困居民降低或取消起付线等办法，确保真正困难的群体能享受医疗救助。比如，重庆市最新出台的重庆市人民政府《关于全面建立和完善城乡医疗救助制度的意见》中明确规定，取消大病医疗救助的起付线，并且不限定病

---

❶　民政部最低生活保障司.2007 年上半年城市医疗救助工作分析报告［EB/OL］.2007 – 08 – 15［2008 – 12 – 13］http：//dbs. mca. gov. cn/article/csyljz/gzdt/200712/20071200005893. html.

❷　民政部最低生活保障司.2007 年上半年城市医疗救助工作分析报告［EB/OL］.2007 – 08 – 15［2008 – 12 – 13］http：//dbs. mca. gov. cn/article/csyljz/gzdt/200712/20071200005893. html.

种，实行住院治疗即时审定，即时救助；海南省最新出台文件中也明确规定，针对城市医疗救助对象无力支付先期医疗费用的实际困难，对城市医疗救助对象因病在定点医院住院治疗的，取消住院起付线，实行住院零起付；江西省也明确要求从 2007 年元月开始，各地在实施城乡大病医疗救助中，取消救助起付线。重庆与海南在文件中同时规定了通过救助额度内的医疗费用由定点医疗机构垫付，民政部门事后与定点医院定期结算的方式实现了"医前救助"，解决了救助对象无力支付住院押金及无力先行支付医疗费用的问题。❶

第二节　交通事故纠纷解决机制的完善

交通事故纠纷案件的处理，历来有主体认定难、文书送达难、证据认定难、解释工作难、协调工作难"五大症结"❷。存在这些症结的主要原因是，目前的交通事故侵权赔偿制度、强制保险制度及道路交通事故社会救助基金制度均存在严重问题，制度本身的问题固然只能通过制度的重新构造来解决。此处仅仅探讨纠纷解决机制的完善问题。

一、出台统一的道路交通事故纠纷处理指导意见

类型化交通事故纠纷案件，增加交通事故处理的确定性、统一

---

❶ 民政部最低生活保障司 . 2007 年上半年城市医疗救助工作分析报告 [EB/OL] . 2007 - 08 - 15 [2008 - 12 - 13] http：//dbs. mca. gov. cn/article/csyljz/gzdt/200712/20071200005893. html.

❷ 温州瑞安创新交通事故处理模式"交通法庭"进交警队[EB/OL] . 2007 - 12 - 03 [2008 - 12 - 10] http：//www. xsnet. cn/news/zb/2007/12/3/513289. html.

性、可操作性。长期以来，交通事故纠纷案件数量一直是我国法院民事案件中数量仅次于婚姻继承案件的第二大类诉讼案件。由于立法的不科学、不全面，道路交通案件赔偿主体、纠纷类型等的复杂性，包括最高人民法院在内的各级人民法院，在近二十年来不断推出一些解决交通事故纠纷的指导意见。考察这些指导意见，各地法院在交通事故的处理方面，已经在基本方面形成了共识，比如以保有人为赔偿责任主体，且判断保有人以"运行利益和运行支配"为标准等。虽然在具体的细节方面有不同做法，但这并不影响最高人民法院制定统一的交通事故处理的类型化办法。只有明确、可行、具体的类型化解决办法，方能给当事人以合理的、确定的预期，从而减少纠纷的发生，即使发生纠纷，也能促成纠纷的快速解决。

二、借鉴地方经验，建立交通事故纠纷处理的多方协调机制

从全国来看，交通事故纠纷是主要的民事纠纷，交通事故诉讼是人民法院民事诉讼的主要类型之一，对这类纠纷解决得如何，不仅关系到受害人权益的救济，同时也影响到交通管理部门、人民法院工作效率和司法资源的分配，甚至社会的和谐稳定。与婚姻继承等民事案件不同，交通事故纠纷不仅在程序上要涉及交通管理部门的现场勘验、事故认定，同时在内容上涉及侵权赔偿与交强险、救助基金乃至社会保障之间的衔接。交通事故纠纷的复杂性，要求必须提高交通事故处理人员的专业水平；交通事故处理涉及部门的多样性，要求交通事故纠纷的处理需要加强交通管理部门、保险公司、人民法院等众多机构之间的协调；交通事故纠纷涉及事故受害人抢救医疗等保障的急迫性，要求交通事故纠纷处理的快速化。正是交通事故纠纷处理的上述特殊需求，使得交通事故纠纷处理机构有必要相对独立，而交通事故纠纷的数量规模化，是纠纷处理机构

专门化的现实基础。

从各地的实践来看，近年来，尤其是《道路交通安全法》实施以来，各地交通管理部门、法院为了应对交通事故案件快速上升及交通事故纠纷涉及众多部门的现实，陆续成立了专门的交通事故处理机构（如道路交通法庭）、配备专业人员，加强人民法院与道路交通管理部门等的合作与交流，取得了良好的效果。例如，2007年浙江瑞安市人民法院与瑞安市交警大队联合设立了"交通法庭"，实行快立、快审、快结的"一站式"服务，大大提高了交通事故的处理效率，改变了以往交通案件调解率低、审结周期长的弊端。"交通法庭"的设立，在法院与交警部门之间搭建了一座沟通桥梁，有利于破解这些难题。交警调解与司法调解的有机衔接，一方面可以相互利用对方优势弥补己方不足，相互探讨疑难问题，及时维护当事人合法权益；另一方面有力保证了诉讼的连贯性，减轻了当事人的讼累；同时，提升了法官的专业技能，使经办法官积累了丰富经验，保持了裁判尺度的相对平衡性。在交通事故赔偿标准、精神抚慰金、护理费用等法律未予规定或规定不明确的诸多问题上，该庭逐渐探索出一套符合当地实际的赔偿标准，撰写的《道路交通案件参考意见》，有力地提升了案件处理能力。❶ 再如有些地方积极探讨交通管理部门与保险公司在处理交通事故纠纷方面的"一站式服务"机制。目前，各地实践的成功经验可以概括为：交通事故纠纷的真正有效解决需要协调交通管理部门、人民法院和保险公司等部门之间的关系。

可以说，各地的实践已经为最高人民法院总结经验加以推广提供了坚实的基础。最高人民法院应在充分调研的基础上，与公安部、保监会等机构协调，在认真总结我国近年来各地法院专门交通

---

❶ 温州瑞安创新交通事故处理模式"交通法庭"进交警队［EB/OL］. 2007 – 12 – 03 ［2008 – 12 – 10］ http：//www. xsnet. cn/news/zb/2007/12/3/ 513289. html

法庭建设过程中积累的经验，尽快在全国范围内推广与交通管理部门、保险公司等密切合作的交通事故纠纷协调处理机制，并予以规范化、制度化。在这一机制下，在县级法院建立专门的交通法庭，配备专业审判人员，提高交通事故纠纷处理的效率和公正性。要培训交通事故行政执法人员，提高交通事故执法人员调解交通事故赔偿纠纷的意愿和能力。条件许可的地区，尽可能实现交通行政执法部门与法院交通法庭同址办公。做好交通行政执法人员调解与交通事故法庭庭前调解的衔接，甚至可以探索交通法庭派员参加交通行政执法部门的调解活动。

三、完善民事诉讼简易程序，提升交通事故诉讼处理效率

建立交通事故专门协调机制及专门交通法庭是提高交通事故处理的效率和有效性的第一步。解决目前交通事故纠纷处理效率低下、成本高昂的另外一个非常关键的环节是完善交通事故处理的行政及司法环节，科学区分简易程序与普通程序。

（一）交通事故的行政快速处理

2008 年 8 月 17 日，公安部发布了《道路交通事故处理程序规定》，废除了 2004 年 4 月 30 日发布的《交通事故处理程序规定》（公安部令第 70 号）。《道路交通事故处理程序规定》第 4 章专门规定了"自行协商和简易程序"这一纠纷快速处理机制。其第 13 条规定："机动车与机动车、机动车与非机动车发生财产损失事故，当事人对事实及成因无争议的，可以自行协商处理损害赔偿事宜。车辆可以移动的，当事人应当在确保安全的原则下对现场拍照或者标划事故车辆现场位置后，立即撤离现场，将车辆移至不妨碍交通的地点，再进行协商（第 1 款）。非机动车与非机动车或者行人发生财产损失事故，基本事实及成因清楚的，当事人应当先撤离现场，再协商处理损害赔偿事宜（第 2 款）。"其第 15 条第 1 款规定："对仅造成人员轻微伤或者具有本规定第 8 条第 1 款第二项至第八项规定情

形之一的财产损失事故，公安机关交通管理部门可以适用简易程序处理，但是有交通肇事犯罪嫌疑的除外。"此外，该章还对交通事故的快速调解、事故认定、调解等进行了具体规定。

《道路交通事故处理程序规定》于 2009 年 1 月 1 日起正式生效。这一规定对于快速、有效地处理交通事故纠纷必将产生积极作用。不过，在实施过程中，仍然会发生一些新问题，需要不断总结经验，及时完善补充。

（二）交通事故的司法快速处理

近年来，因结案周期过长、案件积压、超审限和反复开庭、一次开庭当庭宣判率不高，以及简单案件不能以较为简化的程序速审速结，而导致诉讼迟延和诉讼资源浪费，几乎成为制约法院确保公正、提高效率的普遍性问题，成为制约法院实践"公正与效率"的"瓶颈"，影响着法院公正和高效的形象。❶ 破解这一难题的有效办法就是科学区分不同案件，运用繁简不同的程序予以处理。交通事故纠纷虽然规模巨大，但绝大多数是事实清楚、争议标的不大的简单案件。例如，甘肃省张掖市甘州区法院通过对 2001 年的 4232 件民事（含经济）诉讼案件和 2002 年 4534 件民事（含经济）诉讼案件定量和定性分析后，得出 75% 的诉讼案件的标的额在 5 万元以下，其中又有 51% 的案件是标的额在 5 万元以下的金钱债务案件，大多是事实清楚、权利义务关系明确、争议不大的简单民事案件，当事人也多为不常涉讼的公民，且律师代理诉讼所占的比例极低。❷ 如果能够科学区分案件类别，使简单案件适用简易程

---

❶ 韩经荣，李东忠．关于建立民商事简易案件速裁制度的审判实践与立法完善［EB/OL］．2004－06－15［2008－12－01］http：//gzfy．chinacourt．org/public/detail．php？id＝211．

❷ 韩经荣，李东忠．关于建立民商事简易案件速裁制度的审判实践与立法完善［EB/OL］．2004－06－15［2008－12－01］http：//gzfy．chinacourt．org/public/detail．php？id＝211．

序，复杂案件适用普通程序，就可以大大提高纠纷处理速度，节约有限的司法资源，真正保护好事故当事人的权益。

在近年来的实践中，许多法院都将设立专门审理简单案件的审理机构作为深化民事审判方式改革，提高民事审判效率的一项重要的改革措施，如江苏省连云港市新浦区法院的简易纠纷速裁处、深圳市福田区法院的小额钱债法庭、青岛市市南区法院的小额简易案件审判庭、上海浦东新区法院的民商事简易案件速裁组等。虽然名称各异，但有一点是相同的，即实现了由专门的审判组织，专门的审判人员来审理简易案件。●

最高人民法院应当在总结各地实践经验的基础上，与保监会共同出台我国交通事故诉讼案件的简易程序标准，规范交通事故的审理，提高审判效率。还可以探索建立与劳动争议仲裁制度类似的交通事故纠纷仲裁制度。

● 韩经荣，李东忠．关于建立民商事简易案件速裁制度的审判实践与立法完善［EB/OL］．2004 - 06 - 15［2008 - 12 - 01］ http：//gzfy．china-court．org/public/detail．php？id＝211．

第八章　河北省机动车事故受害人救济机制的完善

河北省的机动车事故受害人保护问题基本与全国的情况一致，因此，凡是共性的问题不再赘述，本章仅仅探讨河北省比较突出的问题及其完善建议。

第一节　基本情况及存在的问题

一、基本情况

（一）概况

河北省辖 11 个市，138 个县市，2 个自治县，1974 个乡镇，49923 个村。2007 年年末全省总人口达到 6943.2 万。城镇居民人均可支配收入达 11690.5 元，农民人均纯收入达 4293.4 元。城镇居民人均消费支出 8235.0 元，农民人均生活消费支出 2786.8 元。❶河北省是全国粮油集中产区之一，全国三大小麦集中产区之一，可耕地面积达 600 多万公顷，居全国第四位。

（二）机动车保有量及交通事故情况

官方权威机构的统计显示，截至 2005 年年末，河北省机动车保有总量为 976 万辆，占全国机动车保有量的 7.49% 。其中，汽

---

❶　河北省 2007 年国民经济和社会发展统计公报 ［EB/OL］．2008 – 03 – 11 ［2008 – 11 – 12］ http：//www. hebei. gov. cn/article/20080311/946828. html.

车 407 万辆，占全国的 9.4%；摩托车 470 万辆，占全国的 6.2%；上道路行驶的拖拉机 87 万辆，占全国的 8.0%；未检机动车 513 万辆，占全国的 10%。❶ 2005 年，河北省机动车死亡人数 4075 人，占全国机动车事故死亡人数的 4.1%，万车死亡率 4.17%，为全国最低，比全国万车死亡率 7.57% 低很多。❷ 2007 年共发生道路交通事故 8503 起，造成 3372 人死亡，9000 多人受伤，直接财产损失 0.54 亿元；道路交通万车死亡人数为 4.08 人。❸

不过，对于上述统计数据，需要进一步说明的是：

第一，上述机动车统计数据中，最为准确的是有关汽车的统计数据。从全国其他省份的比较来看，河北省毫无疑问是汽车大省。全国 2005 年年底汽车保有量超过 300 万辆的只有河南、山东和河北三省。

第二，上述统计数据中，有关摩托车的统计数据并不准确。河北省第二次农业普查结果显示，2006 年年末，河北省农村居民平均每百户拥有摩托车 50.4 辆。而河北省有 1390.21 万个农村住户。❹ 如此推算下来，河北省 2006 年年末仅农民保有的摩托车就超过 700 万辆，远远超过了 2005 年河北省摩托车总保有量 470 万辆。

第三，上述统计中的上道路行驶的拖拉机仅仅是在公安部门登记的拖拉机，大量的未登记拖拉机未纳入统计范围。河北省第二次

---

❶ 公安部交通管理局. 中华人民共和国道路交通事故统计年报（2005 年版）[G]. 2006：74－76.

❷ 公安部交通管理局. 中华人民共和国道路交通事故统计年报（2005 年版）[G]. 2006：21.

❸ 河北省 2007 年国民经济和社会发展统计公报 [EB/OL]. 2008－03－11 [2008－11－12] http：//www. hebei. gov. cn/article/20080311/946828. html.

❹ 河北省统计局农普办. 河北省第二次农业普查主要数据公报第一号）[EB/OL]. 2008－05－21 [2008－12－13] http：//www. hetj. gov. cn/article. html1？id＝3042.

农业普查结果显示，2006 年年末，河北省共有大中型拖拉机 10.48 万台，小型拖拉机 272.70 万台。●

第四，农用车（四轮称为载货汽车、三轮称为三轮汽车，二者合称低速汽车）在《道路交通安全法》之前主要由农机部门管理，因此，公安部门的统计中基本上体现不出农用车的数量。《道路交通安全法》调整了农用车、拖拉机等的管理机制，即前者移交公安部门管理，后者移交农机部门管理。但是，河北省农用车和拖拉机档案的真正移交始于 2007 年，有些地方截至 2008 年上半年仍未完成移交，● 因此，上述统计数据中，不可能包含农用车的数量。然而，河北是农业大省，同时也是农用车大省。2001 年农用运输车（包括农用机动三轮车）保有量为 180 万台● 2002 年主要农用车销售省份有河北省、山东省、河南省、安徽省、甘肃省，其中，河北省农用车的总销量为全国第一，约 60 万辆，● 即使按照以后每年 20 万台的增长速度，2008 年年底河北省农用车的保有量应在 300 万辆左右。因此，按照上述汽车、摩托车、农用车、拖拉机保有量数据及其近年来的增加情况推算，河北省机动车的保有量

● 大中型拖拉机指发动机额定功率在 14.7 千瓦（含 14.7 千瓦即 20 马力）以上的拖拉机，有链轨式和轮式两种。小型拖拉机指发动机额定功率在 2.2 千瓦（含 2.2 千瓦）以上，小于 14.7 千瓦的拖拉机，包括小四轮与手扶式。

● 河北省人民政府办公厅于 2007 年发布了《关于贯彻〈中华人民共和国道路交通安全法〉有关问题的通知》（冀政办函〔2007〕33 号），河北省公安交管，农机两局也发布了《关于做好低速载货汽车、三轮汽车、拖拉机车辆及驾驶人档案移交工作的通知》，通知要求做好低速载货汽车、三轮汽车、拖拉机车辆及驾驶人档案移交工作。之后，河北省各地开展了这项工作，但进展程度不一致，如石家庄市在 2007 年基本完成，而张家口市则发文要求在 2008 年 10 月 20 日前完成移交。

● 河北省人民政府办公厅，河北省统计局. 河北农村统计年鉴［M］. 北京：经济科学出版社，2002：249.

● 中国汽车技术研究中心，中国汽车工业协会. 中国汽车工业年鉴（2003）［M］. 天津：《中国汽车工业年鉴》编辑部，2003：371.

应在 2000 万辆左右（分别为汽车 450 万辆、摩托车 900 万辆、拖拉机 300 万辆、农用车 300 万辆）。

第五，机动车事故伤亡人数与前述全国统计一样，同样存在不准确的问题。至于河北省万车死亡率低应与地形地貌平坦、开阔，道路状况良好等因素有密切关系。但根据一般规律，死亡率低并不意味着受伤率也低。良好的道路状况、开阔的地形以及良好的医疗救助条件等均有利于减少交通事故的死亡率，但受伤人数却不应低估。

（三）交通事故相关立法

2006 年 11 月 25 日河北省人大常委会发布《河北省实施〈中华人民共和国道路交通安全法〉办法》。用 3 个条文对机动车侵权责任机制进行了补充和具体化，核心内容是对《道路交通安全法》第 76 条规定的机动车与非机动车驾驶人、行人之间发生交通事故，且符合第 76 条减轻责任规定条件时，如何具体减轻机动车方责任进行了明确规定，即"（一）非机动车驾驶人或者行人负事故全部责任的，减轻百分之七十至百分之八十；（二）非机动车驾驶人或者行人负事故主要责任的，减轻百分之五十至百分之六十；（三）非机动车驾驶人或者行人负事故同等责任的，减轻百分之二十至百分之三十；（四）非机动车驾驶人或者行人负事故次要责任的，减轻百分之十至百分之二十。"可以说这一立法也代表了当时全国各地地方立法的主流模式，差点被最高立法机关在 2007 年修正《道路交通安全法》时采纳。

2007 年 5 月 24 日，河北省人民政府发布《河北省高速公路交通安全规定》（［2007］第 8 号政府令），该规定于 2007 年 7 月 1 日实施。《河北省高速公路交通安全规定》包括总则、通行规定、交通安全保障、交通事故处理与救援、法律责任、附则 6 章。值得关注的是，其第 35 条规定："公安机关高速公路交通管理部门应当会同有关部门和单位，建立高速公路交通事故救援联动机制，制定高速公路重大交通事故应急预案……"在交通事故的认定方面，该规定并无特殊安排，仅仅在第 40 条规定："高速公路交通事故的认定，依照道路交通安全法律、法规和规章的有关规定执行。"

2008 年，河北省在总结石家庄市快速处理交通事故经验的基础上，制定了《河北省道路交通事故快速处理办法》（该办法已于 2008 年 6 月 1 日实施）。其第 2 条规定："本办法适用于在本省行政区域内城（市）区道路上发生的造成车物损失的交通事故。"

（四）医疗保障情况

1997 年 3 月 26 日，石家庄市人民政府办公厅发布《石家庄市职工医疗保险实施方案》，明确"公费、劳保医疗改革要同步进行，建立全市统一的职工医疗保险制度，医疗保险基金实行分别管理，独立核算"的原则，将石家庄市行政区域内所有机关、事业、企业单位均列入职工医疗保险实施范围。明确规定上述范围各用人单位的在职职工（含劳动合同制职工、临时工）、退休退职人员、二等乙级及其以上革命伤残军人、外商投资企业中方职工、城镇个体劳动者，均为职工医疗保险实施对象。2001 年，河北省人民政府办公厅根据《石家庄市城镇职工基本医疗保险实施方案》，制定了《河北省省直职工基本医疗保险实施细则》。并根据《石家庄市城镇职工基本医疗保险实施方案》及国务院的有关政策制定了《河北省省直国家公务员医疗补助暂行办法》、《河北省省直职工补充医疗保险暂行办法》、《河北省省直职工大病医疗保险暂行办法》等配套文件。2004 年，河北省人民政府印发《关于进一步完善城镇职工基本医疗保险制度意见的通知》（冀政〔2004〕149 号），明确提出："各统筹地区要在实施城镇职工基本医疗保险制度的基础上，尽快建立包括国家公务员医疗补助办法、企业补充医疗保险、职工大额医疗费用补助办法、社会医疗救助制度等多层次的医疗保障体系。"规定公务员医疗补助经费主要用于基本医疗保险统筹基金最高支付限额以上，符合基本医疗保险支付范围的医疗费用补助和个人自付超过一定数额的医疗费用补助及医疗照顾对象的医疗费用。补充医疗保险不得划入个人账户，主要用于患重病、大病个人经济负担比较重的职工、劳动模范、科技和经营管理骨干的医疗费补助。在基本医疗保险缴费以外，向用人单位、参保职工和退休人员筹集少量资金，设立大额医疗费用补助金，单独列账管理，用于补助超过基本医疗保险封顶线以上部分的大额医疗费用。鼓励有条件的单位和职工在参加城镇职工基本医疗保险的基础上，自愿参加商业医疗保险。做好城镇特困群体的医疗保障工作，尽快建立社会医疗救助制度。对无力缴纳医疗保险费的困难单位职工和退休人员、享受城镇最低生活保障的居民、因患大病个人经济负担较重的参保职工实施医疗救助。

2003 年，河北省人民政府发布河北省人民政府办公厅《关于印发河北省新型农村合作医疗管理办法的通知》（［2003］19 号），启动了河北省农村新型合作医疗保险。

2007 年河北省人民政府出台《关于解决群众看病就医问题的意见》（冀政［2007］35 号），提出全面推进新型农村合作医疗制度、大力实施城乡贫困群众医疗救助、推行以大病统筹为主的城镇居民基本医疗保险。鼓励各地根据当地实际和不同人群的收入情况，探索建立完善的覆盖城乡居民的城镇职工基本医疗保险、城镇居民医疗保险、新型农村合作医疗、社会医疗救助等多层次的医疗保障体系。

截至 2007 年年末，河北省全省参加城镇职工基本医疗保险人数为 686.27 万人，其中在职人员 502.41 万人，退休人员 183.86 万人。在职参保人员中，农民工和灵活就业人员参保人数分别达到 62.43 万人和 24.18 万人。石家庄、唐山和秦皇岛三市作为全国城镇居民基本医疗保险试点，年末城镇居民参保人数达到 59.98 万人。

（五）其他社会保障情况

除医疗保险外，其他社会保险基本情况是：（1）养老保险。2007 年年末全省参加城镇企业养老保险社会统筹人数为 653.71 万人，其中在职人员 474.91 万人，离退人员 178.80 万人。在职参保人员中，私营企业参保 45.01 万人，农民工 24.62 万人。2007 年全省企业离退休人员月平均养老金为 956 元。2007 年年末全省机关事业单位基本养老保险参保人员 141. 90 万人，其中在岗职工 110. 49 万人，离退休人员 31. 41 万人。2007 年年末全省参加农村社会养老保险人数为 246. 27 万人（含被征地农民社会养老保险）。（2）失业保险。2007 年年末全省参加失业保险人数为 473. 33 万人。（3）工伤保险。2007 年年末全省参加工伤保险人数为 481. 26 万人，其中参保农民工人数为 87. 02 万人，高风险企业职工为 76. 75 万人。（4）生育保险。2007 年年末全省参加生育保险人数为 338. 46 万人。❶

在城乡居民最低保障方面，2008 年 11 月，城镇居民最低生活保障人数 917596 人，城镇最低生活保障本月计划支出 12951. 8 万元，农村最低生活保障人数 1686239 人，农村最低生活保障本月计划支出 8337. 2 万元，城镇最低生活保障支出 130404. 5 万元，农村最低生活保障支出 75418 万元。❷ 2008 年 11 月份，全国县以上农村低保情况是：11 月份农村居民最低生活保障人数全国合计 39570246 人，11 月份农村最低生活保障累计支出 1807268. 6 万元，11 月份人均支出水平 44 元。河北省 11 月份农村居民最低生活保障人数 1686239 人，11 月份农村最低生活保障累计支出 75418 万元，11 月份人均支出水平 43 元。❸ 河北省提出的 2008 年城乡居民最低生活保障的目标是：城市月人均补助不低于 100 元，农村月人均补助不低于 32 元。❶

---

❶ 2007 年河北省劳动和社会保障事业发展统计公报［EB/OL］. ［2008 – 12 – 14］http：//www. he. lss. gov. cn/2003/tjzl/.

❷ 2008 年 11 月份各省民政事业统计数据［EB/OL］. 2008 – 12 – 19［2008 – 12 – 26］http：//cws. mca. gov. cn/accessory/200812/1229666256810. html.

❸ 2008 年 11 月份全国县以上农村低保数据［EB/OL］. 2008 – 12 – 19 ［2008 – 12 – 26］http：//cws. mca. gov. cn/accessory/200812/1229667163888. html.

❶ 河北省 2008 年经济体制改革重点工作安排意见. 冀政办［2008］12 号. http：//www. hebei. gov. cn/article/20080610/993649. html.

（六）纠纷解决状况

为了快速解决交通事故纠纷，2007 年 12 月 20 日，石家庄市公安交管局牵头，河北省保险行业协会配合，各财产保险公司参加，在市区设立了 3 家交通事故快速处理保险理赔服务中心。中心设立警务室，17 家保险公司派驻人员，实现了事故处理、保险理赔"一站式"服务。凡投保交强险的机动车，在市区道路上发生单方财产损失不超过 2000 元、无人员伤亡、车辆可以继续驾驶的轻微事故，当事人可先撤离事故现场，移至不妨碍交通的地方，填写事故损失记录卡或对保险标的进行拍照，共同核实签名确认，向保险公司报案。然后，当事人约定具体时间到同一保险理赔服务中心办理定损理赔手续，不通过交警就可以进行保险理赔。❶

2008 年，河北省在全省范围内推广石家庄市的经验，出台《河北省道路交通事故快速处理办法》；同时河北省交管部门要求各市建立"交通事故保险理赔服务中心"。❷《河北省道路交通事故快速处理办法》规定，在城市市区道路上，单车损失在 2000 元以下或者非机动车损坏的，或者机动车仅车身前后保险杠、车灯、引擎盖、门窗等外表件损坏的轻微交通事故，车辆可以继续驾驶的，当事人应当先撤离现场，再行协商解决。同时，凡异地投保在河北省发生适用简易程序处理的交通事故的机动车辆，原则接受承保公司的委托后，可由其移离事故现场后，按自行协商方式处理。根据该办法，当事人可采用摄像、拍照或文字记录等方式固定证

❶　石家庄市实施交通事故快速处理保险理赔新办法［EB/OL］.
2008－01－04［2008－12－21］http://www.caspm.com/baoxianxinxi/baoxian-
shixun/2008－01－04/3934.html.

❷　栗占勇，任海影.河北省道路交通事故快速处理办法6月1日实施［N/
OL］.燕赵都市报，2008－04－09［2008－12－15］http://news.sina.com.cn/c/
2008－04－09/023213705534s.html.

据，约定具体时间到"交通事故保险理赔服务中心"办理保险理赔手续。此外，该办法还详细地规定了自行解决轻微事故中应负全责的驾驶行为，即符合自行协商解决规定的轻微事故，一方无过错，另一方有下列行为之一的负全部责任。（1）机动车通过有灯控路口时，不按所须行进方向驶入导向车道的。（2）机动车通过路口时违反交通信号的。（3）机动车通过路口遇放行信号不依次通过的。（4）机动车准备进入环形路口不让已在路口内的机动车先行的。（5）通过无灯控或交警指挥的路口，转弯的机动车未让直行的车辆先行的。（6）通过无灯控或交警指挥的路口，相对方向行驶的右转弯机动车不让左转弯机动车先行的。（7）机动车通过无灯控或交警指挥的路口，不按交通标志、标线指示让优先通行的一方先行的。（8）前车左转弯、掉头、超车时超车的。（9）与对面来车有会车可能时超车的。（10）超车后未与被超车辆拉开必要安全距离驶回原车道的。（11）机动车逆向行驶的。（12）在没有中心隔离设施或者没有中心线的路段上，机动车遇相对方向来车时，未减速靠右行驶，并与其他车辆、行人保持必要安全距离的。（13）在没有中心隔离设施或者没有中心线有障碍的路段上，机动车遇相对方向来车时，未让无障碍的一方先行的。（14）车辆进出道路，未让在道路内正常行驶的车辆优先通行的。（15）借道通行、变更车道时，未让所借道路内的车辆优先通行，或者妨碍其他车辆通行，或者左右两侧车道的车辆向同一车道变更时，左侧车道的车辆未让右侧车道的车辆先行的。（16）机动车在禁止掉头或者禁止左转弯标志、标线的地点掉头的。办法明确要求"各承办交强险业务的保险公司与辖区公安交通警察队事故处理部门应当建立交通事故快速处理协调机制，明确责任人和联系方式，及时协商解决工作中遇到的问题"。

在交通事故诉讼纠纷的解决方面，怀来县法院于2001年年初，从民事、行政、执行庭抽调精兵强将，组成交通事故合议庭，专门审理交通案件。对交通案件审理坚持做到"三明确、三到位"，即让双方当事人对事故性质明确、事故责任明确、应赔偿的数额明确。合议庭制作了交通事故赔偿数额及应承担法律责任对比表，并公开张贴，使双方当事人一目了然。七年多来，该合议庭审结交通事故案件 1952 件，均为"三无一全"，即无上诉，无改判，无上访，赔偿全部兑现。❶ 此外，武安法院建立了"诉前指导、诉外调解"矛盾纠纷解决机制。其基本做法是：法院将司法调解关口前移与社会矛盾纠纷解决体系对接，动员法院以外的社会力量，在法院的指导和协调下，开展人民调解组织主持调解、社会志愿者协助调解，最终促成当事人自行和解，从而使矛盾得以化解。对诉前诉外确不能解决的矛盾纠纷，人民法院对当事人进行诉讼指导，告知诉讼风险，及时进入诉讼程序解决。为了有效地化解简单纠纷，该院构建了排查发现矛盾纠纷的多元化机制。实行了由立案庭、人民调解网络、"三位一体"调解体系相结合的灵活案件信息排查发现问题机制。同时，整合社会资源，聚集调解力量，动员法院外的力量化解矛盾纠纷。建立了由法官、法官助理、法院干警监督、指导、督促和协调，由人民陪审员、律师、人民调解员、乡镇调解中心、行政调解中心、人民调解组织和社会志愿者参加的多元化纠纷解决团队，通过充分发挥对人民调解组织指导、对行政行为司法审查，对仲裁裁决的执行监督，对律师、法律工作者指导监督等职能作用，督促有关单位和人员共同解决问题，整合了社会力量，实行了多管齐下。该机制自运行以来，取得了较好的效果，缓解了诉讼压力，信访案件也大量下降。❷

---

❶ 米录. 怀来法院交通案件审理实现"三无一全"［EB/OL］. 2008－11－19［2008－12－20］http：//www. hbsfy. org/ReadNews. asp？NewsID＝3451.

❷ 武安市人民法院. 武安法院建立"诉前指导、诉外调解"矛盾纠纷解决机制［EB/OL］. 2008－11－06［2008－12－18］http：//www. hbsfy. org/ReadNews. asp？NewsID＝3379.

二、存在的问题

（一）人均收入低

城镇居民人均可支配收入 11690.5 元，低于全国的 13786 元；农民人均纯收入达 4293.4 元，略高于全国的 4140 元。按农村绝对贫困人口标准低于 785 元测算，全国 2007 年年末农村贫困人口为 1479 万；按低收入人口标准 786 ~ 1067 元测算，2007 年年末农村低收入人口为 2841 万。[1] 而河北省 2007 年人均收入 700 元以下的农村困难群众共有 170.4 万人。[2]

（二）交强险的投保率低

如前所述，河北省是机动车大省，汽车大省，更是摩托车和农用车大省。2000 万辆机动车中，汽车约占 23%，摩托车约占 45%，农用车及拖拉机约占 30%。在这些机动车中，农民保有的机动车约占 70%（约 700 万辆摩托车、600 多万辆农用车和拖拉机以及汽车等其他车辆）。长期以来，摩托车、拖拉机和农用车的投保率不高。2006 年，河北省交强险承保车辆 113.90 万辆，[3] 虽然 2006 年交强险与第三者责任险的交叉过渡会影响到交强险的投保率，但可以肯定的是，汽车的投保率不高，摩托车、农用车和拖拉

---

❶　中华人民共和国国家统计局.2007 年国民经济和社会发展统计公报 ［EB/OL］.2008 - 02 - 28 ［2008 - 12 - 22］http：//www.stats.gov.cn/tjgb/ndtjgb/qgndtjgb/t20080228 - 402464933.html.

❷　河北省民政厅.2007 年以来的工作进展情况和 2008 年工作安排 ［EB/OL］.2008 - 07 - 15 ［2008 - 12 - 16］http：//www.hebmz.gov.cn/ecdomain/frame-work/hbmz/dagmcmdi - fbjh - bbnn - jemc - likankpccmbp.do? isfloat = 1&disp - tem-plate = aleckcobenkcbbnniajlpoanpojhilcf&fileid =20080715150422212.

❸　王亚楠.去年河北交强险保费收入 12 亿元 ［N/OL］.河北青年报，2007 - 02 - 15 ［2008 - 12 - 15］http：//www.hbqnb.com/news/html/HqEcono-mySimple/2007/215/072151131341FD3G2G9IH4HKKDH5D9A.html.

机更是几乎处于脱保状态。有报道称截至 2008 年 10 月 25 日，中国人保财险河北分公司（当地最大的交强险承保公司）承保的机动车数量仅为 160 多万辆。❶

（三）道路交通事故专项救助制度缺乏

河北省及其所辖市没有建立地方性的机动车事故社会救助基金制度，目前也没有发现有这方面的探索。

（四）社会保障制度不到位

首先，2007 年年末全省城乡就业人员 3664. 97 万人，其中，第一产业 1481. 52 万人，第二产业 1134. 50 万人，第三产业 1048. 94 万人，分别占就业总量的 40. 4% 、31. 0% 和 28. 6% 。城镇就业人员 935. 44 万人。❷ 但河北省 2007 年年末的各项社会保险参保人数最高的基本医疗保险只覆盖 700 多万人。城市非在职人员、农民工社会保险基本未覆盖。农村农民除了保障十分有限的农村新型合作医疗外，其他的社会保险也基本不存在。有一项针对 3000 名农民工的调查显示，其中 600 元以下人员为 1692 人，占全部被调查人员的 63. 3% 。❸ 从被调查农民工参加社会保险分布和比例情况看，参加城镇职工基本养老保险的 338 人，没有参加的 2334 人，分别占全部被调查人员的 12. 6% 和 87. 4% ；参加农村社会养老保险的 233 人，没有参加的 2439 人，分别占被调查者的 8. 7% 和 91. 3% ；参加城镇职工医疗保险的 96 人，参加农村合作医疗的 109 人，参加商业医疗保险的 71 人，没有参加社会医疗保险的

---

❶　王亚楠 . 50% 投保人能享受交强险优惠费率［N/OL］. 河北青年报，2008 – 11 – 07 ［2008 – 12 – 18］http：//www. hbqnb. com/news/html/HqEcono-mySimple/2008/117/081175016179600. html.

❷　2007 年河北省劳动和社会保障事业发展统计公报［EB/OL］. ［2008 – 12 – 18］http：//www. he. lss. gov. cn/2003/tjzl/readnews. asp？id = 92.

❸　陈树新，肖振海 . 河北省农民工社会保障情况调查分析［EB/OL］. ［2008 – 12 – 20］http：//www. he. lss. gov. cn/2003/tjzl/readnews. asp？id = 75.

2396 人。未参加社会医疗保险者占被调查者的 92.33%。被调查者中将近 90% 的农民工没有进入到社会保险体系中。❶

其次，基本不保交通事故受害人。与其他多数地方一样，河北省及其地方的医疗保险还是将交通事故排除在保障范围之外。《石家庄市职工医疗保险实施方案》明确规定，"职工因违法犯罪、酗酒、自杀自残、交通肇事及医疗事故等发生的医疗费用，医疗保险基金不予支付"。《秦皇岛市城镇居民基本医疗保险实施方案》第27 条也规定交通事故、意外伤害、医疗事故等发生的医疗费用，城镇居民基本医疗保险基金不予支付。

（五）商业保险发展缓慢

财产险保费收入 84.2 亿元，占全国财产险业务原保险保费收入 1998 亿元的 4.2%；寿险保费收入 228.9 亿元，占全国寿险业务原保险保费收入 4464 亿元的 5.1%；健康和意外伤害险保费收入 19.2 亿元，占全国健康险和意外伤害险业务原保险保费收入 574 亿元的 3.3%。❷

第二节　主要对策性建议

一、设立地方性的救助基金制度

道路交通事故死伤人数一直占安全事故死伤人数的绝大部分。

---

❶ 陈树新，肖振海.河北省农民工社会保障情况调查分析［EB/OL］.［2008－12－20］http：//www.he.lss.gov.cn/2003/tjzl/readnews.asp? id＝75.

❷ 河北省 2007 年统计年报［EB/OL］.［2008－12－20］http：//www.stats.gov.cn/tjgb/ndtjgb/dfndtjgb/t20080314－402468491.htm.国家统计局.2007年国民经济和社会发展统计公报［EB/OL］.2008－02－28［2008－12－20］http：//www.stats.gov.cn/tjgb/ndtjgb/qgndtjgb/t20080228－402464933.html.

例如，2007 年全国生产安全事故死亡 101480 人，而道路交通事故造成 8.2 万人死亡，约占所有安全事故死亡人数总数的 81%。❶ 河北省 2007 年各类生产安全事故死亡人数为 3935 人，道路交通事故造成 3372 人死亡，约占所有道路交通安全事故的 86%。❷ 但是，相对于煤矿等安全事故来讲，道路交通事故的伤亡问题并没有引起各地的足够重视。在社会保障覆盖率不高且医疗保障基本不保障机动车事故受害人、交强险投保率不高且保障十分有限的情况下，设立道路交通事故受害人专项救助基金制度显得尤其必要。《道路交通安全法》已经实施四年多，该法设立的道路交通事故社会救助基金制度至今未建立。近年来，一些地方为了有效地解决交通事故纠纷，救济交通事故受害人，建立了地方性的交通事故受害人救助基金。通过政府专项投入、从交强险保费拨付一定比例保费等途径筹措了大量资金，有效地缓解了全国交通事故社会救助基金缺位情况下地方的交通事故受害人救济问题。作为机动车大省的河北省来讲，机动车事故受害人救济问题十分严重。因此，建立道路交通事故社会救助基金制度十分必要。这不仅可以救济受害人，而且可以有效地解决大量的社会矛盾，减少上访，维护社会稳定。同时，救助基金的来源不仅仅是政府出资，根据《交强险条例》，交强险保费中已经包含了部分救助基金的资金。深圳市已经通过协调，从当地交强险保费中提取一定比例纳入救助基金。作为河北省来讲，不设立救助基金就意味着当地的机动车车主缴纳的交强险保费中的救助基金部分，被其他地方或部门无偿使用，这是不公平的。总之，在国家的机动车事故社会救助基金制度建立之前，设立地方性的救

---

❶ 国家统计局 .2007 年国民经济和社会发展统计公报 [EB/OL]. 2008 – 02 – 28 [2008 – 12 – 20] http：//www. stats. gov. cn/tjgb/ndtjgb/qgndtjgb/ t20080228 – 402464933. html.

❷ 河北省 2007 年统计年报 [EB/OL]. [2008 – 12 – 20] http：//www. stats. gov. cn/tjgb/ndtjgb/dfndtjgb/t20080314 – 402468491. html.

助基金制度，不仅是救济事故受害人的需要，对于地方政府来讲，也可以通过少量的政府财政投入，充分利用交强险保费，解决长期困扰地方政府的上访等不稳定因素。因此，不仅应当出台，而且应当尽早出台。

在制度设计方面，可以比照借鉴深圳市、中山市、金华市等地的做法，以符合河北省社会经济发展的现状为原则。具体建议如下：（1）在救助范围上，应以河北省境内发生的交通事故的河北省居民受害人为限，不分城市与农村，确保救助的公平性。（2）在管理机构方面，借鉴金华市等地的做法；同时，建立救助基金的协调机构和常设机构。前者以政府主要领导为组长，成员由财政、交通、农业、卫生等相关的主要负责人组成，主要协调政策制定、职能界定等事项。后者挂靠在公安部门为宜，负责救助基金的日常管理；同时，明确财政、公安、卫生、监察等部门的相应职责。（3）在资金来源上，要尽可能地扩大资金来源渠道。在政府投入一定数量启动经费的基础上，将交强险保费中的救助基金份额纳入救助基金；同时，可以考虑将车辆牌照拍卖、交通罚款等的一定比例作为救助基金的来源。（4）在资金的使用方面，要尽可能与医疗救助等相协调，避免重复保障或过度保障。强化医疗费用的监管，明确相应的责任追究机制，使救助基金制度真正发挥其应有的作用。（5）要加强救助基金对于交通事故责任人的追偿。

二、整合现有资源

与交通事故受害人救济有关的现有资源包括社会保障、交强险、责任人赔偿等。在社会保障方面，除了加快推进城镇无职业人员的基本医疗保险、农民的养老保险、农民最低生活保障等外，目前最需要也是最有可能解决的就是加强各项制度之间的协调与衔接。能够统一的就统一，能够提高制度规范层次的就尽可能提高，以避免重复设置机构与人员，降低运行成本，提高保障的公平性。比如，可以考虑城镇职工基本医疗保险、城市居民基本医疗保险和农村新型合作医疗的一定程度的整合。此外，在设立交通事故社会救助基金的同时，尽可能地将救助基金无法纳入的、没有责任人或责任人无力承担，且受害人自己也无力承担抢救医疗费用的交通事故受害人的医疗费用纳入基本医疗保险、农村新型合作医疗保险及医疗救助的范围。

三、完善现有制度

在制度建设方面，河北省及省内的一些地方都进行了程度不同的探索，主要的目的是加快纠纷的解决，降低纠纷的解决成本，有效地保障事故受害人。从目前的实践来看，需要进一步完善推广的制度是有关协调公安交管部门、人民法院和保险公司的纠纷快速解决机制。在总结河北省交通事故快速处理实践、怀来县法院"三明确、三到位"探索及武安法院"诉前指导、诉外调解"纠纷解决机制的基础上，在全省范围内出台交通事故纠纷快速处理的多方协调机制，设立具体的协调机构，制定具体的快速处理办法。比如，可以建立公安、保险和法院之间的有效协调机制。通过协调机制，加强有关机构或部门之间的交流和人员的培训，制定类型化的交通事故纠纷处理指导意见，提高办案人员的业务水平，统一交通事故的处理标准，减少交通事故纠纷总量，有效地化解矛盾，提高交通事故受害人的保障水平。

主要参考文献

一、中文书籍类

[1] 王泽鉴. 侵权行为法. 第 1 册 [M]. 北京：中国政法大学出版社，2001.

[2] 江平. 民法学 [M]. 北京：中国政法大学出版社，2000.

[3] 梁慧星. 民法解释学. 修订版. 北京：中国政法大学出版社，2000.

[4] 王利明. 侵权行为法研究 [M]. 北京：中国人民大学出版社，2004.

[5] 张俊浩. 民法学原理. 修订第 3 版 [M]. 北京：中国政法大学出版社，2000.

[6] 王卫国. 过错责任原则：第三次勃兴 [M]. 北京：中国法制出版社，2000.

[7] 杨立新. 侵权法论 [M]. 北京：人民法院出版社，2004..

[8] 张新宝. 侵权责任法原理 [M]. 北京：中国人民大学出版社，2005.

[9] 张新宝，陈飞. 机动车交通事故责任强制保险条例理解与适用 [M]. 北京：法律出版社，2007.

[10] 邹海林. 责任保险论 [M]. 北京：法律出版社，1999.

[11] 江朝国. 强制汽车责任保险法 [M]. 台北：智胜文化事业有限公司，1999.

[12] 江朝国. 强制汽车责任保险法 [M]. 台北：元照出版有限公司，2006.

[13] 李薇. 日本机动车事故损害赔偿法律制度研究 [M]. 北京：法律出版社，1997.

[14] ［德］克雷斯蒂安·冯·巴尔. 欧洲比较侵权行为法（上）[M]. 张新宝，译. 北京：法律出版社，2001.

[15] ［德］克雷斯蒂安·冯·巴尔. 欧洲比较侵权行为法（下）[M]. 焦美华，译. 北京：法律出版社，2001.

[16] 刘绍，杨华柏，郭左践. 机动车交通事故责任强制保险条例释义 [M]. 北京：法律出版社，2006.

[17] 张民安. 现代法国侵权责任制度研究 [M]. 北京：法律出版社，2003.

[18] 马永伟. 各国保险法规制度对比研究 [M]. 北京：中国金融出版社，2001.

[19] 邹志洪. 机动车交通事故责任强制保险法律实务指引 [M]. 北京：法律出版社，2006.

[20] 周延礼. 机动车辆保险理论与实务 [M]. 北京：中国金融出版社，2001.

[21] 中国民法典立法研究课题组. 中国民法典草案建议稿附理由 [M]. 北京：法律出版社，2004.

[22] 姜忠鑫. 台湾实施强制责任保险之研讨 [M]. 台北：财团法人"中华民国"责任保险研究基金会，2001.

[23] 日本自动车保险料率算定会. 各国汽车保险概况 [M]. 蔡玉辉，译述. 台北：财团法人保险事业发展中心印，1991.

[24] 丁凤楚. 机动车交通事故侵权责任强制保险制度 [M]. 北京：中国人民公安大学出版社，2007.

[25] 刘锐. 机动车交通事故侵权责任与强制保险 [M]. 北京：人民法院出版社，2006.

[26] 李玉泉. 保险法 [M]. 北京：法律出版社，2003.

[27] 温世扬. 保险法 [M]. 北京：法律出版社，2003.

[28] 黄健雄，陈玉玲. 保险法 [M]. 福建：厦门大学出版社，2004.

[29] 和春雷. 社会保障制度的国际比较 [M]. 北京：法律出版社，2001.

[30] 孙炳耀. 当代英国瑞典社会保障制度 [M]. 北京：法律出版社，2000.

[31] 梁军，焦新龙. 汽车保险与理赔 [M]. 北京：人民交通出版社，2005.

[32] [美] 康斯坦斯·M. 卢瑟亚特等. 财产与责任保险原理 [M]. 英勇，于小东总译校. 北京：北京大学出版社，2003.

[33] [美] 所罗门·许布纳，小肯尼思·布莱克，伯纳德·韦布. 财产和责任保险. 第4版 [M]. 陈欣，高蒙，马欣，等译. 北京：中国人民大学出版社，2002.

[34] [美] 埃米特·J. 沃恩，特丽莎·M. 沃恩. 危险原理与保险. 第8版 [M]. 张洪涛，等译. 北京：中国人民大学出版社，2002.

[35] [美] 文森特·R. 约翰逊. 美国侵权法 [M]. 赵秀文，等译. 北京：中国人民大学出版社，2004.

[36] 吴兆祥. 侵权法上的严格责任研究 [D]. 北京：中国人民大学法学院，2001.

[37] 谷志杰等. 交通事故处理及其预防 [M]. 北京：中国人民公安大学出版社，2002.

二、中文文章类

[1] 王泽鉴. 特殊侵权行为（8）——动力车辆驾驶人责任与强制汽车责任保险制度 [J]. 台湾本土法学，2005（73）.

[2] 黄立. 德国民法损害赔偿规范之研究 [J]. 政大法学评论，2006（73）.

[3] 陈忠五等. 法国交通事故损害赔偿法的发展趋势——民法研究会第三十五次学术研讨会 [J]. 法学丛刊，2004（196）.

[4] 陈忠五. 法国交通事故损害赔偿法的发展趋势——以1985年7月5日法律的改革为中心 [J]. 台大法学论丛，2005：341.

[5] 陈忠五. 强制汽车责任保险法立法目的之检讨 [J]. 台湾本土法学，2005（70）.

[6] 李青武. 透视"欧盟汽车责任保险指令"对受害人的保护——五次阶段性发展及其启示 [J]. 中国社会科学院研究生院学报，2007（2）.

[7] 程啸. 机动车损害赔偿责任主体研究 [J]. 法学研究，2006（4）.

[8] 于敏. 海峡两岸强制汽车责任保险法律制度比较研究 [J]. 中国法学，2007（5）.

[9] 于敏. 机动车损害赔偿与交通事故的消灭 [G] //张新宝. 侵权法评论. 北京：人民法院出版社，2004（1）.

[10] 于敏. 机动车交通事故损害赔偿责任若干问题研究 [G] //梁慧星. 民商法论丛. 北京：法律出版社，1998（11）.

[11] Hazel Armstrong. 新西兰无过失伤害的预防、康复和赔偿体制介绍 [J]. 中国安全生产科学技术，2007（1）.

[12] 李累. 论法律对财产权的限制——兼论我国宪法财产权规范体系的缺陷及其克服 [J]. 法制与社会发展，2002（2）.

[13] 许传玺. 中国侵权法现状：考察与评论 [J]. 政法论坛，2002（1）.

[14] 张新宝，明俊. 道路交通安全法中的侵权责任解读 [N]. 人民法院报，

2003 - 11 - 07.

[15] 邹海林. 《道路交通安全法》第 76 条引发的疑惑 [EB/OL]. [2008 - 10 - 16] http：//www. iolaw. org. cn/shownews. asp? id = 3633.

[16] 李仁玉. 英美侵权法严格责任的产生 [J]. 中国法学, 1987 (3).

[17] 梁慧星. 关于中国道路交通事故赔偿的法律制度 [J]. 安徽大学学报哲学社会科学版, 1995 (6).

[18] 梁慧星. 论制定道路交通事故赔偿法 [G] //梁慧星. 民法学说判例与立法研究. 北京：中国政法大学出版社, 1993.

[19] 张小红. 对机动车第三者责任强制保险实施中问题的思考 [J]. 首都经济贸易大学学报, 2008 (1).

[20] 郁光华. 走向交通人身伤亡事故处理的完全性无过失保险机制 [EB/OL]. [2006 - 05 - 06] http：//www. civillaw. com. cn/weizhang/default. asp? id = 9052.

[21] 李祝用, 徐首良. 论《道路交通安全法》的立法缺陷 [J]. 保险研究, 2005 (3).

[22] 杨立新. 机动车交通事故无过错责任的司法补救——机动车致害非机动车驾驶人或行人无过错责任中的过失相抵 [N]. 人民法院报, 2004 - 09 - 02.

[23] 杨立新. 道路交通安全法第 76 条立法有错吗 [N]. 法治快报, 2004 - 11 - 03.

[24] 崔吉子. 析交通事故的损害赔偿责任主体——以韩国机动车运行者责任为中心 [G] //梁慧星. 民商法论丛. 第 31 卷. 北京：法律出版社, 2004.

[25] 叶启洲. 强制汽车责任保险之除外危险与代位——兼评新强制汽车责任保险法第 29 条之妥当性 [J]. 法学丛刊, 2005 (198).

[26] 杨佳元. 道路交通安全规则与侵权行为法 [J]. 台北大学法学论丛, 2004 (55).

[27] 陈聪富. 论侵权行为法上之过失概念 [J]. 台北大学法学论丛, 2004：334.

[28] 林动发. 强制汽车责任保险法主要争议与修正条文评述 [J]. 台湾本土法学, 2005 特刊.

[29] 李理. 交通事故社会救助基金立法的若干问题 [J]. 中国青年政治学

院学报，2005（3）.

[30] 张小红.对机动车第三者责任强制保险实施中问题的思考［J］.首都经济贸易大学学报，2008（1）.

[31] 李丹丹，朱新化，欧婷婷.道路交通事故社会救助基金的来源［J］.科技论坛，2007（3）.

[32] 尹蔚民.着力保障和改善民生，加快建设中国特色社会保障体系［J］.党建研究，2008（11）.

[33] 李寿双，郭文昌.机动车第三者责任强制保险的制度研究［J］.保险研究，2005（8）.

[34] 朱铭来，吕岩.两岸机动车责任强制保险对比研究［J］.保险研究，2006（9）.

[35] 王艳秋.我国交通强制险性质评论［J］.湘潮，2007（12）.

[36] 邹志洪，曹顺明.论我国强制保险立法的完善［J］.保险研究，2007（9）.

[37] 孙祁祥，朱俊生，郑伟，等.中国医疗保障制度改革：全民医保的三支柱框架［J］.经济科学，2007（5）.

[38] 林嘉.中国社会保障制度的现状、问题与发展［J］.河南省政法管理干部学院学报，2005（5）.

[39] 涂建萍.农民工社会保险的现状与对策探究［J］.时代经贸，2008（6）.

[40] 房莉杰.我国城乡贫困人口医疗保障研究［J］.社会保障制度，2007（5）.

[41] 郑功成.社会保险制度建设与社会保险立法［EB/OL］.2007 - 12 - 29［2008 - 12 - 20］http：//www. npc. gov. cn/npc/zt/2007 - 12/29/content - 1387569. html.

[42] 国务院发展研究中心课题组.对中国医疗卫生体制改革的评价与建议［EB/OL］.［2008 - 12 - 10］http：//www. chinareform. org. cn/cirdbbs/dispbbs. asp？BoardID = 6&ID = 61828.

[43] 胡世明，严克新，蔡文刚.道路交通事故赔偿纠纷案件的特点及对策分析［EB/OL］.［2008 - 10 - 22］http：//www. zjcourt. cn/portal/html/2006 0320000039/20060809000060. html.

[44] 赵志全.解决农民看病难、看病贵问题政府需要承担更多责任［EB/

OL].2006 – 03 – 02［2008 – 12 – 11］http：//health. sohu. com/
20060302/n242105304. html.

三、统计及调研资料类

［1］中国汽车技术研究中心，中国汽车工业协会. 中国汽车工业年鉴
（2006）［M］. 天津：《中国汽车工业年鉴》编辑部，2006.

［2］公安部交通管理局. 中华人民共和国道路交通事故统计年报［G］.
2005，2006.

［3］公安部交通管理局. 中华人民共和国道路交通事故统计年报［G］.
2003，2004.

［4］李晓超，中华人民共和国国家统计局. 中国统计年鉴［M］. 北京：中
国统计出版社，2007.

［5］中国汽车技术研究中心，中国汽车工业协会. 中国汽车工业年鉴
（2003）［M］. 天津：《中国汽车工业年鉴》编辑部，2003.

［6］日本自动车工业会. 世界自动车统计年报（第1集）［M］. 东京：日本
自动车工业会，2002.

［7］日本自动车工业会. 世界自动车统计年报（第5集）［M］. 东京：日本
自动车工业会，2006.

［8］河北省人民政府办公厅，河北省统计局. 河北农村统计年鉴［M］. 北
京：经济科学出版社，2002.

［9］北京市道路运输协会课题组.“机动车交通事故责任强制保险”的调研
报告［J］. 运输经理世界，2007（7）.

［10］蒋海，杨善贵. 青海省拖拉机交强险实施现状［J］. 中国农机监理，
2007（7）.

［11］雷经升，刘枫. 安徽拖拉机交强险经营情况调研［J］. 中国保险，
2007（8）.

［12］山东省高级人民法院民一庭. 道路交通事故损害赔偿案件法律适用问题
研究［J］. 山东审判，2005（2）.

［13］交通事故损害赔偿案件调查分析［EB/OL］. 2006 – 08 – 29［2006 – 10 –
20］http：//baqfy. chinacourt. org/public/detail. php? id = 172.

［14］广东省高级人民法院执行局综合处课题组. 2003 年以来全省法院执行案
件增长情况分析［EB/OL］. 2007 – 09 – 25［2008 – 05 – 22］http：//

www. gdcourts. gov. cn/dyzd/dcyj/t20070925 – 12810. html.

［15］东营市农机监理站. 关于拖拉机交强险情况的调研报告［EB/OL］. 2007 – 10 – 10［2008 – 06 – 22］http：//www. sdnjjl. gov. cn/data/2007 – 10/23058. html.

［16］北京市高级人民法院民一庭. 关于道路交通事故损害赔偿纠纷案件的审理情况的调研报告［G］//北京市高级人民法院. 审判工作热点问题及对策思路——北京法院调研成果精选2005. 北京：法律出版社，2006.

［17］国家统计局农村社会经济调查总队. 中国县市社会经济统计年鉴2002［M］. 北京：中国统计出版社，2002.

［18］人力资源和社会保障部，国家统计局. 2007 年劳动和社会保障事业发展统计公报［EB/OL］. 2008 – 05 – 21［2008 – 12 – 02］http：//w1. mohrss. gov. cn/gb/zwxx/2008 – 06/05/content – 240415. html.

［19］民政部. 2007 年民政事业发展统计报告［EB/OL］.［2008 – 12 – 10］http：//cws. mca. gov. cn/accessory/200806/1214811949213. doc.

四、外文书籍类

［1］ROBERT Merkin, JEREMY Stuart – Smith. The law of motor insurance［M］. London：Sweet&Maxwell, 2004.

［2］GORDO NHilliker. Liability insurance law in Canada Markham［M］. Ont. ：LexisNexis Butterworths, 2006.

［3］PETER Wahlgren. Tort liability and insurance［M］. Stockholm：Stockholm Institute for Scandinavian Law, 2001.

［4］B. A. Koch, H. KoziolEds. Unification of tort law：Strict liability［M］. Boston：Kluwer Academic Publishers, 2002.

［5］JOHNE. Rolph With JAMES K. Houchens, SANDRA S. Polin. Automobile accident compensation Volume1：Who pays how much how soon?［M］. Santa Monica, CA：The Rand Corporation, 1985.

［6］JAMESK. Hammitt. Automobile accident compensation. Vol. II, payments by auto insurers［M］. SantaMonica, CA：Rand, 1985.

［7］JOSEPHINE Y. King. No fault automobile accident law［M］. New York：Wiley Law Publications, 1987.

［8］A. I. D. A. Colloquium Ghent. New trends in automobile insurance in Europe

[M] . Antwerpen: Kluwer, 1979.

[9] EDWARD L. Lascher, Jr. . The politics of automobile insurancereform: ideas, institutions, and public Ppolicy in North America [M] . Washington, D. C. : Georgetown University Press, 1999.

[10] STEPHEN J. Carroll and JAMES S. Kakalik. No – fault approaches to compensating auto accident Victims [M] . U. S. : Rand, 1993.

[11] United Nations conference on trade and development, Geneva. Motor insurance and compensation of motor accident victims in developing countriesselected Studies [M] . New York: United Nations, 1987.

[12] The European Centre of Tort and Insurance Law Together withthe Research Unitf or European Tort Law of the Austrian Academy of Sciences. European tort law 2001: Tort and insurance law yearbook [M] . Vienna, New York: SpringerWien, 2002.

[13] GEORGES Dionne, CLAIRE Laberge – Nadeau. Automobileinsurance: road safety, new drivers, risks, insurance fraud and regulation [M] . Boston: Kluwer Academic Publishers, 1999.

[14] MARTIN Hannibal & STEPHEN Hardy. Road Traffic Law3rded [M] . London: Cavendish Publishing Ltd. , 2001.

[15] STEPHENJ. Carroll, ALLANF. Abrahamse. The effects of achoice automobile insurance plan on insurance costs and compensation: an analysis based on 1997 data santa Monica [M] . Calif. : Rand, 1999.

五、外文文章类

[1] HARVEY Rosenfield. Auto insurance: crisis and feform [J] . 29U. Mem. L. Rev. 69, 1998.

[2] STEPHEN Sugarman. Quebec's Comprehamse Auto No – Fault Scheme and the Failure of Any of the United States to Follow [J] . 39Les Cahiers De Droit 303, 327C, 1998.

[3] ALAN Schwartz, ROBERT E Scott. Contract theory and the limits of contract law [J] . The Yale Law Journal, Vol. 113, Iss. 3, 2003.

[4] HAROLD Luntz. Compensation for loss of an economic nature: an Australian perspective [J] . 39C. deD. 491, 1998.

［5］ EDWARD A. Tomlinson. Tort liability in france for the act of things： a study of judicial lawmaking ［J］．48La. L. Rev. 1299, 1988.

［6］ MARISA L. Ferraro. New Jersey and the verbal threshold： imperfect together ［J］．54RutgersL. Rev. 707, 2002.

［7］ JEFFREY Schnoor. No – fault automobile insurance in Manitoba： an overview ［J］．39C. deD. 335, 1998.

［8］ JOHN Michael Miller. Compensation for motor vehicle injuries in New Zealand ［J］．39C. deD. 371, 1998.

［9］ GARYT. Schwartz. Autono – fault and first – party in surance： advantages and problems ［J］．73S. Cal. L. Rev. 611, 2000.

［10］ CRAIG Brown. Alternative compensation schemes and tort theory： deterrence in tort and no-fault： the New Zealand experience ［J］．73Calif. L. Rev. 976, 1985.

［11］ JONEG. Fleming. Ruminations on tort law： a symposium in honor of wex malone： is there a future for tort? ［J］．44La. L. Rev.，1984.